Fritz Morstein Marx · Amerikanische Verwaltung

Schriftenreihe der Hochschule Speyer

Band 15

Amerikanische Verwaltung

Hauptgesichtspunkte und Probleme

Von

Prof. Dr. Fritz Morstein Marx

DUNCKER & HUMBLOT / BERLIN

Gedruckt 1963 bei Hans Winter Buchdruckerei, Berlin 61
Printed in Germany

DEM WANDERNDEN GEIST

anschaulich verkörpert in
Virginia, Tommy und Bobby

Geleitwort

Dieses Buch ist aus einer Gastvorlesung hervorgegangen, die der Verfasser im Sommersemester 1962 unter der Bezeichnung „Die Entwicklung der öffentlichen Verwaltung in den USA“ an unserer Hochschule gehalten hat. Rektor und Senat der Hochschule waren der Meinung, daß der in der Vorlesung behandelte Gegenstand auch für einen breiteren deutschen Leserkreis von Interesse sein müßte, und haben den Verfasser deshalb darum gebeten, seine Vorlesung zur Veröffentlichung in der Schriftenreihe unserer Hochschule zur Verfügung zu stellen. Der Verfasser hat sich der dazu erforderlichen Überarbeitung seines Vorlesungstextes bereitwillig unterzogen. Das Ergebnis dieser Arbeit ist das vorliegende Buch. Es hat die gleiche Frische und Anschaulichkeit der Darstellung, die den Stil der Vorlesung auszeichnete.

Die amerikanische Verwaltung ist ein Gegenstand, über den es im deutschen Schrifttum an einer zusammenfassenden Darstellung fehlt. Bei der Bedeutung, die der Kenntnis der amerikanischen Verhältnisse, auch in der Verwaltung, für das Verständnis mancher, einem deutschen Betrachter sonst unverständlicher Vorgänge beizumessen ist, füllt das Buch daher eine wirkliche Lücke in diesem Schrifttum aus. Allein schon als Informationsquelle wird es wertvolle Dienste leisten.

Es ist aber zugleich ein ausgezeichnetes Beispiel für die Fruchtbarkeit der vergleichenden Verwaltungswissenschaft, die der Verfasser besonders pflegt. Die Aufgaben der öffentlichen Verwaltung im modernen Staat, die durch die Verfassung und die politischen Verhältnisse geprägte Ordnung der Verwaltung und die vielfältigen Formen des Verwaltungshandelns führen in den Vereinigten Staaten zu ähnlichen Problemen wie anderwärts, so daß die dort gefundenen Lösungen auch für den Kenner der deutschen Verwaltung von großem Interesse sind. So lernt der deutsche Leser dieses Buches nicht nur die Struktur und die Dynamik der amerikanischen Verwaltung kennen, sondern kann wie in einem Spiegel auch die besondere Lage der deutschen Verwaltung schärfer sehen, als ihm das bisher möglich war. Für eine solche vergleichende Betrachtungsweise gibt das Buch zahlreiche nützliche Anregungen, ohne dem Leser die amerikanische Verwaltung als Vorbild anzupreisen.

Daß der Verfasser dieses Buches wie kein anderer dazu geeignet war, einem deutschen Leser die amerikanische Verwaltung nahezubringen, erklärt sich daraus, daß er selbst in der deutschen Verwaltung (der

Freien und Hansestadt Hamburg) groß geworden ist, aber viele Jahre lang die amerikanische Verwaltung studiert und in ihr als Mitarbeiter im Budget-Büro des amerikanischen Präsidenten gearbeitet hat. In den letzten Jahren war er Professor of Political Science und Dean of Administration am Hunter College der Städtischen Universität New York, nachdem er zuvor eine Forschungsprofessur an der Universität Princeton innegehabt hatte. Seit dem 1. November 1962 ist er ordentlicher Professor für vergleichende Verwaltungswissenschaft und öffentliches Recht an unserer Hochschule.

Ich entspreche gerne seiner Bitte, auch an dieser Stelle seinen Dank auszudrücken an die Kollegen der Hochschule, die ihm ihren Rat geliehen haben, insbesondere die Herren Erich Becker, Hartwig Bülck, Hans Ryffel und Reinhard Schaeder, ferner dem damaligen Rektoratsassistenten Assessor Dr. Georg Roth für sorgfältige Durchsicht des Manuskriptes und verständnisvolle Anregungen und an Fräulein Helli Pfertner, die ihm bei der Vorbereitung der Drucklegung ausgezeichnete Dienste geleistet hat.

Professor Dr. Carl Hermann Ule

Inhalt

Erstes Kapitel

Einleitung

Weshalb amerikanische Verwaltung?

Geschichtlich gesehen, und falls man die Übertreibung verzeiht, ist es nicht unrichtig, wenn Deutschland als das Saatbeet der modernen Verwaltung bezeichnet wird. Das Herrschaftsmonopol der Krone hätte sich nach dem Dreißigjährigen Kriege gegenüber den ständischen Kräften ohne eine in sich geschlossene Ordnung von leistungsfähigen Ausführungsorganen nicht durchsetzen lassen. Die aufgeklärte Monarchie band die Gesellschaft an den Staat, indem sie sich der im Wandel befindlichen Notwendigkeiten des Erwerbslebens und somit auch der Daseinsinteressen aller Schichten annahm. Die Umformung der Dynastie aus einem wettbewerblichen Familienunternehmen in die Fürsorgerolle gegenüber dem öffentlichen Wohl setzte einen allgemeinen Verwaltungsaufbau voraus, der auch ebenso, vor allem in der Steuererhebung und in der wirtschaftspolitischen Planung, der militärischen Schlagkraft des neuen Staats die erforderliche Grundlage bot. In einem besonderen Sinn führte in Deutschland der Weg zur Großmacht über die Verwaltung. Was hat uns in solcher Perspektive die amerikanische Verwaltung zu bieten?

Die dieser Frage zugrunde liegenden Zweifel verflüchtigen sich jedoch bei genauerer Überlegung. Dabei darf zunächst der Gedanke zurückgestellt werden, daß das Fremde allgemein das Vertraute in größerer Klarheit erscheinen läßt und so zu frischer Einsicht führen kann. Noch wichtiger mag es sein, daß die Vereinigten Staaten heute nicht nur in der Pflege der Verwaltungswissenschaft, sondern auch in der Verfeinerung der praktischen Arbeit der Verwaltung eine führende Stellung in der Welt innehaben. Wer daher in Deutschland bereit ist, sich über die amerikanische Verwaltung einen Überblick zu verschaffen, kann dabei viel lernen.

Was das amerikanische Beispiel vielleicht besonders reizvoll macht, ist der Umstand, daß es im Vergleich mit den deutschen Gegebenheiten einer anderen Welt zu entstammen scheint. Die Formen der Verwaltung haben sich in Deutschland in einer dreihundertjährigen Entwicklung herausgebildet. Im Gegensatz dazu prägte sich das moderne amerikanische Verwaltungssystem in seinen für die Gegenwart maßgebenden

Grundzügen erst seit dem Beginn unseres Jahrhunderts aus. Diese scharfe Zusammendrängung des Werdegangs auf wenige Jahrzehnte hat die Gestaltung von überheblichen Ansprüchen des Traditionellen weitgehend freigehalten. Daraus ergibt sich eine erhebliche Elastizität in der Suche nach zweckmäßigen Lösungen.

Was sich nicht bewährt, findet keine Gnade, weil es nun einmal so dem Papier anvertraut worden war. Meist ungewollt, aber auch teilweise bewußt, ist amerikanische Verwaltung ein Laboratorium der Arbeitsgestaltung. Man könnte zunächst vermuten, daß dies Erproben aus der den Amerikanern erst verspätet aufdämmernden Erkenntnis ihrer verhältnismäßigen Rückständigkeit auf dem Gebiet der Verwaltung erklärlich sei. Dem widerspricht jedoch die Tatsache, daß das Aufrücken der Vereinigten Staaten in die Spitzengruppe der für ihre Verwaltungsleistung bekannten Länder schon vor dem zweiten Weltkrieg im wesentlichen abgeschlossen war. Amerikas Krieg war ein „verwalteter Krieg", wie man gesagt hat.

Sicherlich kamen die Vereinigten Staaten im Laufschritt in den Verwaltungsstaat. Aber die Grundprobleme des Verwaltungsstaats sind universal. Natürlich stellt jedes Land innerhalb des gleichen Typs einen Einzelfall dar. Historische, kulturelle, wirtschaftliche und andere Unterschiede führen dazu, daß der Typ sich nur durch Einzelfälle konkretisiert. Er ist insofern eine Verallgemeinerung, eine Abstraktion. Andererseits ergibt sich aus der Perspektive in der Richtung auf das Allgemeine eine wichtige Korrektur gegenüber der Beziehungslosigkeit des Besonderen. Deutsche Verwaltung und amerikanische Verwaltung sind zwei verschiedene Dinge. Doch haben beide viele Gemeinsamkeiten, und zwar sehr viel mehr als das hier wie auch jenseits des Atlantischen Ozeans gemeinhin angenommen wird. So gibt es kaum ein Hauptproblem der deutschen Verwaltung, zu dem es in Amerika an Parallelen fehlt. Der Verwaltungsfachmann spricht einunddieselbe Sprache, obwohl ein voller geistiger Austausch noch zu den Seltenheiten gehört.

Von besonderem Interesse vom deutschen Standpunkt ist die schwache Ausprägung des Gegensatzes zwischen öffentlicher und privater Verwaltung in den Vereinigten Staaten. Dies entspricht der Verwischung der Grenze zwischen öffentlichrechtlichen und privatrechtlichen Gestaltungen, jedenfalls im Vergleich mit der Begriffsbildung, die sich in der kontinentaleuropäischen Rechtslehre durchgesetzt hat. Amerikanische Verwaltung ist daher mehr als öffentliche Verwaltung. Die amerikanische Verwaltungswissenschaft wendet ihre Augen ebenfalls den Privatbetrieben der freien Wirtschaft, den Interessentenverbänden, den Gewerkschaften, den gemeinnützigen Einrichtungen und selbst den Kirchen zu. In allen diesen gibt es Verwaltung. Auch hier bedeutet das wiederum nicht die Auferlegung eines rein theoretisch begründeten Einordnungszwanges, dem sich die Tatsachen entziehen. Verschiedenheit wird respektiert, aber Gleiches wird spürend erfaßt und in bereicherte Erkenntnis umgesetzt. Man weiß voneinander, und man lernt voneinander. So bietet eine Übersicht über amerikanische Verwaltung mehr als die Erfahrung öffentlicher Behörden.

Solch eine Übersicht macht nicht zum Fachmann. Aber ebensowenig wie man heute die Vereinigten Staaten im Weltgeschehen ignorieren kann, ist es möglich, mit längst überholten Vorstellungen über die amerikanische Verwaltung auskommen zu wollen. Dazu ist die Verwaltung zu wichtig geworden, sowohl als Leistungsquelle in der Stärkung der Sozialordnung wie auch als Grundlage des Kraftaufwands der Nation. Der Stand der Verwaltung zeichnet das Profil eines Staatswesens oftmals mit rücksichtsloserer Genauigkeit als der Wortlaut der Verfassung. Und wenn Deutsche und Amerikaner sich bei gemeinsamen Aufgaben gegenübersitzen, was heute sehr viel häufiger geschieht als vor dem letzten Kriege, dann ist es doch auch höchst erwünscht, wenn man etwas davon weiß, wie die andere Seite es gewohnt ist, Verwaltungsdinge anzupacken.

Was lernt man von anderen?

Gute Verwaltung ist lernbereite Verwaltung. In erster Linie lernt man natürlich von der eigenen Erfahrung. Der eigene Schreibtisch wird so zur Bastelbank. Aber der unmittelbare Arbeitsplatz ist eine enge Welt. Man lernt auch, wenn man dem andern über die Schulter blickt. Wer sich nie durch ein Umherblicken belehrt, ist kein unterrichteter Mann.

So ist es auch mit dem Umherblicken in der fachlichen Welt. Da gibt es berufliche Tagungen, Betriebsführungen, Aussprachen mit Fachkollegen, Sonderlehrgänge und Rundfunkprogramme, ganz zu schweigen von Handbüchern und Fachzeitschriften. In unserer Zeit sind dann die Orientierungsreisen ins Ausland hinzugekommen, vor allem auch aus amerikanischen Mitteln. So hat sich die Möglichkeit, von anderen zu lernen, erfreulicherweise ständig verbreitert. Was kann man nun von anderen lernen?

Eine erste Antwort darf gleich vorweggenommen werden. Man lernt nichts, wenn man nicht lernen will. Das beruht nicht immer auf Gleichgültigkeit. In meiner früheren amtlichen Tätigkeit im Exekutivamt des amerikanischen Bundespräsidenten hatte ich oft die Aufgabe, hohe Beamte, Männer der Politik und Hochschullehrer aus den verschiedensten Ländern der Welt in das Verfassungs- und Verwaltungssystem der Vereinigten Staaten kurz einzuführen. Gelegentlich ist mir so auch der Besucher begegnet, für den alles Neue nur eine Bestätigung vorgefaßter Meinungen war. Wenn man verhältnismäßig gut im Bilde ist, ergibt sich aus der genaueren Einblicknahme sicherlich auch im einzelnen eine Bestätigung vorher gewonnener Erkenntnisse. Anders steht es um die beinahe automatische Einpferchung alles erstmalig wirklich Beobachteten in den Kleingarten der unerschütterlichen persönlichen Überzeugung. Wer an solchen unabänderlichen Überzeugungen im Hinblick auf amerikanische Verwaltung leidet, hat keinen Anlaß, weiterzulesen.

Was man von anderen lernen kann, hängt überdies von den Umständen ab. Jeder Verwaltungspraktiker weiß, daß es viele arbeitshemmende Probleme gibt, die man Jahr um Jahr weiterzuschleppen hat, weil sie sich aus verschiedenen Gründen der Lösung zu entziehen scheinen. Je größer das Problem, um so weniger ist die Lösung oftmals den unmittelbar Beteiligten in die Hand gegeben. Höhere Instanzen sind darin verwickelt, gesetzgeberische Ausschüsse müssen sich damit befassen, Interessenorganisationen fühlen sich dabei betroffen, parteipolitischen Motivierungen muß Rechnung getragen werden, und selbst der öffentliche Meinungskampf mag entscheidend in die Dinge eingreifen. Auch das beste Verwaltungssystem ist mit offenen Fragen belastet. Für den Neuzugriff auf solche offenen Fragen lassen sich aus der Betrachtung anderer Verhältnisse vielfach nützliche Anregungen gewinnen. Und sogar wo man auf das Herkömmliche festgelegt zu sein scheint, oder wo das Erprobte sein eigener Werber ist, ergeben sich neue Gesichtspunkte, wenn man anderen in die Töpfe schaut.

Wer sich in vergleichender Weise der amerikanischen Verwaltung zuwendet, verpflichtet sich daher nicht zur Nachahmung. Amerikanische Verwaltung läßt sich ebensowenig blind importieren, wie deutsche Verwaltung anderswo blind importiert werden kann. Beide haben eine natureigene Bodenständigkeit. Beide sind, trotz ihrer grundsätzlichen funktionellen Identität, an ihre besonderen Umwelten gebunden. Aber das Vergleichen lohnt sich schon dann, wenn man der Selbstkritik einen gebührenden Platz einräumt. Die Absicht braucht keineswegs auf Übernahme des Fremden gerichtet zu sein. Vergleich ist ein Mittel zur Objektivität. Wer das Eigene mit dem Unvertrauten vergleicht, bekennt darin kein Minderwertigkeitsgefühl. Ebensowenig räumt er dabei dem Unvertrauten den Rang des Überlegenen ein. Man kann von Fehlern anderer nicht minder lernen als von ihren Leistungen. Das eine wie das andere kommt in der amerikanischen Verwaltung zutage.

Der Drang zum Vergleichen ist ein Ausdruck des Bemühens um Verständnis. Wenn man zwei oder mehr Dinge nebeneinanderhält, verdeutlicht sich jedes Ding in seiner Eigenart. Wer vergleicht, sieht mehr. Er sieht nicht nur das einzelne in vollerer Beleuchtung, sondern erkennt darüber hinaus das Grundlegende, das das einzelne in allen seinen Besonderheiten allgemein beeinflußt. Das Vergleichen führt uns von der Oberfläche in die Tiefe und offenbart uns so die Gemeinsamkeiten hinter der Vielgestaltigkeit der Formenbildung. Wer deutsche Tagesfragen in Kenntnis amerikanischer Verhältnisse erwägt, hat weniger Anlaß, sich zu erhitzen. Wer amerikanische Probleme in Kenntnis der deutschen Parallelen durchdenkt, entzieht sich in gleicher Weise der polemischen Überspitzung. Die moderne Massengesellschaft, die noch um ihre Lebensformen ringt, ist gemeinsames Schicksal. Sie bedingt das Zeitalter der Großorganisation. Die Kehrseite der Großorganisation ist Verwaltung. So scheint es gerade in der Theorie und Praxis der Verwaltung möglich zu sein, zwischen Deutschland und den Vereinigten Staaten Brücken zu errichten, zumal wenn die Massengesellschaft in ihren demokratischen Dimensionen erfaßt wird.

Was ist Verwaltung?

Wenn hier von der Errichtung von Brücken die Rede ist, so muß man wohl zunächst dem Zweifel Raum gewähren, ob Verwaltung für ein derartiges Unterfangen genügende Bedeutung besitzt. Verwaltung gilt auch heute noch für viele als das unproduktive Herumsitzen von unhöflichen Menschen, als die Welt der Bürokraten. Verwaltung, sagt die Schulleiterin, ist etwas für Bürokräfte. Das sind auch im heutigen Verwaltungsstaat noch weit verbreitete Auffassungen. Sie sind nicht unverständlich. Wenn wir das Walten und das Verwalten zueinander in Beziehung setzen, so ergibt sich daraus ein Gegensatz. Das Walten kennzeichnet Handlungsfreiheit, die sich dem Verwalten vorordnet. So gesehen fällt der Verwaltung eine nachgeordnete Aufgabe zu. Sie tut Dinge, die ihr zugeteilt sind. Sie ordnet Dinge nach gegebenen Regeln. Sie führt Anweisungen aus. Sie wird zum Arm, zur Hand, zum Finger des Staates und dient so der Gesellschaft. Diese bildliche Sicht mag zu der Annahme führen, daß Verwaltung vielleicht weitgehend ohne eigenes Gehirn funktionieren kann.

Aber obwohl die Verwaltung eine ausübende Rolle hat, wirkt sie in der breiten Sphäre zwischen der politischen Willensbildung und dem staatsbürgerlichen Geschehen. Sie muß aus diesem Grunde mit beiden in Verbindung treten. So hat die Verwaltung Anlaß, nicht nur ihre unmittelbaren Aufgaben wahrzunehmen, sondern auch gleichzeitig sich einerseits auf ihre politischen Befehlszentralen und andererseits auf ihren Markt, auf die öffentlichen Bedürfnisse einzuspielen. Wer verwalten will, muß natürlich als erste Notwendigkeit mit den Mitteln der Verwaltung genau vertraut sein. Er muß den vollen Einsatz dieser Mittel erlernen, aus der Erfahrung die Mittel und ihre Anwendung ständig zu verbessern suchen und sich so immer wieder um die vollkommene Leistung bemühen. Dies letzte ist eine Aufgabe, die der überarbeiteten Verwaltung schwerfällt. Sie verfängt sich in den gegebenen Dingen und bekümmert sich nicht mehr um die Frage, wie man vielleicht nutzbringender verwalten kann.

Das Sekundäre in der Rolle der Verwaltung leitet sich im Grunde aus der Tatsache ab, daß sie nicht nach ihrem eigenen Willen handelt. Sie unterwirft sich letztlich den allgemeinen Willensäußerungen der Politik, der Repräsentationsordnung, durch die die Wählerschaft ihre Interessen zum Ausdruck bringt. Für die Verwaltung liegt der Oberbefehl bei den politischen Organen. Aber gerade daraus vergrößert sich die Verantwortungsfülle der Verwaltung im modernen Leistungsstaat. Denn der Leistungsstaat unserer Tage kann nicht umhin, sich der Bedürfnisse der Massengesellschaft anzunehmen, deren Probleme auf ihn zudrängen. Dies sind Probleme, die wir zum Teil noch gar nicht anerkannt haben. So muß in der Gegenwart die Verwaltung sich an der Gestaltung von politisch getragenen Aktionsprogrammen beteiligen. Sie muß programmatisch denken können und in die Fragen eindringen, die sich in dem Gesamtkomplex der auf die Gesellschaft abgestellten Staatsleistungen ankündigen.

Vor allem ergibt sich für die Verwaltung aus der Beherrschung der Verwaltungsmittel und aus der Spezialkenntnis ihres Einsatzes eine überaus notwendige und in vielen Dingen maßgebliche Ratgeberaufgabe gegenüber den Organen der Politik. Der Staat läßt sich nicht mehr ohne die der Verwaltung entquellende ständige Beratung leiten. Der Staatsmann muß sich auf den Verwaltungsmann stützen, um präzise Vorschläge über die erfolgreiche Durchführung von Regierungsprogrammen zu bekommen. So muß der Verwaltungsmann wie der Staatsmann vorausgreifend denken, um die Handelnsmacht des Staates sachgemäß auswerten zu können. Kenntnis allein ermöglicht es, die Ratgeberaufgabe des Verwaltungsmanns voll zu erfüllen. Daneben aber besteht für ihn die Notwendigkeit, die Sprache der Politik zu erlernen, damit die Einfädelung der konsultativen Rolle der Verwaltung ohne Schwierigkeiten erfolgt. Denn wenn sich eine Kluft zwischen der Politik und der Verwaltung auftut, zerbricht der komplizierte Apparat, durch den die Interessen der Gesellschaft dem allgemeinen Wohl zugeführt werden. Wenn wir also heute von Verwaltung sprechen, müssen wir nicht nur an verfahrensmäßig durchgeführte gesetzgebundene Tätigkeiten denken, nicht allein daran, daß dem einzelnen dabei auch Recht geschieht, daß er zufriedengestellt wird. Von größerer Bedeutung ist die Erkenntnis, daß Verwaltung ein Mittel des Staates zur Aufrechterhaltung des Wirtschafts- und Soziallebens ist. Dabei kommt es entscheidend darauf an, daß der Verwaltungsmann sich bei den Organen der politischen Willensbildung verständlich machen kann, daß er mit ihnen in enger Beziehung zu leben imstande ist, ohne sich dabei persönlich zu zerreiben und ohne in die politischen Turbinen Sand zu streuen, absichtlich oder unabsichtlich.

Verwaltung ist insofern in unserem Zeitalter zu einem zentralen Bereich geworden. Routinemäßige Präzision ist unentbehrlich, aber wichtiger ist eine sich einfühlende Verwaltung, eine Verwaltungsführung, die sich in beweglicher Weise auf veränderliche Dinge einstellen kann. Verwaltung in diesem Sinne erfüllt eine dringliche Aufgabe, die im sozialen Rang mit der Aufgabe der Politik vergleichbar ist. So zeigt sich überall in den großen Industriestaaten der Welt, in Deutschland wie in den Vereinigten Staaten, ein allmähliches Aufsteigen der Verwaltung im öffentlichen Leben. Verwaltung entwächst der bloß sekundären Rolle und wird als Quelle der Sachkunde zunehmend bei der politischen Willensbildung beratend eingesetzt.

Solche Beratung muß unvoreingenommen sein, ebenso wie der Vollzug der Gesetze von der Verwaltung Unparteilichkeit erfordert. Eine leistungsfähige Verwaltung läßt sich nur vorstellen, wenn nicht nur sinnvoll gearbeitet wird, sondern wenn darüber hinaus im Rahmen und im Sinne der verfassungspolitischen Gesamtordnung gewirkt wird, einerlei welche Partei verfassungsmäßig ans Ruder gelangt ist. So hört man auch immer wieder in England, daß produktive Verwaltung eine deutsche Erfindung sei, daß aber die Engländer sie durch Verpflichtung auf das Repräsentationssystem zivilisiert hätten. Wenn in England von der Rolle des höheren Beamtentums gesprochen wird, so meint der englische Politiker damit, daß die Verwaltungsbeamten, vor allem in der Ministerialbürokratie, ihm als Behördenchef eine Stütze bieten. So hat unlängst einer der bestbekannten Männer der englischen Politik, ein ehemaliger Führer der Arbeiterpartei, auf einem Sozialistenkongreß in Asien den Versammelten auseinandergesetzt, daß das Großartige an der Leistung der englischen Verwaltung darin bestehe, daß man in ihr für die Politik ein handliches und bereitwilliges Werkzeug habe, um die Regierungsprogramme gewissenhaft und in voller Hingabe durchzuführen. Palastrebellionen hat es dort nicht gegeben, obwohl vor Jahren beim ersten Einrücken der Arbeiterpartei in die Macht immer wieder davon die Rede war. Das höhere Berufsbeamtentum, ursprünglich überwiegend konservativ gesinnt, hat sich kraft seiner institutionellen Bindung an die über den Parteien stehende Krone pflichttreu auf das Programm der Arbeiterbewegung eingestellt. So pries der politische Führer die englische Verwaltung, weil sie das gestern unter Leitung der Arbeiterpartei Aufgebaute heute unter der Konservativen Partei sorgfältig wieder niederlege.

Das offenbart die Bedeutung der Dienstidee. Solcher Richtungswechsel führt nicht zur verschleierten Opposition des Verwaltungsmanns. Ohne sich in grundsätzliche Fragen festzubeißen, läßt er sich im Amt von der Politik leiten und wendet sich in innerer Freiheit seiner Aufgabe zu. So ist es auch im allgemeinen in der relativ jungen amerikanischen Verwaltung, die in diese Vorstellungen mit überraschender Sicherheit hineingewachsen ist. In den leitenden Gruppen des amerikanischen Beamtentums erkennen wir eine bemerkenswerte Fähigkeit, sich an die Art der politischen Leitung anzupassen und sich dadurch ihr Vertrauen zu erringen. Dadurch erwirbt sich die Verwaltung einen Anspruch auf ungestörte Aufgabenerfüllung, wie sich gleichermaßen die Politik selbst beschränkt. Indem sie sich am Sachverstand der Verwaltung sättigen kann, kommt sie oft von Anfang an zu einwandfreieren und objektiveren Lösungen. Die Schärfen des Parteikampfes werden durch die Sachkenntnis der Verwaltung wesentlich gemildert. Wenn im Wechsel der Regierung der Kurs im allgemeinen aufrechterhalten bleibt, jedenfalls in den wichtigsten Fragen, so liegt das oft an dem Rat, der den neuen Männern von der Verwaltung her zufließt. Dieser Rat zielt meistens auf das Langfristige ab, im Gegensatz zur Turbulenz des Momentanen.

Irrweg in den Wohlfahrtsstaat?

Wenn die Verwaltung in den modernen Großstaaten auf einem erhöhten Sockel steht, so mag man das verstehen, aber könnte es doch auch beklagen. Denn die Verwaltung wirft einen Schatten. Über diesen Schatten hat man sich in vielen Ländern Gedanken gemacht. Weist er uns nicht auf den Einmarsch des Wohlfahrtsstaates hin?

Wenn wir heute häufig das Schlagwort vom Wohlfahrtsstaat antreffen, so müssen wir uns darüber klar sein, daß es in manchen Fällen aus polemischen Absichten in die öffentlichen Debatten gezerrt wird. Seit den ersten Staatsbildungen der Antike hat sich der Staat immer wieder durch die ihm anvertraute Förderung des öffentlichen Wohls gerechtfertigt. Im Grunde ist es eine Ironie, daß heute vom Wohlfahrtsstaat unter dem Gesichtspunkt der politischen Kritik geredet wird. Kein Staat könnte sich von der Pflege des Gemeinwohls loslösen. Im Grunde muß jeder Staat in gewissem Umfang ein Wohlfahrtsstaat sein. Ja, der beste Staat, so könnte man meinen, ist der Staat, der diese Aufgabe am zweckmäßigsten löst. Hinter dem Lamentieren über den Wohlfahrtsstaat verbirgt sich letzten Endes das gleiche Phänomen, von dem vorher die Rede war, das Phänomen des Aufsteigens der Verwaltung aus einer sekundären Rolle in den primären Bereich des öffentlichen Lebens. Der Wohlfahrtsstaat kann uns erdrücken, wenn die Verwaltung nicht sachgemäß handelt, wenn sie bei der Arbeit einschlummert, wenn sie nicht die Würde des einzelnen und seine Lebensinteressen ständig zu achten bereit ist. Jeder Staat kann zum Tyrannen werden; aber im Grunde ist die

Förderung der öffentlichen Wohlfahrt gerade eine Verpflichtung, die den Staat von der Tyrannei fernhält.

Im werdenden Wohlfahrtsstaat entstehen andererseits nicht selten zunächst lose Verfahrensordnungen ohne klar gefaßte Verantwortlichkeit, deren gedankenlose Anwendung das Verhalten des einzelnen in Schablonen zwingen und so seine Freiheit beschneiden würde. Auch in den Vereinigten Staaten weisen Kritiker der Massengesellschaft darauf hin, daß am Schluß die Menschheit in die Rillen der umfassenden Organisation hineingedrückt werden könnte. Der einzelne müsse sich dem System, dem Apparat ergeben. Er habe beruflichen Erfolg nur in dem gleichen Umfang, in dem er sich dem Apparat unterordne. Ein solcher Freiheitsverlust ist nicht zu erwarten, wenn sich die Verwaltung der Gefahr der Extreme des Wohlfahrtsstaates bewußt bleibt. Wir wollen nicht, daß der einzelne zur ständig betreuten Null herabgedrückt wird. Es wird ihm dann eine Milchflasche in den Mund gesteckt, und er muß schön artig trinken, weil es besser ist, die Welt mit gesunden Menschen zu bevölkern, als mit ungesunden. Gesunde Staatsbürger sind ja auch im allgemeinen zufriedener. Aber der Überbetreute kann sich nicht wehren. Er kann nicht einwenden, daß ihm diese Milch nicht gefällt, oder daß ihm diese Flasche nicht gefällt, oder daß er jetzt gar nicht mehr trinken möchte. Das ist ein vereinfachtes System, billig und wohlgeordnet, aber im Endergebnis könnte es die Menschheit auf die Rolle eines Leistungsempfängers niederdrücken.

Diese Gefahr muß man auch in der Verwaltung klar erkennen; denn gerade die Verwaltung ist ein umfassendes Instrument der Ordnung und berührt so ständig den Freiheitsbereich des einzelnen. Gute Verwaltung muß ihren Markt vor Augen haben, muß das Gesamtergebnis ihrer Auswirkungen erwägen. Sie muß vermeiden, in der Pflege ihres Marktes das Interesse des Konsumenten der Verwaltungsleistungen auszuschalten. Der einzelne, und durch ihn die allgemeine Öffentlichkeit, ist die gegebene Grundlage der Politik. Die Verwaltung muß daher darauf achten, daß der einzelne nicht so in den Amtsbetrieb hineingezogen wird, daß er ihm völlig verfällt. Auch am Dienstschalter hat der Gesuchsteller das Recht auf sein eigenes Selbst.

Rechtsstaat und Verwaltungsgeist

So kommen wir auf ein Thema, das in dieser Einleitung besonders herausgestellt werden muß. Die rechtsstaatliche Ordnung rechtfertigt sich vornehmlich aus dem Gedanken der Verteidigung des Interessenbereichs des einzelnen und somit seiner Freiheit. Darüber erhebt sich jedoch eine im Grunde noch bedeutsamere Frage. Das ist die Frage der Haltung der am Verwalten Beteiligten, der geistigen Einstellung der Verwaltung.

Denn die Verwaltung kommt nicht zum Leben in Gesetzesbestimmungen, Verfahrensvorschriften oder Legalprinzipien, so wichtig diese auch sind, sondern sie setzt sich durch in dem Handeln des einzelnen Amtsträgers, in der Art, wie Entscheidungen getroffen werden. Das schließt in sich die Art, wie dem Entscheidungsergebnis vorgedacht wird, wieweit man sich stets erneut die Auswirkung der Verwaltung auf die Interessengestaltung der Gesellschaft und auf den einzelnen vor der Entscheidung vor Augen führt.

Solch eine geistige Haltung setzt voraus, daß sie aus wirklicher Einsicht hervorgeht, aus einem grundlegenden Verständnis für die sozialen Bindungen der Verwaltung. Es kommt hier auf eine bewußte Bildung von dienstlichen Auffassungen an. Eine rechtsstaatlich ausgerichtete Gesinnung der Verwaltung greift über die Kenntnis der rechtlichen Verhältnisse und die Beherrschung der zur Verfügung stehenden Verwaltungsmittel hinaus. Das ist ein Gedanke, der in Amerika zunehmende Beachtung zu finden beginnt. Obwohl die in Deutschland traditionelle juristische Schulung eine ausgezeichnete Einführung in die sachliche Interessenabwägung sein kann, führt eine Verstrickung in das Juristische zur Unterschätzung anderer Gesichtspunkte bei der Entscheidung, insbesondere in der unzulänglichen Würdigung des Verwaltungsergebnisses. Man darf nicht übersehen, was der Entscheidung nachfolgt, anstelle sich nur darauf zu konzentrieren, was der Entscheidung vorangeht.

Die Haltung der Verwaltung geht letzten Endes auf den persönlichen Einsatz zurück. Die Geisteswelt der in den gehobenen Stellungen tätigen Fachmänner der Verwaltung ist hier von ausschlaggebender Bedeutung. Man möchte sagen, daß die Zukunft des Wohlfahrtsstaates selbst in erheblichem Umfang von der Haltung der höheren Beamten des öffentlichen Dienstes abhängt, wie sie nicht minder von der Haltung der Politiker abhängt.

Wer heute von öffentlicher Verwaltung spricht, muß daher auf mehr eingehen als die Denkfigur des Verwaltungsakts. Es ist unvermeidlich, daß wir in der Erörterung der gegenwärtigen Aufgaben der Verwaltung, zumal im Vergleich mit den Vereinigten Staaten, auf Hauptprobleme unserer Gesellschaftsordnung stoßen. Diese Probleme drängen sich gerade in der öffentlichen Verwaltung in den Vordergrund.

Das Verwalten wirft also nicht nur technische Probleme auf, die allein für Berufsgeschulte Interesse haben, sondern es ist mit dem Wohl und Weh unserer Zukunft verflochten. Was wir in Deutschland Rechtsstaat nennen, darf sich deshalb nicht auf rechtliche Gesichtspunkte beschränken, auf Zwangsläufigkeiten, denen sich der Verwaltungsmann nicht entziehen kann. Darüber hinaus benötigen wir eine schöpferische Ermittlung dessen, was der Mensch in der Zeit der Massengesellschaft von der Verwaltung erwarten darf.

Das bringt mit sich, daß wir auch in andere Erkenntnisgebiete eindringen müssen als die der Jurisprudenz. Das juristische Rüstzeug ist ein Mittel zur Erreichung der Zwecke der Verwaltung. Im besten Sinne hat der Jurist in der Verwaltung die Aufgabe des Paladin. Er muß sich den rechtmäßigen Einsatz der vorhandenen Kräfte überlegen. Er darf keine willkürlichen Handlungen durchgehen lassen und übt eine rechtsbelehrende Tätigkeit aus, die den rechtsstaatlichen Unterbau der Verwaltung wesentlich befestigen kann. Aus der juristischen Schulung bahnt sich ein Weg zur Beherrschung von Konfliktsituationen, neben dem nutzbringenden Exerzieren des Gehirns.

In den Vereinigten Staaten setzt sich der Volljurist, wenn er in den öffentlichen Dienst geht, im allgemeinen nicht allein durch sein berufliches Können durch, sondern im Wettbewerb mit anderen vielfach als der schärfere Kopf. Neben seinen juristischen Leistungen erwirbt er sich Ruhm in der Verwaltung durch sein Einfühlungsvermögen und die Präzision seines Denkens. Das Juristische und die Verwaltung lassen sich als getrennte Sachgebiete gegenüberstellen. Wir können vom Juristen nicht als dem gegebenen Fachmann der Verwaltung sprechen, aber ebensowenig läßt sich sagen, daß ihm die Dinge der Verwaltung verschlossen bleiben müssen. Verwaltung und Jurisprudenz sind imstande, miteinander eine erfolgreiche Ehe einzugehen, selbst wenn sich nicht leugnen läßt, daß es auch in erfolgreichen Ehen hitzige Auseinandersetzungen gibt. Wer als Verwaltungsmann im rein Juristischen stecken bleibt und der Gesamtsicht und den praktischen Folgerungen auszuweichen sucht, macht sich das Leben zu einfach. Das hatte sicherlich Kasimir Friedrich Medikus, das Haupt der selbständigen Kameral-Hochschule zu Lautern in der Kurpfalz, vor Augen, wenn er in der 1781 veröffentlichten Sammlung kleiner Schriften der Hochschule sagte, „daß die Rechtsgelehrsamkeit und Kameralwissenschaft zwei himmelweit voneinander verschiedene Wissenschaften sind“ (S. 164). Daß andererseits gerade in der amerikanischen Praxis rechtliche Gesichtspunkte einen in vielem entscheidenden gestaltenden Einfluß auf die Verwaltung haben, wird sich aus den weiteren Erörterungen ergeben.

Die Orientierung der Verwaltung greift auch auf das Verhältnis zur Politik hinüber. Es versteht sich von selbst, daß eine Gleichordnung der Verwaltung mit der Politik nicht denkbar ist, wenn wir den Volksstaat zugrunde legen. Denn die politische Willensbildung führt zur entscheidenden programmatischen Festlegung der Organe des Staats. Die organisatorische Trennung der Repräsentationsordnung und des Verwaltens darf nicht zu einer wechselseitigen Absonderung führen. Wir müssen nicht das Politische auszuklammern suchen, um den Lebensraum der Verwaltung zu bestimmen. Anstelle eines Gegenspiels von Verwaltung und Politik besteht der demokratische Staat auf dem Primat der politischen Willensbildung. So wird die Verwaltung zum Beauftragten.

Andererseits hat man sowohl in den Vereinigten Staaten wie auch in Deutschland erkannt, daß der Sachverstand der Verwaltung sich nicht voll auswirken läßt, wenn man es ihm unmöglich macht, sich in gewisser Selbständigkeit zu äußern. Damit entwächst die Verwaltung nicht ihrem Dienstverhältnis. Sie kann nicht von sich aus frei entscheiden, welche politische Linie ihr am besten gefällt, und andernfalls mit dem verschleierten Streik kokettieren. In Situationen äußerster Spannung gibt es immer wieder Ansätze zu solchen Vorbehalten, und es gibt sie überall. Selbst in dem besten Oberbeamtentum besteht zwischen bewußtem Einsatz aller Energie und unwilliger Mindestleistung ein großer Unterschied. Die auf innerer Verpflichtung beruhende Qualität der Verwaltung erweist sich in der Hingabe, mit der die Mitglieder der höheren Laufbahn sich bei der Durchführung jedes Regierungsprogramms innerlich beteiligen. Wenn die Verwaltung sich anmaßen würde, hier einen Widerspruch einzulegen, wenn sie ein Veto für sich in Anspruch nehmen wollte, so wäre das eine Zerreißung der organischen Gestalt der Volksherrschaft.

Die funktionelle Eigenart und insofern die funktionelle Selbständigkeit des politischen und des verwaltenden Bereichs sind ein Fundament des modernen Leistungsstaats. Deshalb wird der Politiker nicht ermuntert, sich in Verwaltungsgeschäfte einzumischen. Ebensowenig wird der Verwaltungsmann ermuntert, politische Aufgaben aufzugreifen. Notwendigen Überschneidungen beider Bereiche muß natürlich Rechnung getragen werden, aber im Wege konkreter Sonderlösungen. Wenn nun die Verwaltung den politischen Organen nachgeordnet ist, so bedeutet das nicht, daß sie zur seelenlosen Maschine wird, die einfach dem Druck auf den Kontrollknopf gehorcht. Man muß ihr die Möglichkeit der Bedenkenäußerung nicht abschneiden, ohne ihr ein Recht zur Korrektur der politischen Willensbildung zu überlassen. Denn mit solch einem Recht käme man schrittweise in die bürokratische Diktatur.

Die bürokratische Diktatur ist nicht minder unerträglich, wenn sie sich als die Herrschaft der Fachmänner anpreist. Wie man es dann hört, soll der Unsinn der Politik weggefegt werden, und die „sachlichen Köpfe" übernehmen die Leitung. Aber die „sachlichen Köpfe" können es nicht übernehmen, sich als Ausdruck des Volkswillens zu legitimieren. Das kann man nicht durch Proklamation machen, wie es auch in unserer Zeit gelegentlich geschehen ist. In welcher Weise andererseits der Verwaltungskenner als Berater von politischen Organen tätig sein kann, ist eine delikate Frage, auf die wir im weiteren Verlauf zurückkommen müssen. Sachverstandsquellen bedürfen einer geistigen Autonomie. Ihre planmäßige Auswertung muß zwar im Rahmen der politischen Willensbildung erfolgen, wobei jedoch der Sachverstand der Verwaltung nicht zum Lakai der Politik werden darf.

In den Vereinigten Staaten gilt es nicht als etwas Neues, daß der Sachverstand der Verwaltung die von der Politik bestimmten Staatsziele in die Welt des Verhaltens umzusetzen hat. Neuer ist die Erkenntnis, daß ein politisch abstinentes Berufsbeamtentum Voraussetzung für ein ausgewogenes Verhältnis von Politik und Verwaltung ist. Dafür benötigt man neben dem reinen Verwaltungsbeamten aber auch den politisch engagierten Mann, der bereit ist, ohne in eine ständige Stellung einzutreten, den die Regierung übernehmenden Parteiführern ins Amt zu folgen. Er bildet in der Struktur der Verwaltung ein Zwischenglied. An den unmittelbaren Schnittpunkten der Führung und des Sachverstandes bedarf es eines besonderen mehr politischen als verwaltenden Talents, ebenso wie es am entgegengesetzten Pol, gegenüber dem staatsbürgerlichen Konsumenten, für das ehrenamtliche Beamtentum Raum gibt. Für den keine Dauerstellung bekleidenden politischen Beamten in den Vereinigten Staaten erscheint es als Auszeichnung, wenn er von den Mitgliedern eines gesetzgeberischen Ausschusses als ein vermummter Politiker angesehen wird.

Zweites Kapitel

Historische Erwägungen

Verwaltungssysteme sind kulturell bedingt. In der Entwicklung kultureller Einflüsse ist der geschichtliche Werdegang eines Volkes von großer Bedeutung. So verlohnt es sich, bei der Betrachtung der amerikanischen Verwaltung von allgemeinen historischen Erwägungen auszugehen. Wenn wir dem Wesen amerikanischer Verwaltung gerecht werden wollen, müssen wir mit der politischen Prägung des Landes beginnen und über das rein Verwaltungstechnische hinausgreifen. Die formenden Einflüsse kommen weniger aus dem Ideologischen als aus anerkannten Notwendigkeiten, aus dem amerikanischen Leben.

Verwaltungsgeschichte, als Teil der Kulturgeschichte, ist ein breit dahinfließender Strom. Ihm können wir hier nicht geruhsam nachwandern. Wir müssen uns darauf beschränken, seine Richtung anzugeben, vor allem aus der Natur seiner Nebenflüsse.

Das Primat der Gesellschaft

Aus der etappenweisen siedlerischen Durchdringung des neuen Kontinents entstand eine lose Gesellschaftsgruppierung. Diese offene Gesellschaft strebte auseinander, in die Weite. Das Individuelle, das Örtliche, das Interessengebundene blieben gleichsam selbständige Welten. Das Gemeinsame, obwohl im staatsbürgerlichen Denken anerkannt, konsolidierte sich nicht aus einer Herrschaftsstruktur, nicht durch Organe des öffentlichen Wohls, sondern aus den Bedürfnissen der offenen Gesellschaft. Für eine echte Staatsbildung im Sinne der deutschen Geschichte lag gar keine Möglichkeit vor.

Diese Umstände begründeten ein Primat der Gesellschaft. Es zeigt sich in den Vereinigten Staaten beispielsweise in der Tatsache, daß man den Begriff des Staats im Grunde nicht kennt. Deutsche Leser werden vielleicht damit vertraut sein, daß man in den amerikanischen Werken über Staatslehre oder das Regierungssystem von *government* spricht. Wörtlich übersetzt verführt das Wort zum Unsinn; denn die Regierung ist ja begrifflich ein Element des Staates und so nur ein Teil dessen, was sich als das Staatliche offenbart. Aber die amerikanische wie auch die englische Auffassung zieht in dem Wort *government* den Hinweis auf eine kontrollierbare Funktion der Vorstellung von einem die Gesellschaft umschließenden Gebäude vor. Allerdings bedient sich die englische politische Theorie des Staatsbegriffs im umfassenden Sinne und pflegt so auch vom modernen Staat zu reden. Aber in den Vereinigten Staaten hat sich der Staatsbegriff als solcher nur schwach kristallisiert. Wenn der Amerikaner in persönlicher Unterhaltung den Ausdruck *state* verwendet, so mag er den Einzelstaat Illinois meinen oder den Einzelstaat Alabama oder den Einzelstaat Kalifornien. Das ist für ihn ein Staat, einer der Einzelstaaten, die die Vereinigten Staaten zur Erzielung einer *more perfect union,* einer vollkommeneren Vereinigung, nach Erringung der politischen Unabhängigkeit von England schufen.

Diese begriffliche Besonderheit betont die Tatsache, daß die amerikanische Vorstellungswelt ganz von der Idee der souveränen Gesellschaft in ihrem losen Zusammenhang beherrscht wird. Die offene Gesellschaft hat sich auch heute nicht auf Standes- und Statusgesichtspunkte festgelegt; so ist sie auch der Herausbildung eines Beamtenstandes im deutschen Sinne abhold. Sie sieht sich im fortlaufenden Wachstum, bleibt ständig im Wandel und hält an der historischen Ausweitung und Umschichtung fest.

Bis an das Ende des letzten Jahrhunderts wirkte sich als sozialer Einfluß das Erlebnis der sich vorwärtsbewegenden Grenze aus, der *frontier.* Eine Zivilisationsgrenze könnte man sie kaum nennen, denn an der *frontier* gab es oftmals sehr wenig Zivilisation. Die sich im Drang zur Durchdringung des Kontinents vorwälzende Grenze zog den Abenteurer und den Freibeuter ebenso an wie die Landhungrigen. Eine solche Bewegung kommt nicht zu festen Staatsaufgaben. Jeder war auf sich selbst und auf nachbarliche Hilfe angewiesen. So ist es nicht nur romantische Ausdeutung, wenn die ordnende Gewalt im täglichen Leben weitgehend ausfiel. Eine gute Pistole war mehr wert als das Wort des Wahlbürgermeisters. Solch eine freie Gesellschaft ließ sich von der Autorität gar nicht überwachen. Gewalt wurde in der Verbindung von schlagfertigen Männern konstituiert, die sich zum Guten wie zum Bösen zusammentaten. Verbandsbildung ersetzte den Staatsapparat.

Das Ergebnis war eine sich ständig verschiebende Zellenbildung, auf die sich die Autorität verzettelte. So ist es nicht aus der Luft gegriffen, wenn der heutige Amerikaner vielfach sein *government* als Mittelpunkt des Kampfes der Interessengruppen betrachtet, als Objekt der Politik des organisierten Drucks *(pressure politics).* Wie sich eine aktive Verwaltung theoretisch in dieses Bild einfügen läßt, mag nicht ohne weiteres klar sein. Eine andere Konsequenz ist jedoch unabweisbar. Wenn der Staat eine nachgeordnete Größe ist, muß er sich aus der Gesellschaft materialisieren. Er muß sich aus den Notwendigkeiten der Gesellschaft und aus seinen Leistungen für die Gesellschaft rechtfertigen. Das ist an sich für die Verwaltung eine anfeuernde Wertverteilung, die die öffentliche Kritik belebt und einen Ansporn zur Überprüfung des Gegebenen und zur schöpferischen Neugestaltung bietet. Aber sie weist dem Verwaltungssystem keinen gesicherten Platz zu. Sie drängt es in die Defensive, in das Getümmel der im Wettstreit stehenden gesellschaftlichen Kräfte.

Der gebundene Staat

In Europa, selbst in England, liegen die Anfänge des Staates in der ungebundenen Gewalt. Zur Rechenschaftspflicht wird die Gewalt erst später gezwungen, durch Anerkenntnis der politischen Repräsentation. Amerika begann mit dieser zweiten Stufe. Die Idee des gebundenen Staates greift auf das Naturrecht zurück, auf die bewußte Errichtung der Gewalt. Die ersten Siedler fanden sich in einer neuen Situation. Die Gemeinschaft wurde im freien Schöpfungsakt konstituiert. Für die Neuankömmlinge war es eine praktische Idee, daß es der Mensch ist, der die Organe des Staates zu seinem Nutzen formt und sie auch selbst überwacht.

Der gebundene Staat findet seine deutlichste Ausprägung in der politischen Theorie von John Locke. Ihm verdankt Amerika die Gabe der unveräußerlichen Rechte des einzelnen. Er hat sich nicht sonderlich darum bemüht, logisch nachzuweisen, woher diese Rechte stammten. Es genügte für ihn, sie mit der Tatsache der menschlichen Geburt in Verbindung zu setzen. Nach Locke waren die unveräußerlichen Rechte die Rechte auf das Leben, auf die Freiheit und auf den Erwerb sowie das Erworbene.

Den Gegenstand dieses dritten Rechts bezeichnete er als *estate*. *Estate* bedeutete für ihn eine Anzahl von Dingen, die wir allgemein als die private Sphäre umreißen könnten, unter anderem die ungestörte Betätigung der menschlichen Schaffenskraft und den Wohlstand, den man sich auf diese Weise erwirbt. *Estate* ist eine auf das Erwerbsleben hindeutende Formulierung, die in der amerikanischen Wirtschaftsentwicklung verständliche Anziehungskraft hatte.

Locke war einer der meistzitierten Männer in der Zeit der Schaffung der Bundesverfassung. Ein anderer war Montesquieu. Montesquieus Gewaltenteilungslehre war den gründenden Vätern der jungen Republik wohlvertraut. Die Verteilung der öffentlichen Gewalt auf Gesetzgebung, Exekutive und Rechtspflege sollte zu wechselseitigen Kontrollen führen und so den Schutz des einzelnen vor der Willkür der Macht ermöglichen. Der Staat wurde auch hier angewiesen, den Kräften der Gesellschaft nicht im Wege zu stehen. Diese Blickweise wird erklärlich, wenn man bedenkt, daß die amerikanische Revolution keine Revolution von unten war. Sie zielte nicht auf eine Gesellschaftsumgestaltung, sondern auf die politische Lösung vom Mutterland.

Die Führer der Revolution erwiesen sich als stark genug, die soziale Gestaltung in festen Händen zu behalten. Die gegebene Struktur der Gesellschaft des kommerziellen Nordostens und der Plantagenwirtschaft des Südens überstand die ungeheure Kraftprobe, obwohl die Kriegsjahre die Masse der nicht zur Wahl Berechtigten politisch aktiviert hatten. Überall war aus den Wäldern und aus den Städten das einfache Volk in den Militärdienst gerufen worden, um den Freiheitskampf erfolgreich durchzuführen. Am Schluß der Revolution ergaben sich daraus soziale Spannungen, die selbst George Washington, den besonnenen Lenker des Nationalgeschicks, tief besorgten. Sie veranlaßten ihn, in seiner Privatkorrespondenz einem Freund anzuvertrauen, daß ein einziger Funke das ganze Gebäude in Flammen setzen könne. So ernst schien ihm die Aufrüttelung der Sozialstruktur, das Empordrängen der Schicht, in der man ebenfalls von Rechten zu sprechen begann und sich gegen die Oberschicht mit ihren Handels-, Finanz- und Agrarinteressen auflehnte.

Der gebundene Staat manifestiert sich in der Verbindung von Vorstellungen, die Locke und Montesquieu entnommen sind. Die Macht wird aufgeteilt, bundesstaatlich und ebenfalls unter den drei Gewalten — Legislative, Exekutive und Justiz. Selbst so werden ihr die verbrieften Individualrechte noch zur weiteren Sicherung gegenübergestellt. Der gebundene Staat hat nur die Aufgaben, die ihm zugewiesen sind, vor allem in der Verfassung. Machtvollkommenheiten werden im allgemeinen konkret zugeordnet. So ist die elastische Generalklausel als Machtzuteilungsnorm dem Amerikaner nicht geheuer. Wenn man die Bundesverfassung durchsieht, erkennt man, daß die Zuständigkeiten des Bundes in relativ präziser Aufzählung bestimmt worden sind. Ein gewisser Gegeneinfluß ergab sich erst in der richterlichen Verfassungsauslegung. Ein großer Richter stand dabei an erster Stelle — John Marshall, der in der anfänglichen Periode lange als Vorsitzender des Obersten Bundesgerichtes wirkte und dies Gremium durch seine Persönlichkeit weitgehend beherrschte. Wenn Marshall als Prognostiker der nationalen Bedürfnisse aus eigenem Denken diese Verfassungsklauseln nicht ausweitend interpretiert hätte, wenn er dem Bund so nicht Kraftreserven eröffnet hätte, so wäre man nicht in der Lage, sich vorzustellen, wie die Vereinigten Staaten ihren modernen Aufgaben hätten gerecht werden können. Aber diese Vorausschau war keineswegs Gemeingut. Sie entsprach der Gesinnung derer, die wie Marshall und Alexander Hamilton führende Männer der Bundespartei waren und die im Gegensatz zu Thomas Jeffersons Ideal einer im Örtlichen verankerten Agrarrepublik den demokratischen Tendenzen ihrer Zeit zumeist ablehnend gegenüberstanden.

Der gebundene Staat bedingt die gebundene Verwaltung. Sie hat keine ursprüngliche Kompetenz, keine Prärogative im Vergleich mit der britischen Krone. Sie bedarf für den von ihr ausgehenden Zwang der Ermächtigung. Sie muß zum Nachweis bereit sein, daß sie bei der Erfüllung ihrer Aufgaben die ihr in der Ermächtigung gezogenen Grenzen beachtet. Sie darf den öffentlichen Nutzen niemals über diese Grenzen hinausverfolgen. Das sind Gesichtspunkte, die dem deutschen rechtsstaatlichen Denken nicht fernliegen. Aber der Nachdruck liegt anders. In den Vereinigten Staaten entfaltete sich die Verwaltungspotenz im Zeichen der Bindung, während der Rechtsstaat der Machtfülle Grenzen setzte.

Dagegen erscheint dem Amerikaner die Verwaltung als ein Apparat, der ausschlaggebend durch die politische Willensbildung motiviert wird. Sie hat keinen Eigenwillen. Sie hat kein Monopol des Sachverstandes, selbst im eigenen Geschäftsgang. Sie ist eine Agentur der gesellschaftlichen Kräfte.

Volksnahe politische Willensbildung

Auch heute noch ist man in den Vereinigten Staaten geneigt, den politischen Willen als von unten nach oben aufsteigend zu betrachten. So kam man dazu, politische Willensbildung in erster Linie aus der lokalen Perspektive zu organisieren. Der gefühlsmäßige Akzent liegt auf dem Nachbarlichen. Jefferson erklärte einmal, daß es ein schwarzer Tag sein würde, falls der Amerikaner künftig mit ausgestreckter Hand an den Bund herantreten könnte. Als aufrechter Farmer walte er zunächst einmal auf seinem Acker. Für gewisse Dinge könne er sich mit anderen in der Gemeinde zusammenfinden. In einigen über die Gemeinde hinausreichenden Angelegenheiten sei er schließlich in der Lage, sich des Einzelstaates zu bedienen. Aber der Bund müsse in der Reservestellung bleiben und sich vornehmlich auf Landesverteidigung und Außenpolitik beschränken. Jeffersons Furcht vor dem schwarzen Tag eines unmittelbaren Bundessozialprogramms entbehrt nicht der Ironie. Denn in der tatsächlichen Verschiebung der Sozialleistungspflichten nimmt der Bund heute eine überragende Stellung ein.

Die Bevorzugung der volksnahen politischen Willensbildung zeigte sich nicht nur in der gefühlsmäßigen Überhöhung des Örtlichen und in der abstrakten Feindschaft gegenüber der zentralen Autorität, die nach Rechtfertigung suchen muß, um in der Wirtschafts- und Sozialordnung tätig zu werden. Außerdem muß man an kurze Wahlperioden, das Emporwuchern von Wahlämtern und ähnliche Erscheinungen denken, vor allem auch an die Zuständigkeit der Einzelstaaten, die Wahlkreise für die Bundeswahlen festzulegen. Hierher gehört auch der lose innere Zusammenhang der beiden großen Parteien, die die Eigenherrlichkeit der Ortsgruppen in der Kandidatenauswahl selten antasten. Natürlich ist Volksnähe ein relativer Begriff. Auch Rathäuser sind oft ferne Zentralen. Zwischen dem Volk und denen, die sich als seine Wortführer wähnen, gähnt nicht selten eine Kluft, die sich durch politische Gleichgültigkeit gefährlich erweitert.

Volksnahe politische Willensbildung ist dem bestallten Spezialisten für die Erfüllung von Staatsaufgaben im allgemeinen abhold. Denn im Grunde ist der Berufsbeamte aus dem Politischen hinausgehoben. Er steht auf eigenen Füßen, weil er durch seine eigene Sachkenntnis geleitet wird. Der Fachmann könnte nicht in voller Abhängigkeit funktionieren. Eine Festlegung auf volksnahe politische Willensbildung stellt so dem geschulten Verwaltungsmann Hindernisse in den Weg, zumal wenn der Bezirkspolitiker in objektiv fundierten Maßstäben den Verlust seiner Disponierfreiheit erblickt.

Mißtrauen gegenüber der Autorität

Gepaart mit der Bevorzugung der volksnahen politischen Willensbildung ist das Mißtrauen gegenüber autoritären Gestaltungen. Der Kampf gegen England war ein Kampf gegen die britische Exekutivgewalt in den amerikanischen Kolonien. In den ersten Verfassungen der Einzelstaaten wurde in verständlicher Reaktion die Legislative in den Sattel gehoben. Der *governor,* als Chef der Exekutive, wurde so gewissermaßen ein Unterorgan der Legislative. Deshalb wurden auch die meisten grundlegenden Verwaltungsentscheidungen auf den Gebieten des Behördenaufbaus und des Amtsverfahrens an die Gesetzgebende Versammlung gezogen, an ihren Bedürfnissen orientiert und in vielen Fällen rein legislativ angepackt. Eine Konsequenz war die, daß die Grenzziehung zwischen dem, was Verwaltung ist oder der Verwaltung überlassen bleiben muß, und dem, was der Politik zugehört und daher von der Politik zu betreuen ist, in weitem Umfang verwischt wurde. Obwohl heute überwiegend eine bessere Gewichtsverteilung in den Einzelstaaten vorliegt, ist das Mißtrauen gegenüber dem Exekutivamt weitverbreitet. Darunter leidet auch die Verwaltung.

Die große historische Ausnahme liegt in der Gestaltung des Bundespräsidentenamtes. Der Präsident war von Anfang an ein vollberechtigter Führer der Bundesexekutive. Dazu waren aber in der Verfassunggebenden Versammlung in dem schwülen Sommer von 1787 nicht weniger als acht verschiedene Abstimmungen hinter verschlossenen Türen nötig. Erst dann stand die institutionelle Unabhängigkeit des Präsidenten so, wie sie sich heute in der Verfassung findet, wirklich fest. Immer wieder wurde der Versuch gemacht, den Präsidenten der Legislative unterzuordnen, sei es durch Wahl durch die Volksvertretung, sei es auf andere Weise, wie durch Gewährleistung des Vertrauens der Legislative. Während in den Einzelstaaten die Entwicklung in entgegengesetzter Richtung verlief, war die Potenzierung des Präsidentenamtes ein Sieg derer, die früh erkannten, daß eine starke Exekutive die Stärke des Bundes verbürgte. Zu ihnen gehörte auch der Mann, der von den Amerikanern oftmals verkannt worden ist, der aber die Zukunft des Bundesstaats in der kommenden industriellen Gesellschaft mit ungewöhnlicher Klarheit vorausgesehen hat: Alexander Hamilton. Er selbst hat es in der Verfassunggebenden Versammlung nicht lange aushalten können; denn seine weiterreichenden Pläne fanden kein Gehör. Es wurde ihm nachgesagt, daß er, wie später nach dem Kriege von 1870/71 der konservative Flügel in Frankreich, eine Verfassungsnorm wünschte, die man in eine monarchische Lösung umwandeln könne, indem man hier ein wenig schob und dort ein wenig zerrte. Man hegte den Verdacht, daß er eine neue Dynastie im Sinne hätte, und sogar George Washington wurde gelegentlich bezichtigt, er wäre einer solchen Umschaltung nicht abhold.

In der Gestaltung des Präsidentenamtes im Vergleich zu der gleichzeitigen Schwächung der Exekutive in den Einzelstaaten bekundet sich die bemerkenswerte Fähigkeit der Amerikaner, unbeschwert durch ideologische Erwägungen aus praktischen Gründen entgegengesetzte Wege zu beschreiten. Ohne eigene Kraft schien der Bund seinen Anleihegläubigern ein schlechter Schuldner, und einwandfreie Finanzgebarung ließ sich am ehesten in der Exekutive erwarten. Die Selbständigkeit der Bundesexekutive auf ihrem eigenen Gebiet hat das Präsidentenamt zu dem politisch überragenden Charakterzug der amerikanischen Verfassung gemacht. Es ist ein Mandat zur Führung, das in dieser Form einzigartig ist. Wenn der Wille zur Führung da ist, schließt es ungeheure Machtfülle in sich, obwohl sie wiederum auf rechtlich begrenzter Macht beruht. Dazu gibt es in keinem Land ein Gegenstück, nicht einmal in dem englischen *prime minister*, dem verantwortlichen Haupt des Kabinetts.

Aber auch gegenüber dem Präsidenten regte sich das allgemeine Mißtrauen gegenüber der Autorität. Für die Herausbildung einer sachlich orientierten Verwaltung, die in der Öffentlichkeit auf Verständnis hoffen muß, lag insofern in den Vereinigten Staaten kein besonders günstiger Boden vor. Die Idee, daß die Gesetzgebung der Wählerschaft näher ist als die Exekutive und so leichter zu kontrollieren ist, äußert sich auch heute noch immer wieder im Leitartikel. Das ist beinahe zu einer amerikanischen Gemütsveranlagung geworden. Nur in der akuten internationalen Krise stellen sich der Kongreß und die öffentliche Meinung demonstrativ hinter den Präsidenten.

Das Ideal der Laienverwaltung

In der allgemeinen Vorstellung wird in den Vereinigten Staaten Verwaltung oftmals als etwas angesehen, was sich auf der Grundlage des gesunden Menschenverstandes und durchschnittlicher Laienkenntnisse leicht erlernen läßt. Verwaltung liegt auf der Ebene der staatsbürgerlichen Kompetenz. Einerseits meint man, daß die öffentliche Verwaltung keine über die normale Befähigung des Staatsbürgers hinausgreifenden Anforderungen stelle oder jedenfalls stellen solle. Andererseits wird dem Staatsbürger eine besondere Vollmacht zur volksstaatlichen Verwaltung zugeschrieben.

Die Idee der staatsbürgerlichen Kompetenz zur Verwaltung macht das Verwalten zu jedermanns Sache. Für den einzelnen Staatsbürger ergibt sich die Möglichkeit der persönlichen Beteiligung aus der untergeordneten Natur der Verwaltung. Genauso war der einfache Landwirt imstande, seinem Betrieb vorzustehen. Der Gedanke, daß der Einzelbürger der gegebene Verwalter der öffentlichen Angelegenheiten ist, dringt historisch immer wieder durch. Er erreichte einen Höhepunkt bei den weitausholenden ideologischen Auflockerungen, die den Einbruch des Westens in die Politik und damit den Beginn der modernen Demokratie in den Vereinigten Staaten begleiteten. Der Markstein war der Amtsantritt von Präsident Andrew Jackson (1829). Das sozial freie Amerika des weiten Westens kam zum erstenmal politisch zum Zuge. Symbolisch war der Einzug Jacksons in das Weiße Haus, wo seine begeisterten Mannen mit hohen Stiefeln über die Sofas kletterten und in einer der Gelegenheit entsprechenden Weise dem Alkohol zusprachen. Der kapitalistische Nordosten wurde von dem Westen überrannt.

Die das öffentliche Leben überflutende Demokratisierung führte zu einer Verwerfung des ständigen Verwaltungsamts. Aber der Patronagebetrieb brachte nicht ein Volksbeamtentum mit sich, sondern parteipolitische Stellenbesetzung zum Wohle der Stelleninhaber. Theorie und Praxis der Laienverwaltung kamen sich in die Haare. Die Übel der Praxis erzwangen im weiteren Verlauf eine grundlegende Reform, ohne jedoch der Theorie das Wasser abzugraben. Der Berufsbeamte ist verdächtig; der aus der Wirtschaft oder den freien Berufen geborgte ehrenamtliche Behördenberater genießt öffentliches Vertrauen.

George Washington bemühte sich bei der Stellenbesetzung um tüchtige Menschen, nicht um Parteigänger. Jefferson, obwohl Vertreter der Gegenpartei, hielt daran im allgemeinen fest, sah sich aber zu gewissen Auswechslungen genötigt. Das Umsichgreifen der Patronagebürokratie seit Jacksons Wahlsieg war so ein entschiedener Rückschritt, wenngleich ihm die Logik der demokratischen Offensive eine Rechtfertigung zu geben schien.

Planungsstaat und freie Wirtschaft

Auch in anderer Hinsicht wird in den Vereinigten Staaten eine zeitliche Reihenfolge von verschiedenen Ordnungsgesichtspunkten ersichtlich. Man möchte sagen, daß Amerika vom Planungsstaat über die bedingungslos freie Wirtschaft zur Vorrangstellung des politischen Programms fortgeschritten ist. Wenn man diese drei Stadien zeitlich miteinander in Verbindung setzt und im Hinblick auf die öffentliche Verwaltung erörtert, so werden dabei bedeutungsvolle praktische Folgerungen ins Licht gerückt.

Die Überwindung des Absolutismus durch den werdenden Verfassungsstaat in Europa, wo die organisatorische Eigenständigkeit der Verwaltung der amerikanischen Entwicklung weit voraneilte, löste den Staat begrifflich von der Gesellschaft. Die Gesellschaft übernahm es, den Notwendigkeiten der freien Wirtschaft Anerkennung zu verschaffen. So kommt es zur Vorstellung, daß der Staat gegenüber der Wirtschaft der Urheber der Intervention ist. Auch wenn seine Motive anzuerkennen sind, interveniert der Staat schon, wenn er die Gewinnkalkulation des Unternehmers berührt. Andererseits wird vorausgesetzt, daß das Ergebnis der Unternehmerdispositionen das Gemeinwohl berücksichtigt. Demgegenüber war in den Vereinigten Staaten die öffentliche Gewalt als Organ der Gesellschaft ursprünglich deren Stütze und Förderer. Das stand im Gegensatz zur liberalistischen Konstruktion, nach der der Staat aus der Wirtschaft ferngehalten werden muß. Wenn er sich in dieser Richtung betätigt, kommt es zum Eingriff, der sich schon deshalb verbietet, weil der Staat die lebendigen Kräfte dort nur mit ganz unsicherer Hand und mit ganz unsicherer Vollmacht anfassen würde.

Es mag zunächst überraschen, daß sich die Entwicklung in den Vereinigten Staaten in Abweichung von der Theorie des klassischen Liberalismus vollzogen hat. Bis zum Bürgerkrieg, bis zur Mitte des vergangenen Jahrhunderts, war die Verwaltung positiv auf die Wirtschaft eingespielt, vor allem dort, wo es damals hauptsächlich auf sie ankam: in den Einzelstaaten. Man darf das als Planungsstaat bezeichnen, obwohl ein neues Wort nie ganz auf eine alte Sache paßt. Amerika war also nicht von Anfang an das Land des *laissez faire.* Erst das neuere Studium der geschichtlichen Entwicklung der öffentlichen Funktionen in bestimmten Einzelstaaten hat klargemacht, in welchem Umfang in der ersten Epoche die Verwaltung bewußt für den Planungsstaat eingesetzt wurde. Die öffentliche Gewalt lebte nicht in der Trennung von der Wirtschaft, nicht als ihr Widersacher, sondern im Gegenteil als das treue Pferd, das den Pflug dahinzog. Der Planungsstaat setzte sich die Aufgabe, der Gesellschaft wegbereitend und dienstleistend zur Seite zu stehen.

Die Tätigkeit der öffentlichen Verwaltung beruhte also anfänglich auf einer weitgehenden Vermischung von freier Wirtschaft und staatlicher

Lenkung. Beide lebten im Bündnis miteinander und wahrten eine enge Verbindung. Diese Ordnung ist mit einem der großen Namen der amerikanischen Vergangenheit verknüpft. Henry Clay schuf dafür ein gedankliches Gebäude, das in dem auch heute noch bekannten Begriff des Amerikanischen Systems weiterlebte. Für Clay lag das amerikanische System gerade darin, daß der Staat der Gesellschaft vorarbeitete, und nicht darin, daß er sich zurückhielt, daß er sich der Intervention versagte. Aber der Gegenstand seiner Dienstleistung war nicht in erster Linie die allgemeine Öffentlichkeit an sich, sondern unmittelbarer der wettbewerbliche Geist der freien Wirtschaft, genauer das Unternehmertum. So bildete sich das frühe Großvermögen und die private Wirtschaftsmacht, die als Grundlage einer in ihrem Gesamtniveau aufstrebenden Gesellschaft gerechtfertigt wurden. Die Verwaltung wurde zum Beteiligten und glitt in eine soziale Parteinahme hinein.

Clays Amerikanisches System ist ein Echo der Sozialphilosophie Alexander Hamiltons, nicht der Thesen Thomas Jeffersons. Es war kein Zufall, daß Hamilton selbst der Verfasser großzügiger Planungsdokumente war. Er versuchte, den Bund als aktives Element für die kommerziell-industrielle Wirtschaftsgestaltung einzuspannen. Er war selbst ein Bahnbrecher des Planungsstaats. Er wußte, daß der Planungsstaat die Verwaltung benötigte und zollte ihr daher Achtung. Damit steht im Einklang, daß Präsident Washington als erster Chef der Bundesexekutive während seiner beiden Amtsperioden darauf hielt, daß die Bundesämter, vor allem die der Verwaltung, mit gutqualifizierten Männern besetzt wurden, einerlei, zu welcher Partei sie sich bekannten. So gibt es zum Beginn im Bunde eine Art von festem Beamtentum, das ohne gesetzliche Garantien konstituiert ist, aber doch durch eine folgerichtige Personalpolitik zusammengehalten wird. Den meisten Stelleninhabern fehlte es nicht an allgemeiner Schulung. Sie wurden in der Regel auf der Grundlage praktischer Erfahrung in die Bundesämter gebracht und sollten sich dort als bewanderte und verständige Köpfe bewähren.

Die Apotheose der freien Wirtschaft mit ihrem Gegenstück, der Vorstellung vom Staat als einer intervenierenden Instanz, ist das Ergebnis der letzten Jahrzehnte des vergangenen Jahrhunderts. Dies ist die zweite Epoche. Die großen Wirtschaftsimperien streben nach abschließender Form. Das Magnatentum steht in Blüte. Aber der Landwirt wird allmählich zur Rebellion gegen die industrielle Ausbeutung gedrängt. Er bedient sich seines ureigenen Organs, der einzelstaatlichen Gesetzgebung. Die Wirtschaft wird so zum Gegenstand der beschränkenden Regelung. Sie ist daher darauf bedacht, sich den Staat vom Halse zu halten. Das Bild verändert sich. Clays Theorie tritt in den Hintergrund. Der neue Stern ist Herbert Spencer. Obwohl er im heimischen England keinen großen Anklang fand, wurde sein Wort in den Vereinigten Staaten für die Führerschicht in der Wirtschaft beinahe zur Bibel. Dem folgt auch die Rechtspflege, indem sie Schlag auf Schlag die regelnde Hand des Staates zurückstößt. Immer wieder werden einzelstaatliche Gesetze für verfassungswidrig erklärt, oft mit heute erstaunlich wirkenden Begründungen. So erklärte eine Gerichtsentscheidung ein Gesetz zur Beschränkung der Heimarbeit für verfassungswidrig, weil dadurch in die geweihten Bereiche der eigenen Wohnung und der Familie eingegriffen würde. Es blieb einer anderen Generation vorbehalten, diese Jurisprudenz Schicht um Schicht wieder abzutragen.

Bewußte Wirtschaftspolitik auf der Grundlage des Regierungsprogramms stellt die dritte Etappe dar. Das ist die Methode unseres Jahrhunderts. Sie beendet den Triumph der freien Kräfte im Zeichen des *laissez faire* und nähert sich wiederum dem Planungsstaat der Vergangenheit an, ohne auf die alten Formen zurückzufallen. Es ist die Massengesellschaft der Gegenwart, die zur staatlichen Führung der Wirtschaft führt, ohne die Initiative und die Verantwortlichkeit des Unternehmers zu negieren. Das mag einer Brücke gleichen, die sich von einem Pol zum anderen schwingt. Angesichts der Schwierigkeit dieser Aufgabe scheint es fast gedankenlos, wenn heute über das ungeklärte Verhältnis von Staat und Wirtschaft Klage geführt wird. Hier stehen wir in der demokratischen Ordnung einem der Hauptprobleme unserer Zeit gegenüber. Andererseits ist es klar, daß in diesem Kreislauf die öffentliche Verwaltung wieder zum Aktivum im Sozialleben aufgerückt ist. Sie wird zum Ordnungshüter und Ratgeber für die Wirtschaft, deren Freiheit in der Suche nach Gewinn das jeweilige Regierungsprogramm zu gewährleisten trachtet. Der Sachverstand der öffentlichen Verwaltung muß deshalb dem Planungsrahmen des privaten Unternehmungsgeistes ebenbürtig sein.

Der Werdegang des Beamtentums

Ein volksnahes Ämterwesen, das in den Einzelstaaten eine beträchtliche Anzahl von Verwaltungsämtern der Wahl vorbehält, gibt dem ständigen Beamten nur ungern Raum. Es findet sich mit dem beruflich geschulten Beamten nur zögernd ab. Das heutige amerikanische Berufsbeamtentum ist noch sehr jung. Es ist das Erzeugnis unseres Jahrhunderts. Allerdings gehen die ersten Gesetze, die das Berufsbeamtentum formell anerkennen, auf das vergangene Jahrhundert zurück. Der Bund eröffnet 1883 den Reigen der Beamtengesetze, und einige der zunehmend städtischen und industriellen Einzelstaaten folgen ihm unmittelbar, zunächst der Staat New York und der Staat Massachusetts. Im Grunde handelt es sich hier um eine Auflehnung gegen die seit Jackson um sich greifende Patronagebürokratie, das politische Beutesystem in der Stellenbesetzung *(spoils system)*. Das erforderte eine öffentliche Bewegung. Sie entsprang dem staatsmännischen Geist einer Minderheit, unter deren Führern man Carl Schurz erwähnen darf.

Diese Gesetze betonen politische Reinheit, persönliche Gleichheit im Zugang zur Beamtenstellung und Examenszwang. Der Nachdruck liegt ferner auf der Auslese der Beamten, nicht auf ihrer Vorbildung. Anwärter sollen im Sinne einer konkreten Stellung praktische Kenntnisse haben, die nicht erst im Amt erworben werden. Man sucht so nach Kompetenz, die das Erwerbsleben produziert hat, und diese Kompetenz wird für den Staat durch Einschieben der qualifizierten Kräfte in den öffentlichen Dienst nutzbar gemacht.

Von hier war es ein weiter Weg zu dem gegenwärtigen Berufsbeamtentum. Vor allem im Bund ist es in erster Linie ein geschultes Beamtentum, das oben zunehmend von den Universitäten bezogen wird. Doch ist in den Vereinigten Staaten der höhere Verwaltungsdienst als solcher organisatorisch nicht anerkannt. Der allgemeine Zugangsweg in den Bundesdienst ist für Stellungen, die ihrer Natur nach keine spezielle Berufsvorbildung verlangen, ein durchaus nicht einfaches Examen, das auf Denk- und Lernbefähigung wie auch auf Verständnis für das Zeitgeschehen zugeschnitten ist. Die jungen Männer und Frauen, die aus den Universitäten und Colleges in die Verwaltung einrücken wollen, müssen diese Generalprüfung ablegen, was keine Spezialisierung, keine konkreten Vorstudien und keine juristische Bildung erfordert. Aber nach dem allgemeinen Verständnis- oder Intelligenzexamen, das periodisch im ganzen Land abgehalten wird und an dem sich jeweils viele Tausende beteiligen, kommt ein sorgfältig siebendes Interview, eine Art von mündlicher Prüfung.

Das Hauptexamen selbst ist schriftlich und so angelegt, daß jedermann sich mit Erfolg bewerben kann, einerlei, ob er Geschichte, englische Literatur, Psychologie oder andere Fächer studiert haben mag. Eine breite Orientierung in öffentlichen Fragen wird betont, nicht jedoch ein Studium der *political science*, die wissenschaftliche Pflege der Kenntnis der Politik. Ebensowenig wird fachliches Wissen auf den Gebieten der Verwaltung oder der Volkswirtschaftslehre vorausgesetzt. Diese Dinge sind jedoch geeignet, dem Kandidaten das Examen zu erleichtern.

In der mündlichen Prüfung kommt es zu einer wirklichen Auslese unter dem Blickwinkel der beruflichen Laufbahn. Die Prüfer sind in der Regel erfahrene Bundesbeamte, meistens noch in den mittleren Altersgruppen. Sie kommen gewöhnlich aus den verschiedensten Spitzenämtern. So mögen beispielsweise drei Prüfer aus Washington nach San Francisco fliegen und sich dort an der Durchsortierung der besten Kandidaten beteiligen, die als Spitzenmaterial für die öffentliche Dienstlaufbahn aus dem schriftlichen Massenexamen hervorgegangen sind. Bei diesem Interview kommt es nicht in erster Linie auf eine Ermittlung von Leistungsergebnissen an, obwohl es Fragen über John Locke oder über die totale Ordnung in der Sowjet-Union geben mag. Die Befragungsmethoden zielen zur Hauptsache auf eine Kooptation. Man will sich ein Bild von der Persönlichkeit des Kandidaten machen, von seiner Anpassungsfähigkeit, von seinen Stärken und seinen Schwächen. Vielleicht wird der Kandidat sogar gefragt, ob er sich gelegentlich einmal Gedanken darüber gemacht habe, weshalb er seine Fingernägel beiße.

Aus solcher Durchsichtung gewinnt die Bundesverwaltung einen Nachwuchs, der große Aussicht hat, in der ihm neuen Welt der Behördenarbeit als vollwertig angenommen zu werden. Die jungen Männer und Frauen, die auf diese Weise ihre Laufbahn finden, werden als Gehilfen in Aufgaben eingeschoben, die sie im allgemeinen in die Nähe der höheren Verantwortung bringen. Von dort rücken sie nicht selten mit bemerkenswerter Schnelligkeit in leitende Ämter auf.

Wenn man den heutigen Nachwuchsbezug von den Hochschulen betrachtet, so zeigt sich darin eine faktische Entwicklung in Richtung auf ein formell nicht anerkanntes Oberbeamtentum. Diese neue Entwicklung beruht im wesentlichen nicht auf Gesetz, sondern auf Umgestaltungen des Beamtenprüfungswesens, die die Verwaltung selbst durchgesetzt hat. Das ist ein Zeugnis ihrer Reife. Das alte Bundesbeamtengesetz ist unverändert geblieben, aber es hat heute einen hohlen Klang. Als vor dreißig Jahren Professor Leonard D. White von der Universität Chicago als neu ernanntes Mitglied des Bundespersonalamtes *(Civil Service Commission)* die ersten zögernden Maßnahmen zur Reform der Anwärterzulassung in die Wege leitete, schien das Ziel beinahe utopisch. Es ist auch heute noch nicht völlig erreicht, aber der bisherige Fortschritt stellt ein wichtiges Kapitel in der Geschichte der amerikanischen Bundesverwaltung dar. Überdies werden die Ergebnisse der Neuerungen im Bund auch von den Einzelstaaten und den Gemeinden beobachtet, vor allem in den Städten. Was sich im Bunde bewährt, wird oft von Einzelstaaten übernommen. Aber die großen Verschiedenheiten von Einzelstaat zu Einzelstaat, in Tradition und sozialer Blickweise wie in Wirtschaftsstärke und Bevölkerungsdichte, verschwören sich gegen eine allgemeine Norm in der Leistungsfähigkeit der Verwaltung. So gibt es eine Anzahl von Einzelstaaten, wo es auch jetzt an einem geordneten Verwaltungsbeamtentum noch fehlt.

Unbeantwortete Fragen

Wie in jedem Land spielt auch in den Vereinigten Staaten das Geschichtliche im Wesen der öffentlichen Verwaltung eine große Rolle. Ohne Erfassung der historischen Zusammenhänge wäre der gegenwärtige Stand der amerikanischen Verwaltung für den Außenseiter nicht zu erklären. Aber Fortschritt auf erwünschte Ziele und abschließende Lösung von bestehenden Problemen sind zwei verschiedene Dinge. Am Schluß dieser knappen Zusammenfassung mag es deshalb nützlich sein, auf die für das heutige Amerika unbeantworteten Fragen kurz einzugehen.

Dabei läßt sich wahrnehmen, wie auch im weiteren Verlaufe unserer Erörterungen wiederholt wahrzunehmen sein wird, daß der Schuh, der an gewissen Stellen den Deutschen drückt, in ähnlicher Weise auch den Fuß des Amerikaners einzwängt. Aus dem vollen Verständnis eines gegebenen Verwaltungssystems gewinnt man einen Schlüssel zu den Problemen eines anderen Verwaltungssystems. So trifft auch der Rückschluß zu: Wer sich ein anderes Verwaltungssystem durch unvoreingenommene Beobachtung erschließt, gewinnt einen Ausgangspunkt für die Lösung der Fragen, die im eigenen Bereich noch der Antwort harren. Wer fremde Verwaltung kennt, macht sich insofern nicht nur vermittlungsfähiger für die Beteiligung an den großen Aufgaben internationaler Ämter und Organisationen, die auf Zusammenarbeit der Vertreter verschiedener Staaten angewiesen sind. Der besser unterrichtete Verwaltungsmann besinnt sich außerdem zum eigenen Nutzen auf die Gemeinsamkeiten, die in der Problematik der zeitgenössischen öffentlichen Verwaltung überall in die Erscheinung treten. Sein Urteil wird verläßlicher, weil es ihm nicht am Maß fehlt.

Unter den unbeantworteten Fragen tauchen vier Hauptfragen hervor, die sich vielleicht bei genauerer Betrachtung auf vierzig ausspinnen ließen. Es kommt darauf an, wie genau man durch die Lupe schaut, wieviel Gewicht man dem einzelnen Sachverhalt beimißt.

Ein solches Hauptproblem meldet sich als erstes schon aus der Erwägung der geschichtlichen Zusammenhänge an. Wenn ein politisches System sich in erster Linie im Spiegel der Gesellschaft zu erkennen versucht, wenn es bewußt den Staatsbegriff als Mittel zur Erzielung des Gemeinwohls beiseitestellt, wenn es mit Mißtrauen auf autoritäre Gestaltungen blickt, wenn es in die romantische Idee des Volksbeamtentums verliebt bleibt, obwohl dafür heute praktisch in den Vereinigten Staaten keine Möglichkeiten vorliegen, wie läßt sich unter solchen Umständen aus dieser Ordnung der Dinge die Grundlage für eine produktive öffentliche Verwaltung gewinnen? Zwei Gedanken stehen gewissermaßen im Ringkampf. Wenn Autorität als Ordnungsgrundlage verworfen wird, muß freiwillige Zusammenarbeit die Lücke ausfüllen. Das Gemeinsame muß aus der Vielgestaltigkeit der Gesellschaft entwickelt werden.

Das setzt eine stärkere Sozialdisziplin voraus als die dem verständigen Autoritätseinsatz entfließende staatsbürgerliche Haltung. An diesem Grad der Sozialdisziplin hat es in Amerika oftmals gefehlt. Dann entschwindet auch für die öffentliche Verwaltung die Möglichkeit, im täglichen Gang des amerikanischen Lebens dem Gemeinwohl angemessen Rechnung zu tragen. In der Demokratie hat die Verwaltung besonderen Anlaß, sich als Diener der Öffentlichkeit zu fühlen. Aber wenn die Öffentlichkeit eine poetische Redewendung darstellt, reduziert sich die Handelnspflicht der Verwaltung oft auf das Verhandeln mit den stärksten privaten Interessen. Das Gemeininteresse wird dann zum mathematischen Ausdruck des Kräftespiels unter den verschiedenen Sonderinteressen. In Deutschland ist das Problem der Einstellung der Verwaltung gegenüber der Öffentlichkeit meistens unter einem anderen Gesichtswinkel erörtert worden, nämlich wie man aus den Abkapselungen und Verhärtungen der Formalautorität hinauskommen kann, um die Verwaltung als belebende Kraft im Verhältnis zur Öffentlichkeit dienstbar zu machen. Ein Verwaltungssystem, das ständig auf seine Autorität pocht, ist kaum erträglich. Ein Verwaltungssystem, das zu sehr mit den widerstreitenden Interessen jongliert, wird oft geschoben, wenn es zu schieben glaubt. Völlig auf sich selbst angewiesen, kann die öffentliche Verwaltung nicht die beste Arbeit tun. Bei der Beantwortung dieser offenen Frage ist man in Amerika bislang nicht über Improvisationen und pragmatische Ansätze weggelangt.

Eine zweite offene Frage grundsätzlicher Natur, für die es auch in Deutschland Gegenstücke gibt, ist die Frage des richtigen Verhältnisses von Altem und Neuem. Die Verpflichtung auf das Überkommene, die Ehre, die in den Vereinigten Staaten dem Traditionellen sowohl in den Gebräuchen wie auch in den Grundsätzen des politischen Systems gezollt wird, das Festhalten an dem vorgeblich amerikanischen Wesen in der öffentlichen Entwicklung und so auch in der Verwaltungsgestaltung lösen Tendenzen aus, die sich der umfassenden Neuordnung widersetzen. Die sich wandelnden Notwendigkeiten der industriellen Gesellschaft wirken auf das menschliche Dasein ein, aber es fällt der Verwaltung schwer, der Entwicklung vorzugreifen. Im Vergleich zu Deutschland hat die amerikanische Verwaltung geringere soziale Legitimität und daher eine schwächere Stimme. Um so bedeutsamer erscheint aus diesem Grunde, was sie aus sich heraus zur Erhöhung ihrer Leistungsfähigkeit erzielt hat. Dabei muß man besonders bedenken, daß sich die sehr begrenzte Sympathie der Legislative gegenüber der Exekutive einengend auswirkt.

In der Geltendmachung des Gemeinwohls und der Zuweisung neuer Aufgaben an die Verwaltung werden in den Vereinigten Staaten häufiger als sonstwo historisch bedingte Argumente in die Debatte geworfen. Das kompromittiert den Versuch, dem Neuen ohne Verzögerung gerecht zu werden, trotz der allgemeinen Bereitschaft des Amerikaners zum Experimentieren. Der Verwaltung wird ein konservativer Ton aufgezwungen. Man muß jedoch hinzusetzen, daß auch in Deutschland aus anderen Gründen davon die Rede ist, die Zeit sei nicht reif für große Neulösungen. Nur eine Reihe kleinerer Lösungen sei denkbar, so wird gesagt.

Eine dritte große Frage, die noch unbeantwortet bleibt, ist die Frage des institutionellen Bewußtseins der Verwaltung. Funktioniert sie als ein Gemeinschaftsorgan? Ist sie mit der Volksgemeinschaft hinreichend verbunden? Eine Parallele ergibt sich aus der Erörterung über die Rolle des deutschen Beamtentums als einer elitären Formation. Die zweckdienliche Ordnung des Beamtenvorbildungswesens stößt immer wieder mit dem Gedanken zusammen, daß man darauf bedacht sein müsse, einer volksverbundenen Verwaltung zuzustreben. Wenn der Beamte einer kostspieligen Spezialschulung bedarf, so kann das dazu führen, daß er überwiegend besonderen Schichten der Bevölkerung entstammt. Wird er so zum Gefangenen einer bestimmten Sozialgesinnung? Darf man erwarten, daß er sich über die ihm eigenen Vorurteile erheben kann? Ist es wahrscheinlicher, daß er der Überheblichkeit verfällt?

Diese Fragen verweisen auf das Problem, wie man den Verwaltungsapparat personell aufziehen soll, wieweit er in der Beamtenauslese der Außenwelt gegenüber offen bleiben muß, wieweit man einen in sich geschlossenen Beamtenstand politisch absorbieren kann. Das Vorbildungsprinzip wirbt für sich selbst. Wie es sich am besten mit wahrer Dienstunterworfenheit verbinden läßt, ist eine Frage, der man in Amerika große Aufmerksamkeit widmet.

Eine vierte unbeantwortete Frage hat ihren Ausgangspunkt in der Gegensätzlichkeit zwischen dem Verwaltungshandeln und seiner Kontrollierung. Die Wachheit, mit der man Autorität in der amerikanischen Tradition von allen Seiten zu beaufsichtigen sucht, kollidiert mit der Handelnsfreiheit, ohne die es leistungsfähige Verwaltung nicht geben kann. Überwachung der Verwaltung mag zur Erdrückung der Initiative führen. Es muß der Verwaltung genügend Raum gewährt werden, damit sie sich fruchtbringend auswirken kann.

Auch dieses Problem ist in den Vereinigten Staaten noch nicht der Lösung nahe. Das beruht nicht zum letzten auf der Ausweitung der Kongreßkontrolle über die Verwaltung. Solche Kontrolle leidet vor allem an der übermäßig pluralistischen Struktur der amerikanischen Legislative. Es fehlt an allgemeinen Kontrollgrundsätzen, um persönliche Motivierung in Schach zu halten.

Damit kommen wir mit den historischen Erwägungen zum Schluß, um uns nun zunächst den verfassungspolitischen Grundlagen der Verwaltungsordnung zuzuwenden. Das Verfassungspolitische geht über das Verfassungsrechtliche hinaus, obwohl das eine sich eng mit dem anderen verbindet. Es liegt uns hier nicht so sehr an der Erörterung rein rechtlicher Normen. Verfassungspolitik in unserem Sinne verschlingt sich mit dem Ideologischen, das sich auch dann durchsetzt, wenn es in der Verfassung selbst nicht konkreten Ausdruck findet, sondern ihr gewissermaßen als Vorbedingung zugrunde liegt.

Welche weiteren Hauptthemen empfehlen sich zur Besprechung? Von den verfassungspolitischen Grundlagen der Verwaltungsordnung kommt man zu einer verständnisvollen Würdigung der neueren Entwicklung in der Ausprägung des amerikanischen Verwaltungssystems. Hier müssen wir vor allem auf die Reformbewegung eingehen, die seit dem ersten Jahrzehnt unseres Jahrhunderts der öffentlichen Verwaltung moderne Formen aufzuzwingen begann. Das entsprang zum Teil der wachsenden Überzeugung, daß das Verwalten vor den Eigenmächtigkeiten einer einseitigen Parteipolitik geschützt werden müsse, zum Teil aber auch der Hoffnung auf eine Kräftigung der Verwaltung, um sie zu befähigen, als Arm der modernen Demokratie hinreichende Leistungen für das allgemeine Wohl zu verrichten. Die Thesen der Reformbewegung bringen uns einerseits auf die Formen der Verwaltungsorganisation, andererseits auf die Mittel der Verwaltung. Vielleicht hat man in Deutschland im Schatten des Verwaltungsrechts die Verwaltungsmittellehre unterschätzt, obwohl sie für den Verwaltungsmann ein Lebensthema ist. Von den Mitteln der Verwaltung ist es nur ein Schritt zu den Beziehungen zwischen behördlichen Sachverstandsquellen und verantwortlicher Verwaltungsleitung. Im Ausland wie auch in Deutschland, obwohl hier erst in Ansätzen, kommt man dazu, solche Sachverstandsquellen als besondere Dienststellen zu organisieren, deren Aufgabe es ist, Tatbestände oder Problemkreise zu untersuchen, um in wissenschaftlicher Methodik zu Vorschlägen zu gelangen, die dann der Verwaltungsleitung als Entscheidungsgrundlage vorgelegt werden. Verwaltungsleitung hat andererseits drei Dimensionen: den behördlichen Arbeitsgang, das Verhältnis zu den Organen der politischen Willensbildung und das Eingehen auf den Konsumenten für die Verwaltungsprodukte, den Staatsbürger in seiner eigenen Gestalt wie auch in den Formen des Verbandslebens und der allgemeinen Öffentlichkeit. So ergeben sich noch zwei abschließende Hauptthemen. Das erste ist das der Wechselseitigkeit von Politik und Verwaltung. Das zweite ist die Stellung des einzelnen, wenn er der Verwaltung gegenübersteht, sei es als Kunde, sei es als Dienstpflichtiger.

Drittes Kapitel

Verfassungspolitische Grundlagen der Verwaltungsordnung

Der dualistische Bundesstaat

Wenn wir nach den verfassungspolitischen Grundlagen der amerikanischen Verwaltungsordnung fragen, so müssen wir uns darüber klar sein, daß Verwaltungsordnung ein symbolisches Wort ist. Der Kenner des Geschäftsgangs wird gelegentlich viel von der Verwaltungs*un*ordnung zu erzählen haben. Aber das ist nicht alles. In welchem Umfange die Verwaltung einer allgemeinen Ordnung fähig ist, ist heute fragwürdig. In der gegenwärtigen Zeit des Spezialistentums gibt es häufiger gesonderte Sachbezirke, wo man nur den unmittelbaren Fachkollegen achtet und versteht, den Steuerbeamten, den Statistiker, den Pädagogen. Die Verwaltung zerteilt sich so in Ordnungen, stellt aber nicht selbst eine Ordnung im strengen Sinne dar. So ist es eine etwas bequeme Redewendung, wenn man von Verwaltungsordnung spricht.

In den Vereinigten Staaten ist es besonders nötig, den pluralistischen Sinn des Begriffs der Verwaltungsordnung zu betonen. Denn dort hat sich der Bundesstaat scharf dualistisch entwickelt. Das hat verschiedene Gründe. Zum ersten erklärt der geschichtliche Verlauf, weshalb das so ist. Der Bundesstaat entstand in den Vereinigten Staaten aus dem Waffenbündnis der 13 Kolonien, die sich von England lossagten. Jede hatte ein ausgesprochenes Eigengefühl. Die Union war ein Staat, der von souverän bleibenden Einzelstaaten geschaffen war und von ihnen delegierte Machtbefugnisse erhielt. Ein weiterer politischer Hauptgesichtspunkt entsprang dem Gedanken, daß die bundesstaatliche Form eine Ergänzung und Verstärkung der Teilung der öffentlichen Gewalt in Gesetzgebung, Exekutive und Rechtspflege mit sich bringen würde. Die Gleichgewichtsapparatur hatte große Anziehung, obwohl ein völliges Gleichgewicht nicht den Fortschritt, sondern den Stillstand gewährleistet. Vor allem aber war der Einzelstaat, im Vergleich mit dem unerprobten Bund, für seine Bürger der Knotenpunkt der öffentlichen Interessen. Der Einzelstaat war mit seiner kolonialen Vorgeschichte eine vertraute Gegebenheit.

Die gründenden Väter der Republik erwärmten sich für die Idee des Bundesstaats, ohne auf genaue Kenntnis der Formen des Föderalismus in der europäischen Geschichte zurückgreifen zu können. Aber sie erkannten ganz richtig, daß Aufteilung der Macht eine Schwächung der Macht nach sich ziehen würde. So ist der bundesstaatliche Gedanke im Grunde gegen die Staatsübermacht gerichtet, um der Gesellschaft größeren Spielraum zu geben. Man betonte, daß es auf diese Weise keiner lawinengleichen Mehrheit gelingen könnte, den amerikanischen Staat zu überrennen. Bastion um Bastion müsse bestürmt werden. So ist es auch heute noch in der amerikanischen Politik. Denn der Wahlausgang in der Nation besagt oftmals wenig über die Gestaltung der Machtverhältnisse und die Gruppierung der politischen Gegensätze in den Einzelstaaten. Daneben aber sprach man schon früh von der Möglichkeit, daß die bundesstaatliche Form dem Lande die Möglichkeit politischer Experimente eröffne, weil der Einzelstaat in der Ausstattung seines Hauses auch eigenen Ideen folgen könne. Der Einzelstaat blieb so im Vollbesitz seiner eigenen Handelnsfreiheit, was anfänglich um so bedeutsamer war, als ursprünglich das ganze Gewicht der innenpolitischen Regelungskompetenz in den Einzelstaaten lag. Der Bund ist erst als Folge der allmählich zunehmenden nationalstaatlichen Orientierung der amerikanischen Gesellschaft in den Wettstreit eingerückt.

Wenn wir uns indessen fragen, wieweit unter der föderalistischen Ordnung in Amerika wirklich eine Förderung des politischen Experiments erreicht worden ist, so kommt man wahrscheinlich zu einer relativ negativen Antwort. Denn in den wesentlichen Dingen der Gesamtstruktur des Verfassungssystems der Einzelstaaten findet sich wenig, was mit dem Aufbau des Bundes nicht vergleichbar ist. Da gibt es die aus zwei Kammern zusammengesetzte Legislative, den durch das Volk gewählten *governor* und die von der Exekutive unabhängige Gerichtsbarkeit. Erst am Rande offenbaren sich Unterschiede: in der Länge der Wahlperioden, in der Begrenzung der Wiederwahl für das Haupt der Exekutive, in der Volkswahl anderer staatlicher Amtsträger, die dem *governor* nicht untergeordnet sind, und vor allem in den Methoden der Besetzung der Richterämter wie auch in der Einführung des Referendums und der Abberufung aus öffentlichen Ämtern durch Volksentscheidung. Im großen und ganzen bekundeten die Einzelstaaten geringe Willigkeit, im verfassungspolitischen Raum zu experimentieren. Das änderte sich auch nicht mit dem allmählichen Zunehmen ihrer Zahl auf fünfzig. Das eine Beispiel, das immer wieder genannt wird, das aber als alleiniges Beispiel gerade den konservativen Zug auf diesem Gebiet unter Beweis stellt, ist das Einkammersystem, das im Staate Nebraska in unserer Zeit angenommen worden ist und sich offenbar bewährt hat. Einzelstaatliches Experimentieren hat also einer lebendigen politischen Weiterentwicklung im ganzen Lande keinen Ansporn gegeben.

Der Einzelstaat hat souveräne Kompetenz und ist in seinen eigenen Angelegenheiten dem Bunde gleichgeordnet. Der *governor* untersteht nicht der Weisungsgewalt des Präsidenten. Ebensowenig ist der Einzelstaat ausführendes Organ für den Bund. Bundesintervention im Einzelstaat ist auf Bundesangelegenheiten beschränkt. Wie schon erwähnt, zählt die Bundesverfassung die Vollmachten des Bundes in konkreter Formulierung auf. Residual, in letztlicher Sammlung, bleibt alles andere bei den Einzelstaaten, vor allem auch in der Wahrung der inneren Ordnung, in der Ausübung der Polizeigewalt, in der Regelung der Wirtschafts- und Sozialverhältnisse und in der gleichfalls von der Bundesjustiz getrennten einzelstaatlichen Gerichtsbarkeit.

Ebenso wichtig ist unter dem Gesichtspunkt des föderalistischen Dualismus, daß unter der Bundesverfassung jeder Einzelstaat, einerlei ob groß oder klein, zwei Vertreter im Senat hat. Der Senat wird in dieser Hinsicht zu einer Art Wachtturm der dualistischen Ordnung. Die Wirkung dieser Repräsentation der Einzelstaaten ist aber durch die sechsjährige Wahlperiode der Senatoren weitgehend gemildert; denn im Senat entwickeln sich mit größerer Häufigkeit staatsmännische Perspektiven, als das die örtliche Orientierung zu ermöglichen scheint, die infolge der zweijährigen Wahlperiode im Abgeordnetenhaus wahrzunehmen ist. Insgesamt ist die Volksvertretung nicht durch starkes Bundesbewußtsein ausgezeichnet. Das Interesse der Einzelstaaten hat insofern großen Spielraum, um in das Nationalinteresse einzugreifen. Zudem bedarf es im amerikanischen Zweikammersystem zum Gesetzbeschluß der Übereinstimmung zwischen beiden Häusern. Das Nein des einen kann durch nichts beseitigt werden. Gerade im Senat können sich regionale Gruppierungen durchsetzen, weil zahlenmäßig geringe Teile der Gesamtbevölkerung in den schwach besiedelten Einzelstaaten sich vermöge ihrer Senatsvertretung nicht selten in ausschlaggebender Weise bei der Bundesgesetzgebung und selbst in wichtigen Verwaltungsfragen Gehör zu schaffen imstande sind. Das zeigt sich besonders in zwei Arten von folgenschweren Entscheidungen.

Zum ersten ist es Aufgabe des Senats, internationale Verträge zu ratifizieren, wobei man allerdings den Unterschied zwischen *treaties* und formloseren *executive agreements* beachten muß. Die Bundesverfassung schreibt vor, daß es bei internationalen Verträgen einer Zweidrittelmehrheit bedarf. Das bedeutet, daß ein Nein schon dann vorliegt, wenn ein Drittel der Senatoren gegen den Vertrag stimmt. Hier ergibt sich die Grundlage für die historische Bereitschaft des amerikanischen Senats, in der Eingehung internationaler Verpflichtungen dem negativen Element so viel Gewicht zu geben. Denn im Senat kommt in dieser Hinsicht der Einfluß des Eigenbewußtseins des ländlichen Amerikas und der weiten Innengebiete zum Ausdruck. Internationale Dinge sind selbst im Zeitalter des Atoms nicht ohne weiteres oder in voller Unmittelbarkeit zwingend. Für die Verwaltung entsteht so die Notwendigkeit, diesen Hemmungen in der Finanz- und Sachhilfe an befreundete Nationen, in der Vorbereitung von handelspolitischen Entwürfen und selbst in der Arbeitsweise von Bundesdienststellen im Ausland Rechnung zu tragen. Das visitierende Kongreßmitglied ist ein Faktor im überseeischen Geschäftsgang.

Die zweite für die Verwaltung bedeutsame Senatsaufgabe liegt darin, daß der Senat die Vorschläge des Präsidenten zur Besetzung der höchsten politischen Ämter im Bund wie ebenso die militärischen, diplomatischen und richterlichen Ernennungen zu billigen hat. Die behördliche Oberleitung umfaßt nicht nur die Kabinettsposten, sondern auch hunderte von anderen für die politische Führung der verschiedenen Behörden eingesetzte Stellungen. Das sind die Leiter in der Bundesverwaltung, die im parteipolitischen Wandel kommen und gehen, es sei denn, daß sie auf eine gesetzlich bestimmte Zeitspanne im Amt bleiben oder sich so bewähren, daß auch für einen neuen Präsidenten keine Bedenken bestehen, sie in ihrer Stellung zu belassen. In der Zustimmung zu diesen Ernennungsvorschlägen hat sich im Senat eine „Klubsitte" entwickelt, die außerhalb der Verfassung selbst steht, aber aus der dualistischen Konstruktion des Bundesstaats Nahrung zieht. Das ist die Gepflogenheit, jedem der zwei Senatoren, die den Staat vertreten, in dem der Vorgeschlagene seinen Wohnsitz hat, ein Einspruchsrecht einzuräumen. Dabei kommt es nicht auf die Gründe an, auch wenn sie unsachlich oder gelegentlich rein persönlich sind. Das Veto eines dieser beiden Senatoren wird von allen anderen Mitgliedern des Senats automatisch unterstützt, was als Höflichkeit des Senats bezeichnet wird.

Eine einzige Stimme, die sich gegen den Vorgeschlagenen erhebt, weil er dem Senator nicht zusagt, kann so die Kandidatur beenden. Diese Möglichkeit hat unmittelbare Konsequenz bei den Vorerwägungen, die der Präsident und seine persönlichen Berater anstellen müssen, bevor eine Auswahl für jeden der höchsten Posten in der Bundesverwaltung getroffen werden kann. Denn der Präsident wird es sich selten leisten, umstrittene Persönlichkeiten des öffentlichen Lebens in dieses Kreuzfeuer vorzuschicken, auch wenn sie sachlich zur Verwaltungsführung ausgezeichnet geeignet erscheinen. Das Zurücknehmen eines blockierten Vorschlages wird im allgemeinen als eine Niederlage des Präsidenten bewertet. Es ist auch eine unerfreuliche Erfahrung für den Beteiligten, vor allem wenn vorerst vor dem Senatsausschuß die Tatsachen seines Lebens, vielleicht einschließlich der erotischen Dichterei seiner Jugend, zu Protokoll genommen worden sind. Im Ergebnis führt dies Verfahren einerseits zu einer gewissen Anpassung der Behördenleitung an die legislative Gefühlswelt und andererseits zu einer Erschwerung der Besetzung der wichtigsten Posten durch starke Persönlichkeiten. Eignung für solche Posten verbindet sich ohnehin nicht häufig mit Verfügbarkeit.

Als Anzeichen der dualistischen Gestaltung des amerikanischen Bundesstaats findet man im ganzen Lande örtliche oder regionale Dienststellen der Bundeshauptbehörden Seite an Seite mit örtlichen Dienststellen von einzelstaatlichen Behörden, so daß in der Gemeinde, auf der untersten Ebene, eine Dreiteilung der Funktionenvertretung entsteht, wobei die Beziehungen zwischen diesen Dienststellen durchaus nicht immer durch Sympathie gekennzeichnet sind. Es kommt meistens auf die an der Spitze stehenden Persönlichkeiten an, unter denen vielleicht keine Gespräche geführt werden. Ebenso entspringt der dualistischen Struktur des Bundesstaats die Trennung der Rechtspflege in zwei selbständige Instanzenzüge. Wie der Bund seine eigenen Rechtspflegeorgane hat, so haben die Einzelstaaten ihre Gerichte einschließlich ihres obersten Gerichtshofs. Fragen des einzelstaatlichen Rechts kommen grundsätzlich vor die Instanzen des Einzelstaats. Nur wenn sich nachweisen läßt, daß bundesverfassungsrechtliche Gesichtspunkte den Rechtsstreit beherrschen, ist es möglich, ihn aus der einzelstaatlichen Ebene auf die Ebene der Bundesjustiz zu heben. So gibt es auch hier die unterste Instanz des Bundes räumlich neben der gerichtlichen Unterinstanz des Einzelstaats, beide mit selbständiger Jurisdiktion.

Der Schnitt zwischen Bund und Einzelstaat ist also sehr viel schärfer als das beispielsweise in der Weimarer Republik der Fall war, wo die für den Bundesstaat typische Zuständigkeitstrennung durch verschiedene Mittel weitgehend abgemildert war. Schon deshalb ist es nicht angängig, von der amerikanischen Verwaltungsordnung als einer Einheit zu reden. Neben dem Bund haben wir in Wahrheit mit fünfzig einzelstaatlichen Verwaltungsordnungen zu tun, die sich nur nach Gruppen zusammenfassen lassen. Die vornehmlich städtischen Einzelstaaten mögen eine Gruppe bilden, die vornehmlich ländlichen Einzelstaaten eine andere. Dieser Unterschied deckt sich nicht ohne weiteres mit dem Unterschied zwischen bemittelten und unbemittelten Einzelstaaten. Denn es gibt auch Einzelstaaten, die nur deshalb minderbemittelt sind, weil einflußreiche Interessen sich der vollen Ausschöpfung der Steuermittel widersetzen. Aber es fehlt auch nicht an armen Einzelstaaten, die hinter der allgemeinen nationalen Norm auf den Gebieten der Gesundheitspflege oder der Erziehungsleistung oder der Wohnungspolitik weit zurückstehen, die aber mit verbissenem Stolz in ihrem Rückstand verharren, soweit die Bevölkerung sich damit abfindet. Im Vergleich zu diesen Einzelstaaten ist die Verwaltungsordnung des Bundes eine Welt für sich. Der Fortschritt gerade auch in den letzten Jahrzehnten hat bewirkt, daß der Bund ein durchaus modernes Gewand trägt.

In der öffentlichen Erörterung der Frage des sozialen Gesamtniveaus spielt in den Vereinigten Staaten der Hinweis auf die unverletzlichen Rechte der Einzelstaaten eine eigenartige Rolle. Diese These ist an sich verständlich, wenn der Einzelstaat in seiner Leistungsfähigkeit nicht hinter der erwünschten Norm für das ganze Land zurückbleibt. Wenn er sich aber bewußt dieser Norm entzieht, wie beispielsweise auch in der Gleichstellung der dunkelhäutigen Bürger der Vereinigten Staaten, so ist es ein zweifelhaftes Unterfangen, den gegebenen Zustand unter dem Gesichtspunkt der Rechte der Einzelstaaten zu verteidigen. Andererseits sieht sich der Bund in seinen eigenen Korrekturmaßnahmen oft dem Widerstand der örtlichen Machthaber ausgesetzt, die unter Berufung auf die Rechte der Einzelstaaten irgendwelchen besonderen Bundesaktionen einen unfreundlichen Empfang bereiten, ganz einerlei, was der Grund sein mag. Dies führt zu gespannten Beziehungen, die sich auf die Bundesverwaltung auswirken. Denn es ist vor allem gerade die Bundesexekutive, die als Organ der Nation tätig wird, um den gemeinsamen Interessen des Volkes Rechnung zu tragen. Die Herausbildung von allgemeinen Mindestnormen wirtschaftlicher und sozialer Natur stößt andererseits auf Schwierigkeiten, weil der streng dualistische Bundesstaat dem Institut der Bundesrahmengesetzgebung keinen geeigneten Boden bereitet.

Der zusammengeschweißte Bundesstaat

Wenn wir den dualistischen Bundesstaat zum Ausgangspunkt wählen, so läßt schon die Erörterung des Ausgangspunktes erkennen, weshalb eine kategorische Durchsetzung dieses Begriffs sich in den heutigen Zeiten nicht mehr vertreten läßt. So erklärt sich die gegenwärtige Wendung zu dem, was man als zusammengeschweißten Bundesstaat bezeichnen kann. Der zusammengeschweißte Bundesstaat ist nicht so sehr die Antwort bewußter politischer Führung, wie vielmehr das Echo der nationalen Verflechtung des amerikanischen Wirtschafts- und Soziallebens. Räumliche Entfernung wird durch die moderne Technik überwunden, so daß man heute in New York sein Frühstück essen kann und mittags in San Francisco ißt. Das örtliche Ereignis wird zum nationalen Gemeingut. Der örtliche Rückstand wird zum nationalen Problem. Eine durchgreifende Umgestaltung der sozialen Wirklichkeit, die sich in der Verengung des Landes und der Verdichtung der Lebensverhältnisse offenbart, verlangt eine entsprechende Funktionengruppierung in der politischen Gesamtform. Vor allem ist es die Großwirtschaft, die sich über die einzelstaatlichen Grenzen hinwegsetzt. Die politischen Programme unterwerfen sich einem neuen Begriff der Gesamtheit: Präsident Theodore Roosevelts *square deal*, Woodrow Wilsons *new freedom*,

Franklin D. Roosevelts *new deal*, Trumans *fair deal* und Kennedys *new frontier*. So wird es notwendig, aus den Übertreibungen des dualistischen Bundesstaats freizukommen und statt dessen auf eine bessere Zusammenfassung hinzuwirken.

Wie hat man das zu tun versucht? Wie hat man den Stand der Dinge umgebogen? Es kam zu keiner konstituierenden Bundesversammlung. Keine der enumerativen Klauseln der Bundesverfassung ist abgeändert worden. Die alten Klauseln, deren Tragweite durch ursprüngliche richterliche Auslegung bestimmt worden war und die dadurch elastischer wurden, als das den gründenden Vätern der Republik ratsam erschienen wäre, sind hier und dort in einem neuen Sinn interpretiert worden. Allerdings war die freie rechtliche Umgestaltung des Verfassungssinns seitens der Rechtspflege in dieser Kurve der sozialstaatlichen Entwicklung eine mit Widerstreben übernommene Aufgabe. Es fehlte nicht am Hin und Her. Daraus ergab sich ein schwankender, unsicherer Gang in den zusammengeschweißten Bundesstaat. Die alte Idee der dualistischen Trennung der Funktionen und die neue Idee der Gemeinsamkeit in der Zweckorientierung der Organe des Bundes und der Einzelstaaten stehen unversöhnt nebeneinander und befinden sich auch heute noch häufig im Kampf.

Das Öl der Zusammenarbeit war die vom Bund den Einzelstaaten gewährte finanzielle Hilfe. Hier zeigt sich die Übermacht des Bundes im Zugriff auf Steuerquellen. Der dualistische Bundesstaat läßt eine Rangordnung in der Ausschöpfung der Steuerquellen nicht zu, sondern gibt dem Bund und den Einzelstaaten freie Hand; das gilt bei Abwesenheit einzelstaatlicher Beschränkung auch für die Gemeinde. Aber der Bundesstaat hat eine bessere Möglichkeit, sein Steuereinkommen zu vergrößern, denn der Einzelstaat hat Anlaß, die industrielle Abwanderung in den Nachbarstaat zu befürchten, wenn er selbst die Schrauben anzieht. Daher ist der Bund in einer strategischen Stellung, wenn er unter den Einzelstaaten ausgleichend wirken oder der Zusammenarbeit mit den Einzelstaaten durch das Zuschußwesen eine Bahn bereiten will. Eine in Bundesermächtigungsgesetzen oft verwendete Formel sieht vor, daß der Bund für gewisse Verwaltungsaufgaben die Hälfte der Kosten übernimmt, wenn der Einzelstaat die andere Hälfte übernimmt. Der Beteiligungsschlüssel mag auch anders bestimmt werden, und gelegentlich kommt es bis zu Zuschüssen ohne einzelstaatliche Beteiligung, insbesondere wenn solche Beteiligung daran scheitern könnte, daß der Einzelstaat finanziell zu schwach ist. Neben dem Ansporn zur Leistung durch Auswerfen von schlüsselmäßig bestimmten Bundesmitteln, wobei der gutbemittelte Einzelstaat sich am besten steht, bedarf es der Anerkennung des finanziellen Ausgleichsgedankens. Die Bundesfinanzen werden zur Leistungsankurbelung und zum Lastenausgleich verwendet, also zur

Verstärkung der Leistungsfähigkeit der Gesellschaft, als Weg zur besseren öffentlichen Gesamtleistung der Vereinigten Staaten.

Wer Geld gibt, kann Bedingungen stellen. So hat das Bundeszuschußwesen dazu geführt, daß sich auf vielen Verwaltungsgebieten tausendfältige Beziehungen zwischen Dienststellen der Einzelstaaten und denen des Bundes entwickelt haben: vom Straßenbauwesen zur Förderung wissenschaftlicher Untersuchungen, die im öffentlichen Interesse liegen. Auf allen diesen Gebieten vollzieht sich der Fortlauf frei von der Bundesverfassung, frei von den Rechten der Einzelstaaten. Die Einzelstaaten können ja, wenn sie wollen, das finanzielle Angebot des Bundes ablehnen. Andererseits fällt es verhältnismäßig schwer, sich dankend abzuwenden, wenn das Geld einem vor der Nase liegt.

Ein besonders erwähnenswertes Beispiel der mannigfachen Ausgestaltung der Zusammenarbeit zwischen Bund und Einzelstaaten kommt in der Sozialverwaltung zutage, insbesondere auf Grund der Sozialgesetzgebung, die aus dem *new deal* hervorgegangen ist, der *social security act* von 1935. Dies Gesetz errichtete das moderne Sozialversicherungssystem und befaßt sich ebenso mit der Bundesfinanzbeteiligung auf dem Gebiet der allgemeinen öffentlichen Fürsorge sowie auf gewissen Sondergebieten. Ein und dasselbe Gesetz führt uns hier in das Arsenal der Möglichkeiten ein, die sich für den Bund in der Hebung des sozialen Gesamtniveaus eröffnen. Zunächst enthält die *social security act* einen Abschnitt, der die Altersversicherung ordnet. Hier ist die ausschließliche Kompetenz des Bundes voll gewahrt. Der Bund ist allein zuständig. Es gibt daher überall im Land örtliche Dienststellen der Bundesaltersversicherung. Großmutter und Großvater haben also die gleiche nahe Beziehung, die sie mit dem Bundespostbeamten verbindet, auch zu der Bundesdienststelle, die für die Altersversicherung zuständig ist. Das ist ein interessanter Kommentar zum Thema der Rechte der Einzelstaaten. Neben der Altersversicherung, die als reine Bundesverwaltung aufgezogen ist, findet sich aber in dem gleichen Gesetz in einem anderen Abschnitt die Regelung der Arbeitslosenversicherung. Die Arbeitslosenversicherung spiegelt das Prinzip des zusammengeschweißten Bundesstaats wider. Der Bund übernimmt die Finanzierung, aber die Verwaltungsleistungen der Arbeitslosenversicherung liegen in den Händen des Einzelstaats. Die Haushaltsplanvorschläge der Einzelstaaten für die Arbeitslosenversicherung gehen an eine Bundesbehörde und werden dort geprüft und gebilligt.

Da der Bund Mittel gibt, kann er Bedingungen an die Mittelgabe knüpfen. So fordert das Gesetz im Hinblick auf die einzelstaatliche Verwaltung der Arbeitslosenversicherung, daß in der Auswahl der einzelstaatlichen Beamten für diesen Dienstzweig angemessene Leistungsprüfungen vorgesehen werden müssen, die denen des Bundesbeamtenwesens angeglichen sind. Dementsprechend muß der Einzelstaat sich in seiner Personalpolitik in dieser einen Fachsparte zu einer überwachten Norm verpflichten. In der Verwaltung der Arbeitslosenversicherung zeigt sich oft ein höherer Stand, als sich in manchen Einzelstaaten auf anderen Gebieten ihrer eigenen Verwaltung wahrnehmen läßt. Denn auch heute gibt es noch Einzelstaaten, die eine generelle Leistungsprüfung aus dem Ritual der parteipolitischen Freihändigkeit ablehnen, so daß jedermann von der Straße sich um eine öffentliche Stellung bewerben kann und jedermann politisch einschiebbar ist.

Ein weiterer Abschnitt der *social security act* behandelt die Finanzbeteiligung des Bundes an der allgemeinen Fürsorge und auf Sondergebieten wie beispielsweise der Unterstützung von Blinden und von Waisen. Hier geht man im Zuschußverfahren vor, nicht im Wege der Budgetierung der Gesamtverwaltung wie in der Arbeitslosenversicherung. Hier werden daher für jeden Fürsorgefall, Kopf um Kopf, bestimmte Zuschußbeträge festgesetzt und unter Überwachungsgarantien der einzelstaatlichen Verwaltung zur Verfügung gestellt. Wenn der Einzelstaat von den Bedingungen abweicht, setzt er sich der Gefahr aus, daß der Zuschuß gestrichen wird.

Weil der Bund sich ständig davon überzeugen muß, daß die Zuschußbedingungen eingehalten werden, entsteht im zusammengeschweißten Bundesstaat ein wechselseitiges Aufeinanderspielen von fachlich erfahrenen Beamten sowohl der Einzelstaaten wie auch des Bundes. Aus der Überwachung seitens des Bundes entspringt in der täglichen Verbindung eine Zusammenarbeit von Fachvertretern, die die gleiche Sprache sprechen und sich als Kollegen bei einer gemeinsamen Aufgabe betrachten. Eine beachtenswerte Konsequenz des zusammengeschweißten Bundesstaats für die öffentliche Verwaltung ist daher die Interessengemeinschaft der Spezialisten, die gelegentlich in ein Paktieren ausartet.

Daraus bilden sich gewissermaßen halbautonome Inseln für verschiedene Spezialgebiete der öffentlichen Verwaltung. Wo Aufsicht und Beaufsichtigte sich nicht im Wege stehen, sondern wo sie aus ihrer beruflichen Orientierung ein gemeinsames Interesse an der ihnen anvertrauten Funktion bekunden, bahnt sich eine Einheit der fachlichen Gesichtspunkte zwischen der Bundesverwaltung und der Verwaltung der Einzelstaaten an. Beide versperren sich mit gleicher Beharrlichkeit der parteipolitischen Manipulation. Beide entziehen sich der Geltendmachung der Rechte der Einzelstaaten. Als Wegbereiter der Leistungsfähigkeit in der einzelstaatlichen Verwaltung spielt das Bundeszuschußwesen also eine bedeutsame Rolle. Aber es fördert gleichzeitig in gewissem Umfang eine spartenmäßige Verselbständigung. Es kann dazu verführen, daß einzelstaatliche Verwaltungszweige sich aus der Gesamtplanung des Einzelstaats loslösen. Der Durchbruch des Berufsgedankens in der öffentlichen Verwaltung gibt hier insofern der funktionellen Selbstisolierung Antrieb. Am Konferenztisch ist es nicht leicht ersichtlich, wer für den Einzelstaat und wer für den Bund gesprochen hat. Aber alle sprechen für die betreffende Funktion.

Fördert der zusammengeschweißte Bundesstaat außerdem eine Überzentralisierung? Das ist eine Frage, die in Amerika immer wieder hitzig diskutiert wird, zumal als abstraktes Thema der Verfassungspolitik. Wer den Bundesstaat nur als Machtverteilungsmittel kennt, wer den strengen Dualismus für unerläßlich hält, wer die Rechte der Einzelstaaten betont, der hat natürlich Anlaß zur Klage, wenn diese Gesichtspunkte auf Umwegen und sozusagen nur wegen des schnöden Geldes preisgegeben werden. Es wird auch argumentiert, daß das Vordringen des Bundes für den einzelnen selbst eine böse Sache ist; denn die höchste Verwaltungsentscheidung verlagert sich aus dem unmittelbar örtlichen Bereich in ein Zentrum, das von dem einzelnen physisch weit entfernt ist. Das erscheint als eine Verletzung dessen, was Jefferson als das Wesen der Demokratie ansah: die lokale Bezogenheit der für den einzelnen maßgeblichen Entscheidung. Schließlich mag man auch aus praktischen Gründen zu der Folgerung kommen, daß der Einzelstaat als Zwischeninstanz erliegen könnte, wenn der Bund sich unbeschränkt auf der Ebene der Gemeinde betätigt.

Andererseits ist es nicht von der Hand zu weisen, daß die viel verleumdete Zentralisation eine segensreiche Macht sein kann, wenn sie sich in den Formen des zusammengeschweißten Bundesstaats durchsetzt. Im Gegensatz zu dem Dogma von den Rechten der Einzelstaaten packt der Bund für den einzelnen wichtige Aufgaben an und hebt gleichzeitig die Leistungsfähigkeit der Verwaltung. Der Bund kommt also als der Bringer guter Dinge, ohne dabei den Einzelstaat als solchen zu übergehen. Demgegenüber sucht der Mann der Politik im Einzelstaat als Chef der Exekutive oder als Mitglied der Gesetzgebenden Versammlung nicht selten, die Rechte der Einzelstaaten ins Feld zu führen, um alles beim alten zu belassen, weil er aus dem Alten seine eigene Macht bezieht und in einer sozialen Umordnung eine Gefahr für seine politische Zukunft sieht. Dagegen erscheint für die unmittelbaren Empfänger der neuen öffentlichen Leistungen der Weg in den zusammengeschweißten Bundesstaat, selbst wenn er als Zentralisation verschrieen wird, als ein persönlicher Gewinn. Sie haben konkrete Vorteile, die es für sie früher nicht gab. Der Kraftzufluß in die Gesellschaft, vor allem durch Zunahme der für die Wirtschaft verfügbaren Gesamtenergien, vermindert die politische Bedeutung der Theorie des bundesstaatlichen Gleichgewichts. Wo sich hier praktische Schwierigkeiten ergeben, die man nicht einfach von sich weisen kann, bedarf es der geduldigen Bemühung um zeitbedingte Lösungen.

Die Stellung der Gemeinde

Reichsfreiheit der Städte, die Zellenstruktur des ständischen Feudalstaats und das bewußte Wiedererwecken der bürgerlichen Betätigung in öffentlichen Angelegenheiten, das vornehmlich in der Steinschen Reform zum Ausdruck kam, haben in Deutschland dem Gedanken der Autonomie der Gemeinde eine starke Grundlage bereitet. In den Vereinigten Staaten beherrschte die Idee der formellen Gewaltenzuweisung an die örtliche Körperschaft die Entwicklung, im Anschluß an das englische Vorbild. Ganz im Gegensatz zu der These der Rechte der souveränen Einzelstaaten gegenüber dem Bund besaß die Gemeinde niemals eine eigenständige Selbstverwaltungskraft. Die Gemeinde ist historisch und auch heute noch rechtlich das Geschöpf des Einzelstaats. In der Übertragung von Funktionen ist sie dem Einzelstaat überantwortet, obwohl sie in der eigenen Verwaltung seinem Einfluß nicht so unmittelbar ausgesetzt ist wie der Kreis (*county*), der in mancher Hinsicht kaum mehr ist als ein Territorialbezirk des Einzelstaats.

Als fortschrittlicher Gestalter des Gemeindewesens hat sich der Einzelstaat keinen Ruhm erworben. Wenig ist getan worden, um eine geeignete Organisationsform für die soziale und wirtschaftliche Verflechtung der städtischen Gebiete hervorzubringen. Die in breiter Masse die Lokalordnung überlagernden Metropolbezirke, in denen mehr als die Hälfte der Bevölkerung lebt, sind als solche auf der politischen Landkarte nicht anerkannt. Sie sind nicht als Verwaltungseinheiten aufgebaut. Die soziale Wirklichkeit kollidiert mit den alten Gemeindegrenzen. Bislang ist es meist nur im Wege von Vereinbarungen über spezielle Funktionen wie das Verkehrswesen möglich gewesen, sich um die zweckdienliche Lebensgestaltung in den Metropolbezirken zu bemühen.

Als Geschöpf des Einzelstaats empfängt die Gemeinde ihre Form und ihre Handelnsvollmachten grundsätzlich von der einzelstaatlichen Volksvertretung. Die Stadt beginnt beispielsweise als öffentliche Körperschaft durch Akt der Gesetzgebenden Versammlung. In dem Schöpfungsakt kann die Gesetzgebende Versammlung die städtischen Zuständigkeiten so festlegen, wie das ihrem eigenen Ermessen entspricht. Das eigene Ermessen ist hier weitgehend politisch koloriert; denn die Gesetzgebende Versammlung des Einzelstaats ist, generell gesprochen, in erster Linie die Stimme des ländlichen Amerikas, das aus seiner geschichtlichen Vorrangstellung dem städtischen Amerika eine politische Untervertretung zumutet. Die einzelstaatliche Volksvertretung kann so die Stadt als

Störer des ländlichen Lebens unfreundlich behandeln. Gesetzvorschläge, die Abgeordnete aus den Wahlbezirken der Städte einbringen, mögen niemals zur Verhandlung kommen. Das einseitige Bemessen des Vertretungsgewichts im Verhältnis zwischen dem ländlichen Amerika und dem städtischen Amerika könnte zu einer Theorie der Rechte der Städte gegenüber dem Einzelstaat Anlaß geben. Denn einzelstaatliche Wahlkreisdiktatur, die dem ländlichen Wähler in dem dünn besiedelten Wahlkreis vielleicht den Wert von fünfzig Stimmen im Vergleich zu der einen des städtischen Wählers in dem übervölkerten Wahlkreis zuspielt, ist eine Verletzung des Repräsentationsprinzips. Hier hat das Oberste Bundesgericht erst 1962 einer Abhilfe in den Bahnen der Justiz die Tür geöffnet, mit möglicherweise dramatischen Konsequenzen für das amerikanische politische Leben, obwohl über das Ausmaß die Auffassungen noch auseinandergehen.

Wie der Einzelstaat der Gemeinde Vollmachten gibt, so kann er sie ihr wieder nehmen. Er kann beispielsweise einer Stadt wichtige Zuständigkeiten durch Akt der Gesetzgebenden Versammlung entziehen, vielleicht als reine Strafexpedition. Er kann die Grenzen der Stadt neu ziehen. Ihm liegt im allgemeinen wenig an der Förderung des beruflichen Elements in der Gemeindeverwaltung, das sich politisch notwendigerweise neutralisiert.

Für die Bilanz der Eigengestaltung im Gemeindewesen müßte man hinzufügen, daß aus den Mißständen und Übergriffen eine Gegenbewegung hervorging. Man setzte sich zum Ziel, durch Änderung der einzelstaatlichen Verfassung Minimalgarantien für die Annahme einer Stadtsatzung durch die Wähler und für eine lebensfähige Kompetenzordnung so festzulegen, daß sie dem Zugriff der Volksvertretung entzogen sind. Das wird in den Vereinigten Staaten als *home rule* bezeichnet. Aber *home rule* gibt es nur in einer beschränkten Zahl der Einzelstaaten. Zudem erkennt man, wenn auf die konkreten Bestimmungen über *home rule* abgestellt wird, daß sie kaum an die Begriffe herankommen, die in der deutschen gemeindlichen Selbstverwaltung zugrundegelegt worden sind. *Home rule* ist ein Stärkungsversuch, der als alleiniges Mittel die Freiheit der Gemeindeverwaltung nicht durchgängig vergrößert hat. Vielleicht war es unvermeidlich, daß *home rule* seine Fürsprecher in der praktischen Auswirkung enttäuschte. Denn in der Durchführung von Gemeindeaufgaben ist heute in erster Linie die finanzielle Fähigkeit von entscheidender Bedeutung. Auf diesem Gebiet wandert die Gemeinde am Schluß der Prozession. Ihr Zugang zu Steuerquellen beruht auf Ermächtigung durch den Einzelstaat. Im Bündnis mit der Furcht vor unerwünschten Konsequenzen erklärt diese Tatsache, weshalb verhältnismäßig wenige Gemeinden zur Erhebung einer Umsatz- oder Einkommensteuer gekommen sind, die neben der scharf progressiven Bundeseinkommensteuer und möglicherweise der Einkommensteuer des Einzelstaats infolge der sehr begrenzten Anrechnung der verschiedenen Beträge zu einer übergroßen kumulativen Belastung führen kann.

Während die Groß- und Mittelstädte in ihrem Verwaltungsniveau im allgemeinen den Einzelstaaten voraus sind, ist die ländliche Gemeindeverwaltung in den Vereinigten Staaten noch weitgehend in nichtberuflichen Händen. Der Kreis ist in den Vereinigten Staaten sogar lange als der dunkle Kontinent bezeichnet worden. Den wahren Amateur in der Verwaltung würde man in gewissen Grenzen schätzen können, aber nicht, wenn er in Wirklichkeit der parteipolitischen Anhängerschaft entstammt und sich sein Brot ohne Anstrengung verdienen möchte. Der Anstoß zum Beruflichen ist oft nur das Ergebnis der Bundesinitiative, die in die Gemeinde ausstrahlt. Der dualistische Bundesstaat macht es andererseits dem Bund nicht leicht, mit den Gemeinden unmittelbare Beziehungen anzubahnen. Zwar wäre das verfassungsrechtlich nicht unmöglich, aber die Einzelstaaten stellen sich dem in den Weg, vor allem durch Einflußnahme auf den Kongreß in Washington. Wenn indessen der Bund über die Einzelstaaten an die Städte heranzukommen sucht, erweisen sich die Einzelstaaten keineswegs in jedem Fall als willige Mittler. Das ist die gleiche Tendenz, die sich auch, wie schon erwähnt, gegenüber den Metropolbezirken zeigt. Es bedarf der großstädtisch beeinflußten Einzelstaaten, um selbst zu einer Teillösung zu gelangen, wie beispielsweise die rühmlich bekannte gemeinsame Hafen- und Zugangsverkehrsverwaltung für den Welthafen von New York, die auf einer Vereinbarung zwischen dem Staat New York und dem Staat New Jersey beruht. Vereinbarungen zwischen Einzelstaaten, die der Billigung des Kongresses bedürfen, haben sich auch in anderen Bereichen bewährt, wie in der Nutzbarmachung von Wasserwegen. Doch ist dies keine besonders viel begangene Straße in die umfassendere Ordnung.

Aber auch die Gemeindeverwaltung steht nicht still. Das offenbart sich in vielen Einzelheiten. Selbst heute ist dafür ein gutes Beispiel das Vordringen der beruflichen Verwaltungsleitung unter dem *city manager plan,* der wohl genauer als *council-manager plan* bezeichnet werden muß. Die dahin laufende Entwicklung beginnt am Anfang unseres Jahrhunderts zunächst sozusagen im glücklichen Stolpern, improvisierend und unsicher, aber dann bald in fester Richtung auf eine Art von Berufsbürgermeistertum. Der *city manager* wird nicht durch öffentliche Wahl ins Amt gerufen. Er ist bestallter Beamter, der als Fachmann der städtischen Verwaltung von dem Legislativorgan der Gemeinde, dem erwählten Stadtrat, auf jederzeitigen Widerruf angestellt wird. Seine Laufbahn führt ihn gewöhnlich im Aufstieg im Laufe der Jahre in andere, größere Städte, wie auch in Deutschland der bewährte Berufsbürgermeister als Fachmann von einer städtischen Verwaltung zur anderen gehen kann.

Der *city manager* findet sich in erster Linie in den Mittelstädten, seltener in den Großstädten oder in der Kreisverwaltung. Er ist selbständiger Chef der Gemeindeverwaltung. Er ersetzt den gewählten Bürgermeister nicht, aber dieser amtiert im wesentlichen als Vorsitzender des Stadtrats, als Titularhaupt und als Repräsentationsorgan. Der Bürgermeister ist der Mann, der die Einweihungsansprache hält, wenn die neue Brücke dem Verkehr übergeben wird. Wichtiger ist aber, daß er als politischer Führer der Wirksamkeit dieser Gemeindeverfassungsform stets neue Kraft zuführen muß, indem er die Wählerschaft wachhält und das Aufgabenprogramm der Stadt als Träger der städtischen Interessen rechtfertigt. Er wird hier zur politischen Stimme, nicht nur des Verwaltungsprogramms der Stadt, sondern auch gegenüber organisierten Widerständen gegen die Gemeindeverfassungsform. Nicht selten wird über diese Verfassungsform noch ernstlich debattiert, obwohl es heute nicht mehr allzu häufig vorkommt, daß sie als Verpreußung der amerikanischen Lokalverwaltung verschrieen wird.

Als Chef der Stadtverwaltung ist der *city manager* der oberste Leiter der städtischen Behörden. Er ernennt selbständig die den Behörden vorstehenden Fachbeamten, obwohl er in den kleineren Städten neben seiner Spitzenstellung häufig selbst als Stadtingenieur tätig ist oder ein anderes Hauptgebiet der Verwaltung entsprechend seiner eigenen Berufsausbildung persönlich bearbeitet. Praktisch gesprochen bedarf er natürlich des Vertrauens des Stadtrates. Er muß vor allem mit dem Bürgermeister in ständiger Fühlung bleiben.

Gewöhnlich beruhen die die Verwaltung berührenden Beschlüsse des Stadtrats auf den ihm vom *city manager* unterbreiteten Vorschlägen oder Berichten. Als dem gewählten Gesetzgebungsorgan liegt es dem Stadtrat ob, den Haushaltsplan anzunehmen und Gemeindeverordnungen zu erlassen, die der städtischen Verwaltung einen allgemeinen Rahmen bieten. Außerdem ist der *city manager* dem Stadtrat in der Unterrichtung der Öffentlichkeit dienlich. Das bedarf besonderer Aufmerksamkeit; denn es ist heute nicht mehr zu erwarten, daß der Durchschnittsbürger mit den Problemen und den Persönlichkeiten der Gemeinde genügend vertraut ist, um ein zuverlässiges Urteil zu fällen und insbesondere als Wähler unter den Kandidaten eine verständige Auswahl zu treffen. Dazu bedarf es einerseits der geeigneten öffentlichen Berichterstattung und andererseits besonderer staatsbürgerlicher Vorposten, wie der Ortsgruppen der Liga der Weiblichen Wähler, deren aus gebildeten Frauen bestehende Mitgliedschaft sich meistens von den Einzelheiten der städtischen Politik nichts entgehen läßt. Die einzelnen Mitglieder werden vielfach als Unterrichtungsquellen wirksam, vor allem im Wege ausgedehnter Telefonkampagnen vor der Wahl. So läßt sich vermeiden, daß die Gemeindewahl ein Buch mit sieben Siegeln bleibt, in dem sich nur der aus eigener Bemühung Eingeweihte zurechtfinden kann, während die formelle Beteiligung der Wählerschaft eher einen Gang ins Dunkle darstellt.

Der öffentliche Dienst

In der Theorie des demokratischen Staates schließt Dienst für die allgemeine Öffentlichkeit freien und allgemeinen Zugang in die öffentliche Verwaltung in sich. Dem entfließt der Grundsatz des uneingeschränkten Wettbewerbs in der Stellenbesetzung, der in seiner Rückwirkung die Volksverbundenheit der Verwaltung zu verbürgen verspricht. Wenn Volksverbundenheit aber durch parteipolitische Organisation vermittelt wird, so entartet der uneingeschränkte Wettbewerb, praktisch gesprochen, zur Auswertung politischer Beziehungen. Das Patronagewesen verpflichtet den Patronisierten nicht dem Volk, sondern dem Patron.

So steht einem wirksamen Volksbeamtentum nicht nur das praktische Unvermögen des Ungeschulten entgegen, der mit den Fragen einer technisch komplizierten Verwaltung nicht fertigzuwerden imstande ist. Nicht minder fällt der Gesichtspunkt ins Gewicht, daß der Stellenbewerber der politischen Fürsprache bedarf und in persönlicher Festlegung in die Verwaltung hineinkommt. Der demokratische Gedanke des uneingeschränkten Wettbewerbs muß insofern sowohl mit der Bestimmung von Leistungserfordernissen wie auch mit der Gewährleistung der Freiheit von parteipolitischen Bindungen verknüpft werden. Aber beide sollen nicht zum sozialen Ausschluß führen. Geschichtlich zeigt sich das in der Ordnung des amerikanischen Beamtentums dadurch, daß im Examenswesen auf das unmittelbar Praktische abgestellt wird. Die Prüfung ist auf die Ausschreibung einer bestimmten Stellung zugeschnitten und befähigt zur Bekleidung dieser Stellung, die in der Sprache des Alltags als *job* bezeichnet wird, ein *job* gleich tausend anderen im Erwerbsleben, einerlei ob man mit diesem *job* auf Lebensdauer verbunden bleibt. Wenn der Beamte von seiner Stellung in eine andere hinübergehen will, muß er eine neue Prüfung ablegen und sich somit in einem anderen beruflichen Gewande präsentieren. Die Vorstellung herrscht vor, daß ein Schreiber, ein Stenograph und ein Amtsbote trennbare Qualifikationen repräsentierten. Solche Qualifikationen findet man in allen Kreisen. Wer so diese oder jene praktischen Dinge des Bürowesens bemeistert und das im Examen praktisch nachweisen kann, ist ein geeigneter Kandidat für die entsprechende Stellung, die eine entsprechende Bezahlung bietet. Damit kommt man zu einer einfachen Gerechtigkeitsmathematik, die gleichzeitig den Markt so weit wie möglich ausdehnt und fast jedermann Zutritt verspricht.

Der Durchbruch des Laufbahngedankens ist erst eine neuere Sache. Die öffentliche Verwaltung bedarf zunächst der Berufsgeschulten im herkömmlichen Sinne, der Ingenieure, der Ärzte, der Chemiker, der Juristen. Dann entsteht auch das Bedürfnis nach Kräften, die die Probleme der Verwaltung selbst meistern können. Das sind nicht *jobs*, sondern Daueraufgaben. Die Anerkennung des Laufbahngedankens beruht auf der Notwendigkeit, qualifizierte Kräfte in die Verwaltung zu ziehen und auf die Länge ihrer aktiven Berufszeit in der Verwaltung festzuhalten. Es bedarf eines Auffangens der Verwaltungserfahrung ebenso wie der fachlichen Kenntnis zur Stärkung der Leistungsfähigkeit der Verwaltung im Zeitalter der Massengesellschaft. So setzt sich der Laufbahngedanke als Gegenstück und als Begrenzung des uneingeschränkten Wettbewerbs Schritt um Schritt durch. Schulung schiebt sich vor das bloße Können.

Wir haben schon vorher von dem allgemeinen Bundeszulassungsexamen gesprochen, als Eingangstor in das, was man in Deutschland vielleicht als die höhere Laufbahn bezeichnen würde. Diese Entwicklung hat sich erst im Laufe der letzten dreißig Jahre angebahnt und ist mit großer Vorsicht langsam fortgeführt worden, um nicht öffentliche Beanstandungen zu erregen. In jeder Hinsicht hat man sich dabei um das Verständnis der Öffentlichkeit bemüht und die Befürchtung zu entkräften versucht, daß eine Fachelite im Werden sei. Daher ist das Eingangsexamen eine Allgemeinprüfung, die sich an die Hunderttausende richtet, die heutzutage ins College kommen oder es mit dem Baccalaureat verlassen haben. Die Examensfragen sind auf Sinnerfassung und Vertrautheit mit den Angelegenheiten des öffentlichen Lebens abgestellt, so wie jeder allgemeingebildete Mensch solche Fragen anpacken kann, ohne durch berufliche Vorschulung besonders vorbereitet zu sein. Aber selbst diese Art von Examen wäre kaum vorstellbar ohne die allmähliche Umbildung der höheren Schule in eine Masseninstitution und ohne das entsprechende Anschwellen der Studentenzahlen im akademischen Studium, gepaart mit ständig zunehmender öffentlicher Unterstützung der Minderbemittelten unter den Begabten.

Unter diesem weitspannenden politischen und sozialen Wetterdach wird kein nennenswerter öffentlicher Protest laut gegen die Annäherung der Zulassungsbedingungen an die Kooptation. Im Grunde ist es ja auch ein Wiederzurückgreifen auf das Praktische, das die alten Beamtengesetze so stark betonten, wenn heute die Examinatoren bei der abschließenden mündlichen Prüfung sich in erster Linie die Frage vorlegen: Wie wird dieser Kandidat sich in der uns vertrauten Verwaltung bewähren? Dem entspricht auch der erhöhte Nachdruck auf das Nachschulungswesen. Diese Schulungslehrgänge werden teilweise in den einzelnen Bundesbehörden und teilweise vom Bundespersonalamt (*Civil Service Commission*) abgehalten. Teilnehmer werden von den Dienststellen selbst vorgeschlagen, vor allem solche, die in höhere Ämter aufzusteigen fähig sind. Die Beteiligten werden von der normalen Arbeit befreit und widmen sich ganz dem Kursus, der sich auf mehrere Wochen ausdehnt und gelegentlich in einem Kurhotel stattfindet, um den Diensttelefonen zu entgehen. In der Nachschulung wird der Versuch gemacht, eine Vertiefung in die Spezialprobleme der Verwaltung mit der Erörterung allgemeiner Gesichtspunkte zu verbinden, um so den Beamten mit seiner Rolle in der Verwaltung und im modernen Staat vollkommener vertraut zu machen. Dabei wird eine einseitige ständische Beeinflussung sorgfältig vermieden.

Verwaltungskontrolle durch die Volksvertretung

In der vorangehenden Erörterung der für unser Thema wichtigen geschichtlichen Gesichtspunkte wurde darauf hingewiesen, daß der amerikanische Unabhängigkeitskampf gegen England in gewisser Hinsicht ein Kampf gegen die Exekutive war. Unter dem britischen Gouverneur war die Exekutive der fremde Zweig der öffentlichen Ordnung, während die koloniale Volksvertretung für das einheimische Führertum den eigenen Zweig darstellte. Daraus entsprang in der ursprünglichen Gestaltung der einzelstaatlichen Verfassungen das bewußte Übergewicht der Legislative. Die Stärkung der Exekutive im Bunde beruhte auf einem Nachgedanken, der mit der Abdeckung der öffentlichen Schulden in Beziehung stand. Im Bereich der Exekutive war der Präsident dem Kongreß gleichgestellt. Zwei ebenbürtige Gewalten standen so nebeneinander, obwohl sie sich auch zur Seite stehen sollten. Aber die Bundesverfassung hält sich mit Hinweisen auf die Formen der Verbindung, vor allem in der fortlaufenden Überwachung der Verwaltung, mit bemerkenswerter Selbstbeschränkung zurück. Die Hauptzuständigkeiten des Senats in dieser Richtung sind schon skizziert worden. Was muß dem noch nachgetragen werden?

Als erstes muß man hier erwähnen, daß das Gesetzgebungsmonopol des Kongresses kein Gegenstück aufseiten der Exekutive hat. Sie besitzt keine unabhängige Zuständigkeit zum Erlaß von Rechtsverordnungen. Zur Einräumung solcher Kompetenz bedarf es der gesetzlichen Ermächtigung, und an derartigen Ermächtigungen fehlt es nicht. Aber das Gesetz ist natürlich im Wettbewerb der Rechtsverordnung vorgeordnet. Viel bedeutsamer ist die Tatsache, daß der Präsident in der Verfolgung seiner Regierungsziele, vor allem als Grundlage für sein politisches Programm, auf die Zusammenarbeit mit dem Kongreß angewiesen ist. Denn die gesetzliche Fundierung allein verschafft in vielen Dingen der Bundesverwaltung das notwendige Sprungbrett zum Vollzug.

Nicht minder folgenreich ist das Ausgabenbewilligungsmonopol der Volksvertretung. Alljährlich muß sich die Verwaltung der Legislative zur Prüfung ihrer Budgetvorschläge unterwerfen. Das beschäftigt die Unterausschüsse des Ausgabenbewilligungsausschusses im Abgeordnetenhaus und im Senat auf Monate. Die Verhandlungsstenogramme und die von den Behörden gelieferten Unterlagen werden in der Regel veröffentlicht und belaufen sich in jedem Jahr auf Tausende von Druckseiten. Wer die Berichte der Unterausschüsse durchsieht, wird sich wahrscheinlich darüber wundern, wie sehr man sich in Einzelheiten eingräbt, wie staatsanwaltschaftlich nicht selten die Fragen selbst an die höchsten Männer der Behördenleitung klingen, und wie uneingeschränkt bei der Fragenstellung jedes Unterausschußmitglied zum Zuge kommt. Hin und wieder gewinnt man auch den Eindruck, daß der Unterausschuß oder gar sein Vorsitzender sich für den Aufsichtsrat des seiner Wartung überlassenen Verwaltungszweiges hält. Wer als Behördenvertreter diese Feuerprobe gut übersteht, mag zum Freund des Unterausschusses aufsteigen, was eine mit Gold nicht aufzuwiegende Unterstützung seines Dezernats bedeuten kann. Sympathische Behandlung läßt sich aber auch durch übereifriges Eingehen auf Anregungen erkaufen, die möglicherweise nur von einzelnen einflußreichen Mitgliedern des Unterausschusses ausgehen und nicht immer im öffentlichen Interesse liegen.

Allgemein gesprochen ist diese Form der Überwachung der Verwaltung in ihrer Fühlbarkeit kaum zu überschätzen. Sie macht es für die Behörden schwer möglich, sich in den Nebeln der Amtlichkeit zu verbergen. Für die Verwaltungsleitung besteht daher ein besonderer Anlaß, mit dem eigenen Geschäftsbetrieb sogar auf der Ebene der unwichtigen Dinge vertraut zu sein. Unterausschußmitglieder haben ihre unmarkierten Informationstunnel und greifen Beschwerden aus ihrem Wahlkreis dienstbeflissen auf. Andererseits nimmt die den Kongreßausschüssen zu zollende Aufmerksamkeit einen großen Biß aus dem Arbeitstag des Behördenchefs und ebenso seiner Hauptbeamten, ganz zu schweigen von den vielen Stunden, die in der Ausarbeitung schriftlicher Antworten auf Kongreßanfragen verzehrt werden. All dies fällt unter das Rubrum der normalen Verwaltungsüberwachung. Wenn es daneben zu besonderen Untersuchungsausschüssen des Kongresses kommt, mag sich das Normale ins Abnormale steigern, zumal wenn der Ausschuß auf die große Bühne erpicht ist. Ebenso werden auch nicht selten die Ergebnisse der regelmäßigen Berichterstattung der Bundesrechnungsbehörde (*General Accounting Office*) im Kongreß unter politischen Gesichtspunkten ausgewertet, obwohl die Berichte der Gewährleistung der Gesetzmäßigkeit, der Sparsamkeit und der Wirtschaftlichkeit der Verwaltung in objektiver Weise zu dienen bestimmt sind.

Wer ist in diesen Beziehungen der Meister der Verwaltung: der Präsident, der Kongreß, der Ausschuß, der Ausschußvorsitzende oder gar das einzelne Kongreßmitglied? Noch präziser: Wer ist die letzte Quelle der verantwortlichen Überwachung? Die Antwort wäre einfacher, wenn in den Vereinigten Staaten die politischen Parteien der Organisation des Kongresses eine der primären Verantwortung gemäße Form gäben. Aber das ist nicht der Fall. Die beiden großen Parteien sind in entscheidenden Punkten nur Formalparteien. Sie sind verhältnismäßig lose Verbindungen oftmals eigenwilliger örtlicher und einzelstaatlicher Gebilde, die im Vergleich mit der Nationalparteistruktur viel engere Interessengemeinschaften darstellen, obwohl die Interessenorientierung weit vom Gemeinwohl wegführen und in erster Linie auf nackte Selbsterhaltung zielen mag. Das Programm der Partei besagt deshalb wenig. Der Abgeordnete sieht sich nicht so sehr als Vertreter seiner Partei wie als der Erkorene seines Wahlkreises, auf den er seine Augen richtet. Daher gibt es im Kongreß keine festen Bindungen, die sich mit dem Gegensatz zwischen Mehrheit und Opposition im parlamentarischen Regierungssystem vergleichen lassen.

Gegenüber seiner Partei hat der einzelne Volksvertreter insofern weitgehend ein freies Mandat. Anders ausgedrückt: Er wird zum unabhängigen politischen Unternehmer. Das ist der Grund, weshalb man in Amerika das vorgebliche Zweiparteiensystem praktisch als ein Vierparteiensystem behandeln muß. Da gibt es die sogenannte Alte Garde, das konservative Element in der Republikanischen Partei, die aber insofern gespalten ist, als sie auch einen fortschrittlichen Flügel mit sich führt. Da gibt es ferner die ganz zur Rechten neigenden Demokraten des Südens, die sich mit den liberal ausgerichteten Demokraten vor allem der städtischen Gebiete abfinden müssen und die Ansprüche der Demokratischen Partei auf Anerkennung als die Partei des Volkes mit saurer Miene quittieren. Hinzu kommt, daß die Festlegung der Wahlkreisgrenzen für das Abgeordnetenhaus den Gesetzgebenden Versammlungen der Einzelstaaten überlassen ist, so daß der Kongreß in seiner Gesamtheit dem ländlichen Amerika und den pluralistischen Kräften der offenen Gesellschaft höriger ist als den Interessen der Nation, die mehr und mehr zum Reservat des Präsidenten geworden sind. Er ist der Urheber des Nationalprogramms. Die divergierenden politischen Perspektiven des Kongresses und des Präsidenten drücken sich auch vor allem in der Überwachung der Verwaltung durch die ständigen Ausschüsse aus. Es fehlt darin an einer Gesamtrichtung, die der Verwaltung eine allgemeine Grundlage bieten könnte.

Wenn es im Kongreß eine Mehrheitsbildung gäbe, auf Grund derer die Majorität und der Präsident normalerweise unter demselben Parteibanner gemeine Sache machten, so würde sich in der Überwachung der Verwaltung durch den Kongreß eine klarere Linie ausprägen. Die gemeinsame politische Verantwortlichkeit würde einen richtunggebenden Einfluß ausüben, nicht nur für die Haltung der Majorität, sondern auch für die der Opposition. In der Regel jedoch ist die Gruppierung im Kongreß viel loser und daher viel unverbindlicher. Die starke Individualisierung der Interessen in der Volksvertretung bringt ein entsprechendes Maß von Individualisierung in der Verwaltungskontrolle durch die Legislative mit sich. Daraus entspringen erhebliche Schwierigkeiten für die Kristallisierung eines geschlossenen Verwaltungsprogramms. Die programmatische Sicht entsteht in erster Linie in der Exekutive, in dem, was auch in der Presse das Programm des Präsidenten genannt wird. Der Kongreß ist das Organ der Kritik. Er wirft Fragen auf, versucht aber auch, sich der Disziplin des Programmatischen zu entziehen. Denn jedes Programm bedeutet letztlich eine Disziplin für das Sonderinteresse, das sich von programmatischen Bindungen freizeichnen möchte.

In der Ausrichtung auf die Überwachung der Verwaltung durch die Gesetzgebende Versammlung sieht sich der Behördenchef also oftmals auf geschicktes Lavieren angewiesen. Dieses Lavieren kann zu allen möglichen Kombinationen von Gesichtspunkten und Argumenten führen. Nicht selten wird es schwer sein, in ihnen das Programm des Präsidenten wiederzufinden. Ja, der Behördenchef ist keineswegs immer ein überzeugender Sprecher für dieses Programm. Er wird vornehmlich darauf bedacht sein, die Belange seines eigenen Ressorts zu fördern. Er möchte sich das Vertrauen seines ständigen Ausschusses ungern verscherzen und hat weniger Anlaß, ihm als Vertreter der Exekutive gegenüberzutreten, ohne sich vorerst des Wohlwollens der Ausschußmehrheit zu vergewissern. Deshalb ist es für den Präsidenten notwendig, dem Auftreten seiner höchsten Verwaltungschefs vor den Kongreßausschüssen Aufmerksamkeit zu widmen. Aus dieser Notwendigkeit rechtfertigt sich zum Teil die heutige Stabsorganisation im Exekutivamt des Präsidenten, über das noch später zu sprechen sein wird. Einheit in der Exekutive versteht sich nicht von selbst. Sie muß hervorgebracht werden, vor allem durch eine auf die zusammenfassenden Interessen des Präsidenten ausgerichtete Planung.

Als Gegenstück zu den Schwierigkeiten, die für die Verwaltung in ihrer individualisierenden Überwachung durch den Kongreß eintreten, bedarf es des Hinweises auf die positiven Seiten. Zum ersten läßt sich sagen, daß auf diese Weise eine Isolierung der Verwaltung gegenüber den Interessen der Öffentlichkeit unmöglich gemacht wird. Die Behörden stehen unter einem ständigen Druck, der sie zwingt, stets zur Rechtfertigung ihrer Verwaltung bereit zu sein. Sie müssen ihre Batterien in Ordnung halten. Sie können es sich nicht leisten, bei ihrer Tätigkeit einzuschlafen. Ein Nachlassen des Druckes ist nur in dem verhältnismäßig untypischen Fall zu verspüren, wo die Verbindung zwischen der Behörde, ihrer Interessenklientel und dem zuständigen Kongreßausschuß so intim geworden ist, daß man keine üblen Winde zu erwarten hat. Dann mag es sogar geschehen, daß selbst offensichtlich schiefgelaufene Verwaltungssachen im Ausschuß einen öffentlichen Verteidiger finden.

Die Verwaltung hat daher besonderen Anlaß, über ihre eigenen Dinge genau Bescheid zu wissen und eine weitergehende Auskunftspflicht anzuerkennen, als das der Volksmund Bürokraten zutraut. Im Milieu der Verwaltung führt das zur Kultivierung der Schärfe gegen sich selbst, zu einem wachen Überblicken des Verwaltungsgeschäftsganges, einer Sondierung der Haltung der Öffentlichkeit und einem Suchen nach Möglichkeiten des Ausgleichs unter den beteiligten Interessen. So wird die Verwaltung zu einem Organ der Interessenversöhnung, obwohl dabei die Gefahr besteht, daß sie sich durch einzelne Interessengruppierungen gefangen nehmen läßt. Die breit fegende Art der Überwachung und die Unvorhersehbarkeit des Zugriffs machen es selbst für die Leitung zur Notwendigkeit, die inneren Arbeitsvorgänge unmittelbarer zu beherrschen, als das einer Situation entsprechen würde, wo die Verwaltung sich weitgehend hinter verschlossenen Türen verstecken kann. Sie weiß sich ständig im vollen Licht der Öffentlichkeit. So spricht der amerikanische Verwaltungsmann vom Leben im Goldfischglas. Der Goldfisch kann sich der Beobachtung von allen Seiten nicht entziehen und muß sich an das helle Licht gewöhnen.

Die Verwaltung wird durch solche Scheinwerferbeleuchtung einerseits ermüdet und andererseits aktiviert. Sie wird überdies angesichts der politischen Abtönung ihrer Überwachung durch den Kongreß zur eigenen Beurteilung politischer Absichten und Motive gezwungen. Die Kenntnis innerhalb der einzelnen Ressorts über Vorgänge, die die Machtsituation in dem entsprechenden Kongreßausschuß beeinflussen, mag überraschen. Oftmals ist es für den versierten Abteilungsleiter notwendig, daß er genau weiß, wie die zwei oder drei maßgebenden Männer im Ausschuß zu bestimmten Fragen stehen. Gelegentlich wird er auch hier vorfragen, bevor er sich in seinen eigenen Entscheidungen festlegt. Das geschieht natürlich meistens in ganz unoffizieller Weise, vielleicht durch Dritte, vielleicht bei einem improvisierten Lunch, vielleicht bei einer Besichtigung in der Dienststelle, vielleicht bei dem periodischen Erscheinen des Behördenvertreters vor dem Kongreßausschuß. In gewisser Weise ist die Verwaltung einer ständigen Befragung durch die Gesetzgebende Versammlung ausgesetzt. Es ist eine Befragung, die sich nicht auf grundlegende Probleme beschränkt, sondern sich auf tausend Dinge von minderem Rang erstreckt, an denen vielleicht nur ein einzelnes Ausschußmitglied oder einer seiner Wähler interessiert sein mag. Aber die fortlaufende Natur der Befragung spiegelt gleichzeitig die bedeutsame Sachberaterrolle wider, die der Verwaltung heutzutage gegenüber der Volksvertretung obliegt. So müssen der hohe Chef und seine wichtigsten Untergebenen viel Zeit vor den Kongreßausschüssen verbringen, insbesondere im Laufe der Sitzungsperiode vom Januar bis in den August oder sogar noch später.

Obwohl die negativen Seiten nicht übersehen werden dürfen, muß man also andererseits die positiven Auswirkungen der ständigen Rechenschaftspflicht der Verwaltung nicht unterschätzen. Sie muß zur Mutprobe der abschließenden Antwort bereit sein, bei deren Ablegung Geschicklichkeit und Überzeugungsvermögen erzwungen werden. Das ist ein Gegenmittel gegen die Selbstgenügsamkeit des bürokratischen Wesens. Überdies sind die Mitglieder des Ausschusses oft wohlunterrichtete Politiker. Wenn sie lange Zeit in ihrem Pflichtenkreis gewirkt haben, vielleicht weil sie aus sicheren Wahlbezirken kommen, mögen sie manchmal mehr über die Behörde wissen als der Chef. Im Laufe der Jahre kann das Ausschußmitglied viel lernen. Es lernt zunächst durch aufmerksame Teilnahme an der Befragung der Behörde und vielleicht noch mehr auf Grund des Vertrauens, das es sich in den Dienststellen erwerben kann, durch seine Kenntnis der einzelnen Beamten und durch persönliche Fühlungnahme mit ihnen. Auf diese Weise wird es zum geachteten und gefürchteten Experten einerseits im Hinblick auf seine eigenen Interessengebiete und andererseits im Hinblick auf den Behördenbetrieb.

Die justizstaatliche Ordnung

Der gedankliche Pfeiler der aus dem *common law* ererbten Struktur der amerikanischen Rechtspflege ist das Prinzip, daß die öffentliche Gewalt und der einzelne demselben Richter unterworfen sind. Diese Ausrichtung der *rule of law* ist dem Zwecke nach mit dem, was man in Deutschland den Rechtsstaat nennt, im Ausgangspunkt durchaus vergleichbar. Doch besteht in der Art der gerichtlichen Kontrolle der Verwaltung ein durchgreifender Gegensatz. Die kontinentaleuropäische Gestaltung des Verwaltungsrechts stützt sich auf die Verwaltungsgerichtsbarkeit als einen besonderen Zweig der Rechtspflege, durch den die der Verwaltung entfließende Sachkenntnis in der richterlichen Tätigkeit mobilisiert wird. In der anglo-amerikanischen Tradition gibt es eine solche Aussonderung nicht.

Trotzdem ist es sowohl in England wie auch in Amerika darüber zu öffentlichen Debatten gekommen, ob die rein justizstaatliche Ordnung den jetzigen Verhältnissen gerecht wird. Die Wirksamkeit des Justizstaats in der heutigen Zeit, in der für kritische Augen die öffentliche Verwaltung das Dasein des Menschen zu überfluten scheint, hat zu mancherlei Zweifeln Anlaß gegeben. Selbst aus Arbeitsausschüssen der Anwaltschaft sind Berichte hervorgekommen, die mit der kontinentaleuropäischen Verwaltungsgerichtsbarkeit offensichtlich liebäugeln, andererseits ohne sich schlüssig zu sein, wie solche fremden Einrichtungen in das heimische System übertragen werden können. Überdies ist in den Vereinigten Staaten auch heute noch das Mißverständnis tief eingewurzelt, daß Verwaltungsgerichtsbarkeit ein eigenmächtig gehandhabtes Instrument der Exekutive sei. So gesehen kollidiert der Gedanke der gesonderten Verwaltungsgerichtsbarkeit mit verfassungspolitischen Ideen, vor allem der amerikanischen Vorstellung, daß Verwaltungsautorität vor dem Richter nicht mehr Gewicht beanspruchen kann als das Interesse des Einzelbürgers. Beide sind einander gleich. Die grundsätzliche Erwägung, die den Justizstaat in den Vereinigten Staaten rechtfertigt, läßt sich also dahin ausdrücken, daß selbst der in der demokratischen Legalordnung mit Autorität Betraute keine Sonderstellung vor dem allgemeinen Richter haben kann. Er ist ein der Justiz Unterworfener wie der einzelne, obwohl er für die öffentliche Gewalt spricht. Weil jeder sich dem gleichen Richter beugen muß, gilt das auch für die Verwaltung. Deshalb haben sich besondere Justizzüge in den Vereinigten Staaten bislang in sehr geringem Umfang und grundsätzlich nur als Vorschaltungen vor den ordentlichen Richter durchgebildet.

Die Durchführung der justiziellen Kontrolle über die Verwaltung führt zu ähnlichen Erwägungen wie denjenigen, die bei der Erörterung der Kontrolle durch die gesetzgebenden Organe in den Vordergrund traten. Wir müssen hier zunächst fragen: Was sind die Ausgangspunkte für die richterliche Kontrolle? Der dualistische Bundesstaat, von dem schon früher die Rede war, bedingt ein Nebeneinander des einzelstaatlichen Justizzuges und des bundesstaatlichen Justizzuges. Das heißt, daß die Bundesgerichte von der Unterinstanz des Einzelrichters zum Obersten Bundesgerichtshof mit seinen „neun alten Männern" funktionell von den Gerichten der Einzelstaaten gesondert sind, in deren Bereich es auch auf Grund der Ermächtigung durch einzelstaatliche Gesetzgebung in das Gemeindewesen eingeordnete Gerichte gibt. Nur in der Bundesjustiz ist das lebenslängliche Richteramt zur Regel geworden. Ungleich der deutschen Praxis besteht jedoch auch im Bund keine selbständige berufliche Richterlaufbahn. Die Richterstellen werden normalerweise aus der Anwaltschaft und zum Teil auch aus dem öffentlichen Leben gefüllt. Wer so in das Bundesrichteramt einrückt, mag daher ein angesehener Anwalt sein, der sich unter seinen Berufskollegen einen großen Ruf erworben hat und der vielleicht auch in das Licht der Öffentlichkeit getreten ist. Aber sein Bild der Justiz ist in der Advokatur vorgeformt.

Der Nachdruck liegt auf Männern, die man kennt und die im Senat bei der Würdigung des Ernennungsvorschlags nicht einer anstrengenden Rechtfertigung bedürfen. Auch hier entsteht aus der Ratifikationsmacht des Senats eine antizipierende Vorsichtung. Die Berater des Präsidenten, vor allem der Chef der Bundesjustizbehörde, müssen sich in jedem Fall die Frage vorlegen: Wie wird dieser Vorschlag durch den Senat wandern und welche Schwierigkeiten können ihm hier erwachsen? Die schon früher erwähnte Regel der „senatorialen Höflichkeit" setzt den Vorgeschlagenen dem Einspruch jedes der beiden Senatoren aus seinem Wohnstaat aus, dem der Senat üblicherweise beitritt. Aber selbst wenn es zu solch einem Einspruch nicht kommt, würde sich ein Kandidat wie Léon Blum schon deshalb nicht empfehlen, weil er einmal ein interessantes Büchlein über die Ehe geschrieben hatte. Um überdies über jeden zur Besetzung einer Bundesrichterstellung Vorgeschlagenen sachlich völlig sicher zu sein, leitet der Chef der Bundesjustizbehörde für jeden ernstlichen Kandidaten eine umfangreiche Vorprüfung ein. Man will den Kandidaten nicht sorglos exponieren und dem Präsidenten den Rückzug ersparen, wenn es im Senat zu unerwarteten Schwierigkeiten kommt.

Im Gegensatz zum Bunde ist das Richteramt in den Einzelstaaten im allgemeinen politisch erheblich vorbelastet. Dort gibt es verschiedene Besetzungssysteme, die wiederum von Einzelstaat zu Einzelstaat gewisse Unterschiede aufweisen. In den vornehmlich städtischen Einzelstaaten hat die berufliche Qualifikation des Kandidaten eine beträchtliche Bedeutung, obwohl oftmals auch politische Momente ins Spiel kommen. Als Ausfluß des Ideals der direkten Demokratie hat sich aber auch die Volkswahl der Richter gehalten. Je mehr sich in der Besetzung der Richterämter politische Gesichtspunkte durchsetzen und je kürzer die Amtsperiode ist, desto unmittelbarer ist der Inhaber des Richteramts auf Unterstützung durch die Partei, die organisierten Interessengruppen oder andere Teile der Öffentlichkeit angewiesen. Aus solchen Bindungen kann der unterrichtete Anwalt manchmal beinahe mathematisch vorhersagen, wie ein bestimmter Richter den einzelnen Fall entscheiden wird.

In der Haltung der Justiz gegenüber der Verwaltung bekunden sich diese Umstände in mannigfacher Mischung. Die Grundlinie ist, wie bei der Verwaltungskontrolle durch die Gesetzgebende Versammlung, durch den Gewaltenwettbewerb bestimmt. Wie der Kongreß in der Exekutive den Rivalen wittert und in der Verwaltung eine emporstrebende Macht erblickt, so betrachtet auch die Justiz die öffentliche Gewalt als ein Gegenregiment. In der Begründung seiner Entscheidung kann der Richter sich natürlich auf rein juristische Gesichtspunkte beschränken. Aber die Justiz hat sich in den Vereinigten Staaten auch wiederholt in den Bann der großen Wirtschaftsinteressen ziehen lassen. Das ist leichter erklärlich, wenn man bedenkt, daß der erfolgreiche Anwalt beim Eintritt in das Richteramt seine Lebensauffassung in gefestigter Form mit sich bringt. Sie hat sich meistens im freien Spiel der Kräfte konsolidiert und nicht in der täglichen Bemühung um das Gemeinwohl. Ein laufbahnmäßig geordnetes Berufsrichtertum ist eher imstande, sich mit dem öffentlichen Wohl zu identifizieren. Wenn im amerikanischen Justizstaat der Richter sich gegenüber der Verwaltung als das Organ der Freiheit fühlt, so mag seine Haltung eine Unterschätzung des öffentlichen Interesses und eine erhebliche Unkenntnis der öffentlichen Verwaltung in sich schließen.

All das macht die justizstaatliche Kontrolle in den Vereinigten Staaten in ihren Einzelauswirkungen auf die Verwaltungspraxis verhältnismäßig unvorhersehbar. Wenn man die Entscheidungssammlungen vor allem in den Einzelstaaten durchsieht, so wird offensichtlich, daß zwei verschiedene Blickweisen miteinander im Streit stehen und in jedem zur Entscheidung kommenden Fall um die Vorherrschaft ringen. Einerseits gibt es eine Kette von Erwägungen, die im Ergebnis darauf hinauslaufen, daß es Aufgabe der Justiz sei, der Verwaltung ständig auf die Finger zu sehen. Der Richter schiebt sich der Verwaltung vor und übernimmt in der Überprüfung der sachlichen wie auch der juristischen Gesichtspunkte, die der amtlichen Entscheidung zugrunde liegen, eine Wächterrolle als besserer Repräsentant des öffentlichen Interesses. Das ist eine unmittelbare Korrektur der Verwaltungsentscheidung. Sie wird meistens schlechthin ihrer Wirksamkeit verlustig erklärt, aber oftmals darüber hinaus zum Anlaß von richterlichen Ausführungen benutzt, durch die der Behörde der von ihr eingeschlagene Weg überhaupt verstellt werden könnte. Diese Gerichtsentscheidungen verbinden nicht selten eine erhebliche Unwilligkeit, den praktischen Problemen der Verwaltung gerecht zu werden, mit deklamatorischer Betonung von allgemeinen verfassungspolitischen Gesichtspunkten, die im Munde des Richters die Gestalt von konkreten, den Einzelfall beherrschenden Normen erhalten.

Der zensorische Richter hat aber auch Nachgedanken. Ist es vertretbar, daß er sich soweit ins Dunkel hineinlocken läßt? Deshalb gibt es gleichzeitig eine andere große Reihe von Gerichtsentscheidungen, die eine größere Zurückhaltung offenbaren. Sie beruhen auf der Erkenntnis, daß die Verwaltung ihrem eigenen Sachverstand folgen muß, der insoweit das Legalitätsbedürfnis befriedigt, als nicht Mißbräuche klar erweisbar sind. Das Gericht kann also auf zwei verschiedenen Geleisen fahren. In dem einen Fall mag die Entscheidung der Verwaltung brüsk entgegentreten. In dem anderen Fall mag sich das Gericht so weitgehend zurückhalten, daß dem einzelnen die Berichtigung eines fehlerhaften Amtsaktes vereitelt wird. Dadurch wird das Rechtsbewußtsein des Verwaltungsbeamten nicht gefördert. Es nimmt kaum wunder, daß das Pendel in der einzelstaatlichen Rechtspflege am weitesten schwingt.

Man kann nicht sagen, daß das neue Bundesverwaltungsverfahrensgesetz von 1946 hierzu eine grundsätzliche Klärung gebracht hat. Das Gesetz entstand in erster Linie aus dem Drängen der Anwaltschaft auf eine Justizialisierung des Verwaltungsverfahrens. Es hat der Verwaltung einseitig prozessuale Schablonen aufgezwungen. Dennoch hat sich bei der Auswirkung des Gesetzes gezeigt, daß kaum wahrnehmbare Sachänderungen in dem vorherigen Rechtszustand eingetreten sind, abgesehen von der Auferlegung gewisser Formalerfordernisse. Je mehr man dem Geschäftsweg der Verwaltung Formalgebote auferlegt, desto mehr verwickelt sich der Verwaltungsgang. Er verlangsamt sich und wird unbeholfen. Ein solches Ergebnis ist durchaus unerwünscht. Vielleicht ist es dem Justizstaat aus seinen eigenen Begrenzungen nicht möglich, den von ihm verursachten gordischen Knoten zu lösen.

Viertes Kapitel

Ursprung und Thesen der Reformbewegung

Ein politisches System, das dem Staatsbegriff einen formenden Einfluß zuweist, ist weitgehend von den Kräften abhängig, die sich im staatlichen Bereich organisch entwickeln. Das öffentliche Interesse findet in den Ausstrahlungen des Staates konkrete Gestalt und wirkt als magnetisches Feld für die Ordnung der Gesellschaft. Daraus ergibt sich eine Organisation der öffentlichen Energien, die das Gemeinwohl fördert, dem Individualinteresse Richtung weist und die wettbewerblichen Härten des Wirtschaftslebens wesentlich mildert. Um eine solche Zusammenfassung schöpferisch zu ermöglichen, bedarf der Staat der eigenen Kraft, die sich planend und handelnd bewähren muß. Wenn es an dieser Kraft fehlt, mag es zu einer Verkalkung im staatlichen Bereich und zu einer Erdrückung der Initiative in der Gesellschaft kommen. Umgekehrt ist eine Gesellschaft, die der Herausbildung des Staatsbegriffs geringen Anstoß gibt, auf den ihr innewohnenden Ordnungssinn angewiesen. Es ist nicht genug, daß sie ihren Lebenstrieben freien Spielraum bietet. Darüber hinaus muß sie imstande sein, sich Mittel zur Wahrnehmung des allgemeinen Interesses zu schaffen und diese Mittel dem Wandel der Bedürfnisse anzupassen. Das zeigt sich auch in der neueren Entwicklung der öffentlichen Verwaltung in den Vereinigten Staaten.

Auflehnung der Oberschicht

Bei der Erörterung der geschichtlichen Zusammenhänge ist bereits darauf hingewiesen worden, daß der Werdegang der amerikanischen Verwaltung mit europäischen Vorbildern kaum zu vergleichen ist. Vor allem hatte die Vernachlässigung von Leistungsmaßstäben infolge des Patronagewesens weitreichende Konsequenzen. Die amerikanische Verwaltung unserer Tage ist das Ergebnis der letzten fünfzig Jahre. Sie ist das Erzeugnis bewußter Reform. Wenn hier von dem Ursprung und den Thesen der Reformbewegung die Rede sein soll, so handelt es sich dabei um die Antriebe zur Modernisierung der öffentlichen Verwaltung, die unserem eigenen Jahrhundert entstammen. Wer die Ideenwelt der Reformbewegung verstehen will, wird es wahrscheinlich für zweckmäßig halten, zunächst zu fragen: Wer waren die Reformer?

In einem Verwaltungssystem wie dem deutschen liegt die Annahme nahe, daß das Schärfen der Werkzeuge der Verwaltung und die Stärkung ihrer Leistungsfähigkeit in erster Linie als Aufgabe der beruflich geschulten Kräfte innerhalb der Verwaltung selbst anzusehen ist. Eine historisch gereifte Verwaltung plant in der Regel für sich selbst. Es obliegt ihr, aus der Fülle ihrer Erfahrung vorzuschlagen, in welchen Formen Verbesserungen in ihrem Aufbau und in ihrem Geschäftsgang erzielt werden können. Sie selbst ist eine der wichtigsten Stimmen der Verwaltungsinteressen des Staates. Natürlich schließt Verwaltung auch verständnisvolle politische Lenkung ein. Aber von größerer Bedeutung ist der Berufssinn der geschulten Beamten. In den Vereinigten Staaten gab es ein solches Berufsbeamtentum im neunzehnten Jahrhundert nur in inselartigen Ansätzen, die sich erst mit der Zeit in einem langsamen Werdegang vergrößerten. Selbst zu Beginn des gegenwärtigen Jahrhunderts spielte der *civil service* nur eine geringe institutionelle Rolle. Es fehlte ihm an einem hinreichenden Eigenbewußtsein, um es der Verwaltung zu ermöglichen, von sich aus den Weg zur zeitgemäßen Konsolidierung zu finden.

Der Antrieb zur Verwaltungsreform kam daher in den Vereinigten Staaten nicht aus dem staatlichen Bereich. Er kam typischerweise aus dem Bereich der Gesellschaft. Er kam zwar nicht aus der großen Menge, die ohne klares Bild der Unzulänglichkeiten sich zur Hinnahme der Patronagebürokratie bequemt hatte. Er konnte vor allem nicht aus den Einwanderermassen kommen, für die in einer fremden Umwelt die politische Ortsgruppe mit ihrem freien Zugriff auf öffentliche Dienststellen eine Art von individualisierender Sozialfürsorge darstellte. Der Antrieb konnte nur aus Kreisen kommen, die den Wert eines verantwortlichen wie auch produktiven Einsatzes der öffentlichen Verwaltung für die Förderung des Gemeininteresses erkannten. Das schloß eine Abwendung von dem politischen Beutesystem und eine bessere Kontrolle über das öffentliche Ausgabenwesen in sich. Sowohl in der Anwaltschaft wie auch in der freien Wirtschaft gab es führende Geister, die im Patronagewesen den Verlust nationaler Energie beklagten. Diese Männer waren sich darüber klar, daß im modernen Industriestaat die öffentliche Gewalt sich zum allgemeinen Gedeihen einer in ihrer Leistungskraft verläßlichen Verwaltung bedienen müsse, damit die Wahrnehmung des öffentlichen Interesses in geeignete und für die Gesellschaft in ihrer Gesamtheit nützliche Bahnen gelenkt werde.

Als Markstein in der geschichtlichen Entwicklung darf man hier vielleicht die Errichtung des *New York Bureau of Municipal Research* bezeichnen, die 1906 erfolgte. Dies war eine vom Staate freie Gründung in der Stadt New York. Die Schaffung eines Instituts, das sich mit der genauen Erforschung der städtischen Verwaltung und ihrer Verbesserung befassen sollte, war eine neue Idee. Zum ersten Male fanden sich Männer aus dem Geschäftsleben mit staatsmännischen Perspektiven, Kenner der privaten Fürsorge und andere sachlich interessierte Personen zusammen, um in dem Institut einen Sonderstab zu bilden, dessen Mitglieder für die Untersuchung der Stadtverwaltung zur Verfügung gestellt werden konnten. Das Büro für Gemeindeverwaltungsforschung in New York stellt in seiner bewußt wissenschaftlichen Orientierung den augenfälligsten Ausgangspunkt der Reformbewegung dar. Doch läßt sich die Vorgeschichte noch weiter zurückverfolgen, jedenfalls bis 1894, dem Beginn der *National Municipal League,* die sich vornehmlich um die Neuordnung des Gemeindeverfassungsrechts bemühte, oder sogar in die siebziger und achtziger Jahre, während derer der Nachdruck auf den gesetzlichen Grundlagen für einen unpolitischen *civil service* lag.

Das sorgfältige Studium der im Bereich der Verwaltung vorhandenen Tatsachenfülle war etwas Neues. Anstatt sich mit der Patronagebürokratie abzufinden und aus ihrer Käuflichkeit Profit zu ziehen, anstelle andererseits der defensiven Neutralisierung der Wirtschaft gegenüber der Politik und der Ausbeutung des Unternehmertums durch korrupte Lokalpolitiker, wurde hier der Versuch gemacht, das Politische der Verantwortung zugänglich zu machen, indem die Sachlichkeit der Verwaltung gewährleistet wurde. Daher mußte das Büro sich einen eigenen Mitarbeiterstab aufbauen und ihn auf der Grundlage praktischer Erfahrung ausbilden. Es bedurfte des Freiwilligengeistes; denn das Gehalt war minimal und die Anstellung verhieß keine festgelegte Laufbahn. Das Institut wurde aus privaten Mitteln finanziert und konnte sich keinen Luxus erlauben.

Wer waren die ersten Experten des Büros für Gemeindeverwaltungsforschung? Die ersten Experten erwarben sich ihre Expertise, indem sie in die Probleme der städtischen Verwaltung mit dem Rüstzeug der Sachlichkeit und der wissenschaftlichen Arbeitsweise eindrangen und in der Durchführung ihrer Aufgaben zu lernen bereit waren. Damals konnte man schon zum Experten werden, wenn man zum dritten Male eine städtische Dienststelle genau von innen anzusehen Gelegenheit hatte. Der Mitarbeiterkreis des Büros rekrutierte sich zum Teil aus der akademischen Welt, zum Teil aus staatsbürgerlichen und gemeinnützigen Verbänden, in denen man mit den sozialen Notwendigkeiten der Großstadt vertraut war und auch den städtischen Verwaltungsbetrieb verhältnismäßig gut beobachten konnte. Es war eine Arbeitsgruppe von Gleichgesinnten, die im allgemeinen ihren Weg in die städtische Verwaltung aus feinem Gehör zu finden suchten, aus ihrer Fähigkeit, verdächtige Geräusche wahrzunehmen.

In der Einstellung dieser Arbeitsgruppe hatten auch europäische Einflüsse eine gewisse Bedeutung. Wenn in Amerika von der „Schande der Städte" die Rede war, so gründete sich solch ein Urteil auf Vergleiche mit der deutschen und der englischen Gemeindeverwaltung. Das lag nahe für die Generation, die zu der damaligen Zeit an den amerikanischen Universitäten auf den dem öffentlichen Leben zugekehrten Gebieten lehrte, die Lehrer der modernen Geschichte wie die der sich entwickelnden Wissenschaft von der Politik und der Verwaltung. Sie hatten meist einen Teil ihrer Bildung noch an europäischen Hochschulen empfangen und dort die Kennzeichen einer leistungsfähigen örtlichen Verwaltung als großen Gegensatz zu ihren heimischen Verhältnissen empfunden. So entwickelte sich das neue Expertentum im Grunde aus der staatsbürgerlichen Widmung und dem guten Willen; denn allgemein zugängliche Vorratskammern der Fachkenntnis gab es einstweilen noch nicht. Der Experte gewann den Expertenschild durch Ausübung seiner ermittelnden, beobachtenden und würdigenden Tätigkeit. Hier zeigt sich eine gewisse Parallele mit der Besetzung der kameralistischen Lehrstühle in Deutschland seit 1727, dem Anfang in Halle. Hier wie dort begann man nicht mit einer originären Methodik, sondern mit der Anwendung und Verfeinerung empirischer Erfassung — Feststellung, Zählung, Verknüpfung von Faktoren.

Es war der Appell an den Gemeinschaftsgedanken, der in New York die verschiedensten Persönlichkeiten im Büro für Gemeindeverwaltungsforschung zusammenbrachte und es ermöglichte, die Aufgaben des Büros aus persönlichen Beiträgen zu finanzieren. Wie ging man bei der Bestimmung dieser Aufgaben vor? Zunächst handelte es sich darum, daß man die Öffentlichkeit über den Stand der Dinge in den städtischen Ämtern und damit konkret über die Unzulänglichkeiten in der Stadtverwaltung aufklärte. Als Quelle von Verbesserungsvorschlägen war es für das Büro möglich, mit den politischen Instanzen in Verbindung zu treten. Es gelang ihm, sich einen Fußhalt in der Verwaltung zu sichern, indem es auf vertraglicher Grundlage das Studium von einzelnen Gemeindeverwaltungszweigen übernahm. Es verpflichtete sich zu einer sachlichen Behandlung wie auch einer unvoreingenommenen Prüfung der Dienststellen. Es versprach, auf dieser Grundlage den politisch verantwortlichen Behördenleitern begründete Vorschläge zur Verbesserung der Verwaltung zu unterbreiten.

Aus der Unterstützung, die der Gedanke eines selbständigen verwaltungswissenschaftlichen Instituts in der unterrichteten Öffentlichkeit fand, ergab sich ein gewisser Zwang für die Parteipolitiker in der Stadtverwaltung, dem Institut nicht schlechthin die Tür zu weisen. Aber der Empfang war natürlich zurückhaltend. Nur der Druck der Außenwelt und das redliche Bemühen einiger aufrichtiger Freunde im Rathaus brachten es zuwege, daß sich die Tore öffneten. Auf diese Weise entstanden zunächst Berichte, die zwar nicht an die Öffentlichkeit gebracht wurden, die aber doch genügend Tatsachenmaterial zusammentrugen, um den mit der Verantwortung belasteten Männern an der Spitze der Behörden die Selbstgenügsamkeit erheblich zu erschweren.

Obwohl alle Vorschläge zur Stärkung der städtischen Verwaltung an den jeweiligen unmittelbaren Träger der Verantwortung gerichtet waren, hatten sie insofern besonderes Gewicht, als sie in Berichten niedergelegt wurden, die auch der Öffentlichkeit gezeigt werden konnten. Aber die Möglichkeit einer vertraulichen Behandlung machte es für die Männer in der Verantwortung verheißungsvoller, sich auf solche Vorschläge im allgemeinen positiv einzustellen. In all diesen Untersuchungen war der neue Sachverständige auf dem Gebiet der städtischen Verwaltung ein Berater der politischen Instanzen. Er konnte diese Instanzen nicht umgehen, sondern mußte versuchen, sich eine neutrale Zone abzustecken, in der er sachlich über die Erfordernisse und Probleme der Verwaltung sprechen konnte, um auf diese Weise den Verwaltungsinteressen zu dienen. Nur so war er imstande, dem krassen parteipolitischen Eigennutz erstmalig Grenzen zu ziehen und den Funktionenaufbau wie auch das Geschäftsverfahren in freier Auswertung der Methodik des *scientific management* umzugestalten.

Diese Art von Institutsarbeit wurde in kurzer Zeit zu einer allgemein akzeptierten Parole. Wir finden schon 1915 Büros für gemeindliche Verwaltungsforschung in einem Dutzend größerer Städte, beginnend mit Philadelphia, dessen Büro anfänglich mit dem in New York unter gemeinsamer Leitung war. Im Bündnis mit dem parteipolitisch unabhängigen Flügel der Öffentlichkeit drängten diese Forschungsstellen der städtischen Verwaltung neue Gesichtspunkte auf. Man suchte vor allem nachzuweisen, daß die Ausbeutung von Machtstellungen zum Zwecke der persönlichen Bereicherung mit gesunder Parteipolitik nichts zu tun hatte und daß Gemeindeverwaltung in der großen Mehrzahl ihrer Einzelheiten nicht als Organ der Politik funktionierte. Die Erkenntnis setzte sich durch, daß für alle diejenigen, die nicht zur unmittelbaren politischen Klientel gehörten, die Gewährleistung der sachlichen Haltung und der voraussehbaren Verwaltungsleistung in den städtischen Behörden von ausschlaggebender Bedeutung war.

Diesen Argumenten und ihrer Wirksamkeit in der öffentlichen Meinung haben sich selbst die maßgebenden Instanzen der Parteipolitik nicht entziehen können. Mehr und mehr ist so die Idee allgemein vertraut geworden, daß die Erfüllung der Aufgaben der Verwaltung Objektivität wie auch Kompetenz erfordert, wofür es fachlich vorgebildete Kräfte geben muß. Aus den praktischen Erfolgen der Büros für Verwaltungsforschung in den einzelnen Stadtgemeinden entwickelte die Reformbewegung ihre Arbeitsmethodik und ihren kennzeichnenden Optimismus. Der Nachdruck auf Unabhängigkeit in der Untersuchung von Sachverhalten, der Glaube an die Überzeugungskraft von Tatsachen und die Disziplin einer wissenschaftlichen Prüfungsweise haben der amerikanischen Verwaltungsforschung große Dienste geleistet.

Selbst dies zeigt andererseits, daß die Reformbewegung von einem sicheren Gefühl für wirkungsvolle Mittel geleitet war. Sie war keine elementare Volksbewegung. Sie stellte eine Auflehnung der Oberschicht gegen die Patronagebürokratie dar, nicht weil die Auswüchse der Parteipolitik moralisch untragbar erschienen, sondern weil die städtische Verwaltung nicht leistungsfähig war. Man sah gerade auch aus dem Unternehmertum die Notwendigkeit einer besseren wechselseitigen Ausrichtung von Wirtschaftsleistung und Verwaltungsleistung. Deshalb setzte man sich für eine Befreiung des Verwaltungsgeschäftsgangs von den Fesseln des politischen Beutesystems ein.

Die Oberschicht konnte aber nicht allgemein für das Volk sprechen. Der kleine Mann, vor allem wenn er den Immigrantenströmen entstammte, wandte sich an den Lokalpolitiker als den ihm zugänglichsten Handhaber des öffentlichen Ermessens. Der Bezirksobmann konnte sich über die Regel erheben und „unter Freunden" den Einzelfall durch die städtischen Behörden aus seiner eigenen Machtfülle behandeln lassen. So sammelte sich schon früh eine Gegenthese zur Reformbewegung. Hier die „menschliche Wärme" des „nachbarlichen" Lokalpolitikers, der angeblich alles tun konnte und tun würde, um sich die Wahlstimme des Betreuten zu sichern; dort der „kalte Apparat", dessen Leistungsfähigkeit gerade darin bestünde, daß für ihn jedermann „nur eine Nummer" wäre. Zweifellos entbehrte die Reformbewegung der Grundlage in der Volksgesamtheit. Sie sprach die Sprache der Oberschicht. Entscheidend war jedoch, daß sich in dieser Oberschicht Aktionsansätze bilden ließen und daß die Probleme von den Führergruppen richtig erkannt wurden. Weil diese Gruppen mit den Zusammenhängen aus eigener Kenntnis voll vertraut waren, verlief die Erneuerung der städtischen Verwaltung in einer Richtung, die später nicht nur auf den Einzelstaat, sondern auf den Bund hinführte.

Freie Untersuchungsgremien

In der Propaganda der Reformbewegung wurden vor allem zwei Gesichtspunkte betont. Zum ersten sei es eine Verfälschung der Demokratie, wenn die öffentliche Verwaltung nur als Dienstmädchen der politischen Interessen tätig werde. Zum zweiten müsse sich die Verwaltung der Erzielung der Sparsamkeit und der Wirtschaftlichkeit *(economy and efficiency)* widmen. Das einzige geeignete Mittel dazu sei die wissenschaftliche Methode, die aber nur dann gute Ergebnisse verspreche, wenn sie von wissenschaftlich Geschulten angewandt werde. Die Reformbewegung trieb also insofern die Monopolansprüche des Parteipolitischen zurück und öffnete den Weg für das Einrücken der beruflichen Orientierung, die das moderne Beamtentum kennzeichnet. Der formende Einfluß wirkte als ein Druck von außen, wobei die schwachen Verwaltungsinstanzen meistens nur als passive Nutznießer auftraten.

Hier bahnte sich eine Verbindung zwischen der Verwaltung und der sozialen Oberschicht an. Die Ideologie der Verwaltungsreform war demzufolge weitgehend von Respektabilitätsvorstellungen der besitzenden Kreise durchdrungen. So läßt sich auch der Nachdruck auf Sparsamkeit und Wirtschaftlichkeit im öffentlichen Sektor erklären. Man wollte den politisch leichtfertigen Spendern das Gewerbe erschweren und den Steuerzahler schützen. Das bedeutete im Grunde eine uneingestandene Bremswirkung in der sozialstaatlichen Entwicklung. Die Reformbewegung zielte in der Perspektive ihrer leitenden Männer darauf hin, die öffentliche Verwaltung leistungsfähiger zu machen, ohne sie andererseits in ihrer Reichweite auszudehnen. Aber die zunehmende Leistungskraft des Verwaltungssystems war dazu angetan, den öffentlichen Instanzen eine erheblich gesteigerte Handelnspotenz zu geben.

In der organisierten Beteiligung der Öffentlichkeit an der Gestaltung der öffentlichen Verwaltung läßt sich ein traditioneller Zug des amerikanischen Lebens erkennen. Die Reformbewegung, die in den ersten Jahrzehnten unseres Jahrhunderts ihre volle Kraft gewann, hat sich inzwischen schöpferisch ausgespielt. Aber der Prototyp der unabhängigen staatsbürgerlichen Untersuchungsinstanz hat seine Bedeutung behalten. Wiederholt ist auf die gleiche Organisationsform auch später zurückgegriffen worden. Besondere Erwähnung verdienen im Bunde drei solche aus dem Bereich der Gesellschaft rekrutierte Sonderprüfungsgremien, denen die Würdigung des Standes der Verwaltung überlassen wurde, um Vorschläge zur Überwindung von Schwächen auf die Tagesordnung zu bringen.

Das erste dieser drei Beispiele war die von Präsident Taft 1910 ins Leben gerufene Kommission für Sparsamkeit und Wirtschaftlichkeit. Sie borgte ihren Vorsitzenden von dem *New York Bureau of Municipal Research* und war besonders fruchtbar in der Klarstellung der Planungs- und Kontrollfunktionen des Bundesbudgetwesens. Nach dem Vorbrechen des *new deal* unter Präsident Franklin D. Roosevelt ergab sich ein weiterer Anlaß, die beträchtlich ausgeweitete Bundesverwaltung auf ihre Wirksamkeit zu veranschlagen, um organisatorisch und in der Klarstellung der Funktionszusammenhänge eine befriedigende Lösung zu erreichen. Diese Aufgabe wies der Präsident dem Ausschuß für Verwaltungsleitung *(Committee on Administrative Management)* zu, der unter dem Vorsitz von Louis Brownlow tagte, einem Mann, dessen segensreiches Walten vor allem mit seiner langjährigen Lenkung des privat finanzierten *Public Administration Clearing House* verbunden war. Der Brownlow-Ausschuß legte 1937 seinen Bericht vor, dessen einschneidende Vorschläge als wichtigstes Ergebnis die Errichtung des heutigen Exekutivamts des Präsidenten als einer modernen Stabszentrale hatten. Auf dieser Grundlage konnte der zweite Weltkrieg von den Vereinigten Staaten als „verwalteter Krieg" geführt werden. Wiederum wurde 1948 vor Konsolidierung der Behördenentwicklung am Ende des Krieges eine ähnliche aus der Gesellschaft zusammenberufene Studiengruppe mobilisiert. Der frühere Präsident Herbert Hoover, ein Republikaner, übernahm den Vorsitz auf Einladung von Präsident Truman, einem Demokraten. Eine Nachlese unter derselben Leitung wurde später von Präsident Eisenhower in die Wege geleitet.

Die beiden Hoover-Kommissionen hatten nicht vergleichbare Resultate. Die beherrschenden Gesichtspunkte waren in beiden Fällen nicht die gleichen. Für die erste Kommission kam es vornehmlich darauf an, eine bewertende Bestandsaufnahme der Bundesverwaltung durchzuführen, die erweiterten Aktionsbereiche der Verwaltung objektiv zu bestimmen und den Funktionenzuwachs auf eine geeignete Organisationsgrundlage zurückzuführen. Die zweite Kommission, unter dem Eisenhower-Regime, war dagegen in erster Linie gehalten, alle Möglichkeiten zur Beschneidung der Staatstätigkeiten zu ermitteln. Die politische Hoffnung ging auf Senkungen des Budgets hin, sei es, indem Verwaltungsaufgaben vielleicht ganz abgeschaltet werden könnten, sei es, indem sie teilweise dem wirtschaftlichen Wettbewerb oder privaten Verbänden des Soziallebens überlassen würden.

Die außerhalb der Verwaltung stehende Studiengruppe ist imstande, unabhängig zu denken, wenn sie sich geistig freihält. Sie kann in strittigen Dingen legitimierend wirken und in der Öffentlichkeit für unverstandene Notwendigkeiten um Einsicht werben. Sie kann insbesondere unerwünschte Tendenzen abdrosseln. Sie verliert ihre Wirksamkeit, wenn sie parteipolitisch mißbraucht wird. Obwohl sie verschiedenen Motiven dienen kann, kommt ihr in Amerika ein gesicherter Platz zu. Die Idee, daß es sich bei der Ordnung der Verwaltung um eine Aufgabe der Gesellschaft handelt, daß der Staat sich so gewissermaßen der Überwachung durch die Gesellschaft unterwirft, ist in den Vereinigten Staaten zum Axiom geworden. Die Logik wird als selbstverständlich hingenommen, obwohl heute mehr und mehr auch das beruflich geschulte Beamtentum zur Initiative fähig geworden ist.

Überwindung der Verantwortungslosigkeit

Was war der Hauptklagepunkt der Reformbewegung am Anfang unseres Jahrhunderts? Zum ersten wurde über die Verantwortungslosigkeit des Patronagewesens Beschwerde geführt. Das schloß verschiedene Dinge ein. Einmal war das Regiment der „politischen Maschine" unter ihrem allmächtigen örtlichen Meister und seiner Kohorte eine verschleierte Herrschaft, die der öffentlichen Rechenschaftslegung entschlüpfte. Der parteipolitische Feudalismus beraubte die unorganisierten Vielen im Interesse der organisierten Wenigen. In der schrittweisen Entwicklung zum Sozialstaat war überdies eine Zunahme der öffentlichen Funktionen eingetreten, ohne daß es zu irgendeinem Zeitpunkt zu einer verständigen Umgestaltung der Gesamtstruktur der Verwaltung gekommen war. Das ungeplante Wachstum vermehrte die Obskurität des Behördenwesens. Für den im dunkeln fischenden Lokalpolitiker war es ein besonderer Gewinn, daß der Verwaltungsaufbau nie auf allgemeine Grundlinien zurückgeführt worden war.

Gerade in den Städten zeigte sich eher als im Einzelstaat und im Bund, daß die Funktionenzersplitterung den Begriff des demokratisch regierten Gemeinwesens illusorisch zu machen drohte. Das lose Konglomerat der neuen Funktionen machte es in Ermangelung einer Zentralaufsicht unmöglich, eine allgemeine Leitung im Bürgermeisteramt durchzusetzen. Zumal in der Gemeindeverwaltung verbanden sich politischer Opportunismus und organisatorische Bequemlichkeit dahin, daß fast jede neue Funktion einer eigenen Dienststelle zugewiesen wurde. Allzuoft wurde die neue Dienststelle außerdem als kollegialischer und halbautonomer Körper eingerichtet. Das förderte ein politisches Versteckenspielen. Jedes Behördenmitglied konnte sich hinter dem andern oder hinter der anonymen Mehrheit verbergen. Was hinter den Kulissen geschah, entzog sich den Augen der Öffentlichkeit.

Unter diesen Umständen konnte man von einer umfassenden Leitung im Rathaus nicht sprechen. Es fehlte an Kontrolle und an Kontrollmitteln. Die einzelnen Verwaltungsfunktionen gingen selbständig ihren Weg. Sie ließen sich in ein Gesamtprogramm der Gemeinde nur nominell einfügen. Städtische Politik erhob sich nicht über die Interessenebene der verschiedenen Verwaltungszweige, die ihrerseits zu Einflußsphären der Lokalpolitiker wurden. Das parteipolitische Parasitentum blühte, und der Gemeindebürger hatte das Nachsehen.

Weil insofern niemand eine wirkliche Kontrolle über die Stadtverwaltung hatte, war es unvermeidlich, daß auch der Wähler die Hoffnung auf Korrektur der Verhältnisse nicht mehr greifbar vor Augen sah. Der Wahlakt versprach keine Abhilfe. Es war notwendig, die Entwicklung auf ein neues Geleise zu bringen, um die Macht der politischen Drahtzieher und die Auswirkungen des Parteibuchbeamtenwesens durch Versachlichung der Verwaltung zu begrenzen. Ohne solchen grundlegenden Wandel in der Situation mußte sich die Öffentlichkeit eingestehen, daß sie den Dingen ohnmächtig gegenüberstand. Angesichts der Vielheit der Wahlämter gab es nicht die Möglichkeit, die Verwaltung durch Konzentration auf einen Haupthebel maßgeblich zu beeinflussen. Die einzelnen städtischen Dienststellen hatten ihre eigene parteipolitische Deckung, ihre eigenen Verbindungen mit organisierten Interessen und ihre eigenen bürokratischen Instinkte, je nach ihren Zuständigkeiten. Die formelle Exekutive selbst zerfiel in eine Mehrzahl von nebeneinanderstehenden Amtsträgern. Der öffentliche Bereich war nicht eine Arena für verantwortliches Handeln im allgemeinen Interesse, sondern ein unbewachter Garten, der zur Ausbeutung durch Unverantwortliche in ihrem eigenen Interesse einlud.

Stärkung der Exekutive

Verfall der Verantwortlichkeit, Vereitelung der Rechenschaftslegung und Verfälschung des Repräsentationsprinzips waren die ernstesten Folgen des politischen Beutesystems. Dies waren die hauptsächlichen öffentlichen Beschwerden, die die Reformbewegung vorwärtstrieben. So nimmt es kein Wunder, daß die erste These der Reformbewegung darauf hinzielte, die Oberleitung in der Verwaltung zu aktivieren. Was erstrebt wurde, war eine Zusammenfassung der Verantwortlichkeit für die städtischen Funktionen in ihrer Gesamtheit. Wie konnte das geschehen? Für die praktischen Männer, die der Reformbewegung Richtung gaben, stand die Antwort außer Zweifel: Das einzige verläßliche Mittel war die Stärkung der Exekutive. Das war ein revolutionärer Gedanke, wenn man ihn mit der radikalen Niederdrückung der Exekutive in den frühen einzelstaatlichen Verfassungen gegen Ende des achtzehnten Jahrhunderts und ihren ideologischen Auswirkungen in Verbindung setzt. Jetzt sollte die Exekutive eine durchgreifende Oberleitung der Verwaltung übernehmen. Dazu bedurfte es hinreichender Kraft in der Exekutive, um eine wirkliche Verantwortlichkeit für den Gesamtverlauf der Verwaltung zu ermöglichen. Die verstreuten Inseln der Zuständigkeit mußten zu einem auf der staatsbürgerlichen Landkarte sichtbaren Kontinent zusammengefügt werden. Sie mußten einer selbständigen Oberleitung unterworfen werden, die ihrerseits dem Gesamtinteresse des Gemeinwesens dienstbar und gleichzeitig der Wählerschaft rechenschaftspflichtig sein konnte.

Aber es war für die Führer der Reformbewegung klar, daß eine reine Formallösung nicht der Mühe wert sein würde. Theorie interessierte sie nur insoweit, als sie zu wahrnehmbaren Ergebnissen führte. Als bloßer Grundsatz würde die Anerkennung der Vorrangstellung des Exekutivchefs nicht ausreichen. Die Rolle des Bürgermeisters in der Gemeindeverwaltung, des Gouverneurs in der einzelstaatlichen Verwaltung und des Präsidenten in der Bundesverwaltung würde sich nicht ändern, falls man sich dabei auf Deklamation beschränkte. Von Anfang an jedoch erkannten die Männer der Reformbewegung, daß es sich nicht nur darum handelte, eine Oberleitung in der Verwaltung durch Postulat zu konstituieren. Die Oberleitung mußte zur Aktion befähigt werden. Der Exekutivchef mußte als Exekutivzentrale ausgestattet sein. Dazu war es nötig, ihn mit unterstützenden Organen zu umgeben, deren Aufgabe es war, ihm die effektive Kontrolle zu ermöglichen. Aus dieser Erkenntnis erwuchs die zweite These der Reformbewegung. Stärkung der Exekutive, als Gegenzug zur amerikanischen Tradition, würde sich in ihrer revolutionären Eigenart praktisch nur durch organisatorische Maßnahmen durchsetzen lassen. Wirksame Oberleitung der Verwaltung ließ sich nicht als persönliche Leistung des Exekutivchefs erhoffen, sondern bedurfte einer institutionellen Grundlage in der Form von besonderen Organen.

Obwohl diese zweite These an sich nur eine Ergänzung der ersten war, hat sie weitgehend auf die Gestaltung der heutigen amerikanischen Verwaltung eingewirkt. Um der Oberleitung in der Verwaltung gegenüber den Ressorts zu einer selbständigen Stellung zu verhelfen, um ihr die verschiedenen Sachbereiche der Verwaltung unterzuordnen, konnte man nicht auf die in Behördenform organisierten einzelnen Funktionen zurückgreifen. Einerseits mußte die Oberleitung über den einzelnen Behörden stehen. Andererseits mußte sie durch ihre spezifischen Gesichtspunkte motiviert werden. Selbst wenn Einzelbehörden nicht einem parteipolitischen Klüngelfeudalismus verfallen, sehen sie sich gewöhnlich nur selbst. Sie sind zu sehr mit ihren eigenen Aufgaben verwachsen und oftmals auch ihrer Klientel zu tief verpflichtet. Sie leben in ihrer besonderen Welt. Gerade wenn sie ein auf ihren Sachbereich konzentriertes Verantwortlichkeitsgefühl entwickeln, sind sie insoweit unfähig, sich in eine Gesamtverantwortung für die Tätigkeiten der Verwaltung als eines Totalkomplexes einzufühlen. Solche Gesamtverantwortung war nur zu erwarten, wo der Repräsentationsprozeß sie organisch voraussetzte und deshalb natürlich förderte: im Amt des gewählten Exekutivhauptes. In diesem nominell höchsten Amt befand sich der Amtsinhaber in den Vereinigten Staaten mit der gesamten Wählerschaft als Quelle seines Mandats in ständiger Verbindung. Der Bürgermeister und der Gouverneur wie auch der Präsident verdanken ihr Amt der allgemeinen Volkswahl, woran das antiquierte in der Bundesverfassung für die Präsidentenwahl vorgesehene Wahlkollegium praktisch nichts zu ändern vermag. Indem die Oberleitung in der Exekutive sich auf Volkswahl gründete, war eine klare Voraussetzung für die verantwortliche Lenkung der öffentlichen Verwaltung geschaffen. Was noch ausstand, waren die sekundierenden Organe, um die Oberleitung zu befähigen, eine zureichende Kontrolle wirklich durchzuführen.

Zivile Stabsentwicklung

In diesen Erwägungen liegt der Beginn der modernen Stabsentwicklung in der Verwaltung, die heute in den Vereinigten Staaten eine wichtige Rolle spielt. Die Stabsentwicklung hatte ihren Ausgangspunkt in der Schaffung von besonderen Dienststellen, durch die die Oberleitung ihre charakteristischen Aufgaben erfüllt, die Planung, Leitung, Prüfung und Kontrolle in sich schließen. Diese Aufgaben verlangen ständige Aufmerksamkeit, dürfen aber andererseits nicht zu einem übermäßig großen oder autoritär erdrückenden Apparat führen. Das Exekutivhaupt muß selbst Mittelpunkt bleiben, ohne die Verantwortung der Ressorts auf sich umzuladen oder ihnen ein Inspektorenheer ins Haus zu schicken. Daraus ergab sich für die Reformbewegung das Bedürfnis nach einem zentral anwendbaren Kontrollmittel, das gleichzeitig weitspannend und durchgreifend wirkte und dennoch die Verantwortung der einzelnen Ressorts für selbständiges Handeln im Rahmen des festgelegten Gesamtplans nicht verminderte. In den Vereinigten Staaten ist dies Hauptmittel zur Durchsetzung der Oberleitung durch das verstärkte Exekutivhaupt in der Gestaltung des Gesamthaushalts gefunden worden, vor allem in der zentralen Finanzplanung und noch konkreter in der Ausgabenkontrolle.

Programmatische Handelnsplanung für den gesamten Verwaltungskörper im Wege der Haushaltsplanformulierung läßt sich deshalb als die dritte These der Reformbewegung bezeichnen. So ist es nicht überraschend, daß in dem Gedankengut der Verwaltungsreform als Folgerung aus der angestrebten Stärkung der Oberleitung die Forderung nach einer Haushaltsplanungsstelle auftauchte, die dem Bürgermeister, dem Gouverneur oder dem Präsidenten als Exekutivchef unmittelbar zur Verfügung gestellt werden muß. Solch eine Haushaltsplanungsstelle liegt außerhalb der normalen Finanzverwaltung, insbesondere der Einnahmenerhebung und dem Rechnungsprüfungs- und Kassenwesen. Sie steht begrifflich außerhalb der Bearbeitung von finanziellen Vorgängen wie denen der Steuer- und Zollverwaltung. Dies sind die Verwaltungszweige, die dem Finanzministerium als einem handelnden Ressort im Reigen der Ministerien obliegen. Demgegenüber wurde eine Haushaltsplanungsinstanz als Organ zur Unterstützung der Oberleitung vorgesehen, um sich mit all den Dingen zu befassen, die mit der Oberleitung in direktem Zusammenhang standen.

War es ratsam oder gar notwendig, die dem Exekutivchef zugeteilte Haushaltsplanungsstelle als politische Instanz zu errichten? Die Verneinung dieser Frage lieferte die vierte These der Reformbewegung. Von Anbeginn wurden die Stabsinstanzen, die dem Exekutivhaupt unmittelbar zugeteilt werden sollten, als Sachverstandsquellen betrachtet. In den neuen Stabsinstanzen fand der Gedanke der beruflichen Schulung ebenso weitgehend Geltung wie früher beim Aufbau der Büros für städtische Verwaltungsforschung. Die bahnbrechende Idee der beruflichen Kompetenz setzte sich hier als selbstverständlich durch. Kontrolle wurde also in erster Linie durch eine Haushaltsplanung erzielt, die sachlich ausgerichtet war.

Für die Vorkämpfer der Reform verstand es sich von selbst, daß man Haushaltsplanung nicht durchführen könnte, ohne mit dem Bereich der Verwaltung innig vertraut zu sein. Daraus ergab sich als fünfte These der Reformbewegung, daß die Haushaltsplanungsstelle, die an die Oberleitung angruppiert werden sollte, gleichzeitig die Aufgabe übernehmen müsse, dem Exekutivchef ein volles Bild des Verwaltungsgeschehens im Gesamtbereich seiner Verantwortlichkeit zu geben. Das Stabsorgan müsse sich zum „Büro für allgemeine Verwaltung" machen. Es dürfe sich nicht in Budgetziffern festlaufen. Ebensowenig dürfe es sich hinter dem eigenen Schreibtisch verbergen. Es müsse sich mit den einzelnen Behörden in Verbindung halten und ihre Tätigkeiten ohne Vorurteil erforschen. Es müsse ihre Probleme erfassen und ihre Bedürfnisse prüfen. Es müsse sich den Sachverstand der einzelnen Ressorts zu eigen machen und immer wieder auf ihn zurückgreifen, aber andererseits sich ein unabhängiges Urteil bilden. Nur so wäre es zu erreichen, daß die Oberleitung sich sowohl sachlich wie auch frei entscheiden könne, ohne bei der Planung den Sonderinteressen der einzelnen Ressorts zu verfallen.

Versachlichung und Überparteilichkeit

Eine noch schärfer formulierte Parallele zu diesen Thesen kann auf dem Gebiet der Gemeindeverwaltung in der Entwicklung des *city manager plan* erblickt werden, auf den schon vorher kurz eingegangen worden ist. Diese Form der Gemeindeverfassung hatte ebenfalls ihren Anfang in der ersten Dekade unseres Jahrhunderts, kurz nach der Gründung des *New York Bureau of Municipal Research*. Sie begann wie so vieles in Amerika mit einem improvisierten Experiment, das sich später aus einem losen Versuch in eine handfeste Systematik umwandelte. In gewisser Hinsicht war der *city manager plan* noch radikaler als die von der Reformbewegung erhobene Forderung der Stärkung des traditionellen Exekutivhauptes. Denn der *city manager plan* legte die Gemeindeverwaltung nicht in die Hände des Bürgermeisters, sondern eines ernannten *manager,* was größere gemeindepolitische Wirkungen hat. Unter dem *city manager plan* überwacht ein verhältnismäßig kleiner gewählter Stadtrat als Legislativ- und Bewilligungsorgan die beruflich geführte Verwaltung. Der Stadtrat erläßt die Gemeindeverordnungen und nimmt das Budget an. Ihm ist die Verwaltung generell unterstellt. Aber die eigentliche Leitung der Verwaltungsgeschäfte liegt nicht dem Bürgermeister als Titularhaupt ob, sondern einem Verwaltungsmann. Das ist der *city manager,* der in Annäherung an das deutsche Vorbild des Berufsbürgermeisters oftmals seine Laufbahn in einer kleineren Gemeinde beginnt und dann auf Grund seines zunehmenden Ansehens nacheinander in größere Gemeinden gerufen wird, wo er seine berufliche Tätigkeit weiterführt.

Ganz im Sinne der überkommenen amerikanischen Auffassung von der Abhängigkeit der Exekutive und anders als im herkömmlichen deutschen Berufsbürgermeistertum ist der *city manager* ständig auf das Vertrauen des Stadtrats als der Legislative angewiesen. Der *city manager* hat üblicherweise keine feste Amtsperiode. Er hat überhaupt keine feste Stellung. Seine Tätigkeit kann jederzeit durch Beschluß des Stadtrats zu Ende gebracht werden. Er muß sich insofern als Organ der gesetzgebenden Versammlung in der Gemeinde ansehen. Er muß die Sachkenntnis des Verwaltungsmannes mit hinreichendem Verständnis für die Repräsentationsfunktion des Stadtrats und des Bürgermeisters als seines vorsitzenden Mitgliedes verbinden können. In diesem Sinne muß der *city manager* sich auch in seiner eigenen Rolle der Öffentlichkeit gegenüber orientieren. Aber in erster Linie wird er als Verwaltungsmann mit beruflichen Perspektiven eingeschaltet. So ist es seine Aufgabe, die leitenden Ämter der Gemeinde mit qualifizierten Kräften zu besetzen und in der allgemeinen Personalauswahl nach sachlichen Grundsätzen zu verfahren. In der Entwicklung des *city manager plan* offenbarte sich also der gleiche Durchbruch des Berufsgedankens in der öffentlichen Verwaltung, der sich in der Reformbewegung allgemein auswies.

Sachlich eingestellte Verwaltung muß von parteipolitischen Strikken frei sein. Aber das öffentliche Interesse läuft auf allgemein-politischen Geleisen. Was die Allgemeinheit berührt, wird dadurch politisch, ohne damit ohne weiteres parteipolitischen Gegensätzen zu verfallen. Die Reformbewegung unternahm es, der Sachlichkeit in der öffentlichen Verwaltung eine Bresche zu schlagen. Das machte ein Zurückdrängen des politischen Beutesystems erforderlich. Im vollen Ausschwingen dieser Tendenz kam es zu einer Verherrlichung des Unpolitischen oder des Überpolitischen. Vielleicht können wir hier von der sechsten These der Reformbewegung sprechen.

Die Erklärung liegt zum Teil in dem Hauptziel der Reformbewegung und zum Teil in der Natur der Männer, die in der Bewegung eine führende Rolle spielten. Das Nationalideologische verstand sich für sie in der Verbrämung mit dem Industriekapitalismus so sehr von selbst, daß es des Parteipolitischen nicht zu bedürfen schien. In der Perspektive der wirtschaftlichen Oberschicht war es einfacher „Geschäftssinn", in Dingen der Verwaltung das Berufliche dem Parteipolitischen vorzuschalten. Die Verherrlichung des Unparteiischen verführte andererseits zu der Annahme, daß selbst die politische Aufgabe der Oberleitung auf eine Anwendung sachlich begründeter Schlußfolgerungen reduziert werden könne. Das erfordere im Grunde keine politische Brille. Obwohl es nicht zu theoretischen Überspitzungen kam, zeigt sich doch, daß der überparteiliche Ausgangspunkt zwangsläufig auf die Politik selbst zurückwirkte. Hier erhob sich eine der großen Fragen des modernen Staates: Wieweit läßt sich das Planen und Handeln der öffentlichen Instanzen in objektiven Normen einfangen, ohne daß es des Zurückgreifens auf politische Alternativen bedarf, um die im Repräsentationsprozeß gekämpft werden muß?

An dieser Frage ging die Reformbewegung vorüber, nicht zum letzten, weil die Frage mehr dem Theoretischen als dem Praktischen anzugehören und überdies im weiten Felde zu liegen schien. Für die Belebung der öffentlichen Verwaltung war es zunächst wichtiger, das Politische auszuklammern und das Sachliche vorzuschieben. Solche Versuche führen nicht immer zum Erfolg. Aber die These von der unpolitischen Verwaltung wurde hier mit beträchtlicher Überzeugungskraft entwickelt. Verwaltung wird zum Bereich der Sachlichkeit erklärt und insoweit dem freien Zugriff des Politischen entzogen. Weniger Augenmerk wurde darauf gerichtet, daß die öffentliche Verwaltung die ihr zufallenden Dienste der Öffentlichkeit gegenüber nicht leisten kann, ohne daß einer verantwortlichen Leitung im freien Spiel der Kräfte als Ausdruck der Repräsentation der Boden bereitet wird. Das bedeutet eine Anerkennung des Vorrangs des Politischen. Die Reformbewegung ließ jedoch die Grenzziehung flüssig und daher undeutlich. Die These, daß Verwaltung an sich eine unpolitische Aufgabe ist, bedurfte der Verfeinerung. Ohne eine solche Verfeinerung wurde die Überschneidung des Verwaltungsbereichs mit dem politischen Bezirk so kategorisch in Frage gestellt, daß das berechtigte Bedenken hervorrufen mußte.

Der Zwang des Faktischen

Sachlichkeit soll an die Sache heranführen. Sie soll den gegebenen Dingen gerecht werden. Sie soll das, was ist, in seinem wahren Wesen zeigen. Die für die amerikanische Verwaltungsentwicklung so bedeutsame Reformbewegung des Anfangs unseres Jahrhunderts hatte ihre bleibende Wirkung in erster Linie in der Anerkennung des Faktischen und des von ihm ausgehenden Zwanges. In dieser Hinsicht stellt sie eine Gegenbewegung gegen das Regime der Ämterpatronage dar, gegen die parteipolitische Überflutung, die der Durchbruch des demokratischen Gedankens im Zeitalter des Präsidenten Andrew Jackson auslöste. Die Reformbewegung bemühte sich um die präzise Ermittlung der Verhältnisse. Sie schritt entschlossen durch den romantischen Dunst politischer Ansprachen und ausweichender Entschuldigungen hindurch.

Der Zwang des Faktischen bedeutet zunächst eine von zweckstörenden Bindungen freie Ausfindigmachung des Sachverhalts. Hier erkennen wir die Grundlage des modernen Expertentums in der amerikanischen Verwaltung, die Anerkennung des geschulten und erfahrenen Fachmanns, der aus seinem eigenen Wirken die Berechtigung gewinnt, ein sachliches Urteil über Behördenstruktur oder über Verfahrensmodalitäten zu fällen. Das Urteil des Fachmanns hat im allgemeinen nicht minderes Gewicht im parteipolitischen Forum. Für die Führer der Parteigruppen mag das Urteil vielleicht unbequem sein, aber sie werden es selten vor den Augen der Öffentlichkeit durch ihr eigenes Urteil zu ersetzen suchen. Das beginnende Verwaltungsexpertentum wurde natürlich auch in den Vereinigten Staaten zunächst als ein Fremdkörper empfunden. In den Verhandlungsberichten über die wissenschaftlichen und staatsbürgerlichen Tagungen der zwanziger und dreißiger Jahre findet man nicht selten Beiträge hervorragender Persönlichkeiten des öffentlichen Lebens, die es für nötig hielten, den Nachweis zu erbringen, daß die Versachlichung der Verwaltung nicht undemokratisch sei, sondern der Demokratie zugute kommen werde.

Die Arbeitsmethoden der jungen amerikanischen Verwaltungswissenschaft beruhten auf der Tätigkeit des Büros für Gemeindeverwaltungsforschung in New York. Sie waren im Grunde die Arbeitsmethoden der Wissenschaft schlechthin, Methoden empirischer und analytischer Art, die auch an den Universitäten, in der freien wissenschaftlichen Forschung und in der akademischen Lehre angewandt zu werden pflegen. Man bestand auf einer strengen Ermittlungsdisziplin. Das Eingehen auf die zu untersuchenden Dinge blieb von Vorbehalten frei. Es geschah ohne vorherige Bindungen, ohne das Endergebnis gewissermaßen im Vorwege zu stipulieren. Aber das Vordringen der sachlichen Durchleuchtung von Tatbeständen in der öffentlichen Verwaltung erklärt sich nicht einfach als ein Siegeszug des wissenschaftlichen Interesses. Einerseits hatte die genaue Tatsachenermittlung sich schon unter Auspizien des *scientific management* als praktischer Weg zum Profit in der amerikanischen Wirtschaft einzubürgern begonnen. Andererseits marschierte die Reformbewegung unter staatsbürgerlichen Bannern.

Was in der öffentlichen Verwaltung geschah, ging vor allem auch die Außenwelt an. Daher konnte die neue Parole der unverblümten Sachlichkeit sich weitgehend auf die Öffentlichkeit selbst stützen.

Die Beteiligung der öffentlichen Meinung litt nicht darunter, daß die Reformbewegung keine Volksbewegung war. Als eine von der sozialen Oberschicht getragene Bewegung vervielfachte sie die Meinung der in ihr tätigen Männer der Wirtschaft, der Finanz und des öffentlichen Lebens. Dies waren Realisten, die sich in der Sorge um die Zukunft vereinten. Sie hatten keinen Zweifel, daß in der kommenden Industriegesellschaft die öffentliche Gewalt zu einer produktiven und daher sachlich ausgerichteten Arbeit kommen müsse, um der wirtschaftlichen Gesamtentwicklung eine verläßliche Grundlage zu verschaffen. Wir finden hier also eine halb spontane, halb organisierte Mobilisierung der zur gemeinsamen Aktion fähigen Elemente der Öffentlichkeit, eine Verbindung von Kräften, die technische Kenntnis, Verständnis für öffentliche Bedürfnisse und staatsbürgerlichen Impuls in sich schloß. So fiel es kaum ins Gewicht, daß die große Volksmasse sich in der Kampagne weitgehend neutral verhielt. Die Reformbewegung hatte strategischen Zugang zur Presse, einerseits durch die persönlichen Verbindungen der mit der Bewegung identifizierten Männer, andererseits dadurch, daß ihr überparteilicher Appell im öffentlichen Leben Gewicht hatte. So kam es dazu, daß auch die von widerstrebenden politischen Parteigängern dirigierten öffentlichen Behörden dem auf sie konzentrierten Druck wichen. Auch sie beugten sich dem Zwang des Faktischen, der von den Vorschlägen der neuen Expertenstäbe ausging.

Allgemein kann man vielleicht sagen, daß der frische Wind, der die öffentliche Verwaltung durchwehte, auch eine gewisse ideologische Revision erzwang. Öffentliche Funktionen erforderten zu ihrer demokratischen Legitimierung nicht eine grenzenlose Ausdehnung des Wahlprinzips. Unter letztlicher politischer Verantwortlichkeit ließ sich die kundige Hand des fachlich geschulten Verwaltungsmanns zum allgemeinen Wohl nutzbar machen. Aber es war zu erwarten, daß sich die Doktrin der Reformbewegung in das alte Bild nur Schritt um Schritt einfügen ließ. Denn die Doktrin der Reform, politisch ausgedrückt, mündete in das Gebot der Entpolitisierung der Verwaltung. Der Nachdruck wird verständlich, wenn man sich das weite Ausschlagen des politischen Pendels in der amerikanischen Geschichte vor Augen führt. Aber die kategorische Trennung von Politik und Verwaltung ist ein Postulat, das nicht von Bedenken frei ist. Denn in breiterer Blickweise kann man nicht umhin, die Verwaltung als Arm der politischen Willensbildung aufzufassen. Der Drang in das Unpolitische oder in das Überpolitische entstand aus dem Streben nach einer Befreiung der Verwaltung von den Ketten der Parteipolitik. Vielleicht war es unvermeidlich, daß agitatorische Absichten manchmal unnötig verschärft wurden. Dahin gehörte auch der Anspruch, daß der neue Experte sich von der Politik schlechthin freizeichnen dürfe. Ein solcher Anspruch war dazu angetan, im Repräsentationsstaat Schwierigkeiten hervorzurufen.

Organisation der Berufsinteressen

Im Zusammenhang mit der Reformbewegung ist es angezeigt, das außerordentlich wichtige berufliche Verbandswesen auf dem Gebiet der öffentlichen Verwaltung zu erwähnen. In ihm errichtete sich die Verwaltungsreform nicht nur intellektuelle Stützpunkte, sondern schuf sich gleichzeitig ein Netz von Verwaltern ihres Erbguts, die andererseits die Freiheit beanspruchen konnten, aus weiterer Erfahrung zu lernen. Die Nützlichkeit solcher Stützpunkte drängte sich der Reformbewegung aus ihren eigenen Anfängen auf. Sie selbst hatte ihre Antriebe aus der Öffentlichkeit erhalten. Es waren die führenden Schichten der Öffentlichkeit, die nach dem Vorbild des Büros für städtische Verwaltungsforschung in New York gleichartige Institute in anderen Städten gründeten.

Die sich in diesem Organisationswesen entfaltende Formenfülle ist bemerkenswert. Da gibt es staatsbürgerliche Verbände, deren Hauptinteresse bei den Gemeinden liegt, wie die schon früher erwähnte *National Municipal League*. Da gibt es die Büros für öffentliche Verwaltung in genereller Zwecksetzung, sowohl als Universitätsinstitute wie auch als selbständige Einrichtungen, die ihren eigenen Fördererkreis haben. Da gibt es weiter die genossenschaftlichen Städtebünde in den verschiedenen Einzelstaaten, Berufsvereinigungen für bestimmte Verwaltungszweige wie Polizei und Stadtplanung, die Arbeitsgemeinschaft der Einzelstaaten *(Council of State Governments)* und viele andere Organisationen, die auf freiwilligem Zusammenschluß beruhen. Manche zeigen ein starkes politisches Beharrungsvermögen, wie die Steuerzahlerverbände. Manche stellen vor allem auf den Bundesbereich ab. Fast alle aber haben gemeinsame Merkmale in aktiven Geschäftsstellen, die oftmals fachlich bedeutsame Arbeit leisten und mancherlei Querverbindungen untereinander aufrechterhalten, gelegentlich sogar durch Zusammenfassung in demselben Gebäude, wofür die beste Illustration die ihre Hausnummer im Panier tragende „1313 Gruppe“ in Chicago ist.

Solche Verbindungen reichen auch in den Bezirk der privaten Betriebsverwaltung. Als Beispiel bewußter Überschneidung der öffentlichen und der privaten Sphäre darf die *Society for the Advancement of Management* erwähnt werden. Der Austausch an Ideen, Themen und Berichten greift ferner auf die Studienzentralen der Handelskammern und der Gewerkschaften über, obwohl die gewerkschaftlich angeschlossenen Beamtenvereinigungen nicht selten durch ihre Haltung daran gehindert werden, in der fortschreitenden Versachlichung der Verwaltung eine entscheidende Rolle zu spielen.

Die Vielheit der beteiligten freiwilligen Organisationen war einer der Gründe für die Schaffung des *Public Administration Clearing House.* Bis zu seiner kürzlichen Auflösung war es eine Förderungszentrale für Forschungs- und Modernisierungsprojekte, die mit Fragen der öffentlichen Verwaltung zu tun hatten. Als eine aus freien Fonds finanzierte Unternehmung wirkte es gewissermaßen als eine Botschaft des reformerischen Gewissens. Es zeigte in seiner Tätigkeit den allgemeinen Nutzen der Mittelzuwendung aus den großen, ursprünglich aus Geschäftsgewinnen stammenden Vermögensstiftungen, wenn sie sich das Ziel setzen, öffentliche Interessen wie die Reform der Verwaltung durch Zuteilung von erheblichen und ungebundenen Beträgen zu unterstützen. Wie die Spelman-Stiftung in der Finanzierung des *Clearing House,* so haben auch die Rockefeller-Stiftung und heute die Ford-Stiftung wesentlich zur Verwaltungsforschung beigetragen, indem sie sich in erster Linie auf öffentliche Aufgaben konzentrierten. Aus solchen Mitteln war es möglich, verheißungsvolle Studienvorhaben in freier Planung zunächst einmal vom Stapel laufen zu lassen und auch später noch zu verproviantieren.

Das *Public Administration Clearing House* geht in seinem Stammbaum auf die Reformbewegung zurück. Männer ihrer Geistesart nahmen einen führenden Anteil an dem Arbeitsprogramm des *Clearing House.* Es hielt sich vom Politischen fern und bemühte sich um die Hebung der Leistungsfähigkeit in der Verwaltung. Es setzte sich in freier Zusammenarbeit mit den Instanzen der Gemeindeverwaltung und ebenso mit den Verwaltungsbehörden der Einzelstaaten und des Bundes in Verbindung. Es trat auch später insbesondere für die Schaffung der Amerikanischen Gesellschaft für Öffentliche Verwaltung ein. Die *American Society for Public Administration* ist eine das ganze Land umfassende Vereinigung von Fachleuten. Ihr Rückgrat sind Praktiker, obwohl sie auch Akademiker an sich zieht, die meistens gleichzeitig der *American Political Science Association* angehören. Mit ihren alljährlichen regionalen und örtlichen Tagungen, mit ihrer wichtigen vierteljährlichen Zeitschrift *Public Administration Review,* mit ihren Fachausschüssen und Arbeitsgruppen und mit ihrem knapp berichtenden Nachrichtenbrief hat sich die Gesellschaft einen geachteten Platz unter den Wortführern der öffentlichen Verwaltung in den Vereinigten Staaten errungen, der ihr weder von der wesentlich älteren und in der Interessenumgrenzung weitergreifenden *American Political Science Association* noch von der auf Personalverwaltung spezialisierten *Public Personnel Association* mißgönnt wird.

Die Bedürfnisse der Verwaltung haben selbst der bundesstaatlichen Theorie ihren Stempel aufgedrückt. Das Bestehen auf den umstrittenen Rechten der Einzelstaaten gegenüber dem Bund hat eine Erhöhung der Leistungsfähigkeit der Einzelstaaten notwendig gemacht. Im Zeitalter des zusammengeschweißten Bundesstaats erwies es sich als geraten, einerseits eine Verstärkung des Zusammenhanges zwischen den Einzelstaaten und andererseits eine informelle Gesandtschaft der Einzelstaaten beim Bund anzustreben. Diesen Zwecken dient der bereits erwähnte *Council of State Governments.*

Unter dem Einfluß der Reformbewegung hat der *Council* sich in den dreißiger Jahren als eine lose Vereinigung herausgebildet. Vielleicht war es etwas zu romantisch, die Vereinigung als Rat der Einzelstaaten zu benennen. Sie war kein Konzil. Das Fachlich-Technische blieb dem Politischen vorgeordnet, und im wesentlichen waren es Verwaltungsfragen, die durch die Geschäftsstelle des Rats der Einzelstaaten angepackt wurden. Der Rat veröffentlicht ein periodisches Handbuch *(Book of the States),* das mit dem nützlichen Kommunaljahrbuch der *International City Managers Association* vergleichbar ist. Beide sind vielbenutzte Nachschlagewerke, die summarische Berichterstattung, statistische Zusammenstellungen und vergleichende Übersichten enthalten. Sie unterrichten auch über verfassungspolitische Entwicklungen in den Einzelstaaten und über die neuere Gesetzgebung.

Die Fühlungnahme zwischen den Einzelstaaten erfolgt auch in anderen unmittelbareren Formen. Die Jahrestagung der Gouverneure hat nicht nur persönliche, sondern auch politische Bedeutung. Im Vordergrund stehen natürlich die gemeinsamen Probleme, die die meisten Einzelstaaten in gleicher Weise berühren. Daneben gibt es die Konferenz der Justizminister *(attorneys general)* der Einzelstaaten. An diesen Tagungen beteiligt sich der Bund auf Einladung durch Vertreter, die sich in der Regel auf neutrale Beobachtung beschränken. Takt gebietet, daß die Bundesbehörden sich in solche Dinge nicht hineindrängen. Takt macht es ebenfalls für den Bund erforderlich, in der Behandlung von reinen Gemeindefragen weder den Rat der Einzelstaaten noch die Spitzenverbände der Gemeinden zu übersehen. Wenn ein solcher Ausdruck übertragbar ist, so läßt sich die *American Municipal Association* vielleicht als der allgemeine Gemeindetag bezeichnen, obwohl in dieser freien Vereinigung die Mittelstädte überwiegen. Die Großstädte haben sich in der Konferenz der Oberbürgermeister einen eigenen Fürsprecher erkoren.

Diese Verbände unterhalten in der Regel ein Hauptquartier in Washington, der Bundeshauptstadt, wo auch die größeren Einzelstaaten selbständige Verbindungsämter aufrechterhalten. Die Geschäftsstellen haben vielfach sachkundiges Personal als regelmäßige Referenten. Es ist die Aufgabe der Geschäftsstellen, „im Bilde zu sein“. Sie machen überdies ihre Verbandsinteressen geltend und unterziehen einschlägige Bundesgesetzvorschläge einer vorläufigen Begutachtung. Solche erstmalige Stellungnahme mag darauf hinzielen, die Verbandsmitgliedschaft zu unterrichten oder Bundesbehörden eine Fühlungnahme in ungeklärten Situationen zu ermöglichen. Daneben werden auch akute Fragen unter Beteiligung von Vertretern dieser Verbände in den Zentralbehörden des Bundes unmittelbar verhandelt. Die Zusammenarbeit mag je nach den Umständen eng oder lose sein, aber das Wesentliche ist, daß dabei Verwaltungsfragen die Tagesordnung beherrschen.

Der Zwang des Faktischen war das wichtigste Rüstzeug der Reformbewegung. Er war Autoritätsersatz. Tatsachen setzen die parteipolitisch geblendete Autorität unter Druck. Staatsbürgerliche Aufklärung übernahm die Rolle der Verwaltungsinitiative. Wenn man das mit der deutschen Entwicklung in Verbindung zu bringen sucht, so wird man vielleicht sagen können, daß sich die Methodik der Verwaltungsreform in den Vereinigten Staaten aus dem Fehlen eines Gegenstücks zum deutschen Berufsbeamtentum erklärt. Der berufsständische Einfluß auf das deutsche öffentliche Leben gab der Wahrnehmung der sachlichen Belange der Verwaltung hinreichende Kraft. Diese Interessen mußten in den Vereinigten Staaten zuerst angesichts der anfänglichen Schwäche des beruflichen Gedankens in der Verwaltung von außen in sie hineingetragen werden.

Heute läßt sich eine zunehmende Berufsorientierung innerhalb der Verwaltung selbst wahrnehmen. Man kann daher sagen, daß die Verwaltung vor allem im Bunde begonnen hat, ihre eigenen Bedürfnisse zu erkennen und in der öffentlichen Planung zum Ausdruck zu bringen. Die beruflichen Perspektiven der Verwaltung dokumentieren sich in der Gestaltung der Gesetzentwürfe und Aktionsprogramme. Das zeigt sich am unmittelbarsten in den Bundesinstanzen, aber auch in dem Einfluß der Fachbehörden der Einzelstaaten und vor allem der Städte. Insoweit kann die Verwaltung auf der öffentlichen Bühne selbständig auftreten, ohne von Teilen der Öffentlichkeit vorgeschoben zu werden. Dementsprechend wendet sich das staatsbürgerliche und fachliche Verbandswesen zunehmend der generellen Sekundanz, der förderlichen Kritik und dem Ausfindigmachen von experimentellen Möglichkeiten zur Verbesserung des Verwaltungssystems zu. Das schützt die Bürokratie davor, sich zu dicht einzuspinnen.

Der Drang in die Schablone

Am Schluß rechtfertigen sich einige Bemerkungen über die Gesamtauswirkung der Reformbewegung, die von so durchgreifender Bedeutung für die Entwicklung der öffentlichen Verwaltung in den Vereinigten Staaten war. Sie übernahm eine Aufgabe, die dringlich war, aber keinen Adressaten gefunden hatte. Sie trug die komplizierten Probleme der Verwaltungserneuerung in die Öffentlichkeit hinein und erzielte so weitreichendes Verständnis. Sie machte es offenbar, daß außerhalb der Verwaltung stehende Elemente in der Formulierung von Reformvorschlägen oftmals freier sind, als die auf bestimmte Themen oder gar auf bestimmte Machtverhältnisse verbissenen Behörden. Neben der Möglichkeit des utopischen Unsinns, die am Rande vermerkt werden muß, enthüllt sich hier oftmals ein Sinn, der über das ursprüngliche Motiv und über das unmittelbar Praktische hinausgreift.

Zweifellos brachte die Reformbewegung eine tiefere Erfassung des Sinnes der Verwaltung hervor. Die Erneuerung der Verwaltungsordnung fügte sich in den Rahmen der Notwendigkeiten der modernen demokratischen Gesellschaft. So darf man nicht unterschätzen, wieviel aus der Beteiligung einer intellektuell wie auch politisch aktivierten Oberschicht an der Befreiung der öffentlichen Verwaltung von den Banden der Parteipolitik gewonnen worden ist. Im Endergebnis sah sich die amerikanische Verwaltung weitgehender mit ihren Grundaufgaben im Gesamtbild der Gesellschaftsordnung vertraut, als man das für jedes der historisch gewordenen kontinentaleuropäischen Verwaltungssysteme behaupten kann.

Andererseits ergab sich gerade aus dem Sieg der Reformbewegung eine verständliche Tendenz, das Neue gedankenlos und formalistisch zu kultivieren. Die überzeugenden ersten Erfolge warben für ein modernes Verwaltungsmodell. Dies Modell hatte allgemein bekannte Kennzeichen. Eines der Kennzeichen war die klare Anerkennung der Oberleitung im Chef der Exekutive. Ein anderes war der Aufbau von ihm angeschlossenen Sonderorganen, die ihn in die Lage versetzen sollten, Entscheidungen in sachlicher Kenntnis der Umstände und so in voller Verantwortung zu treffen, so daß er nicht hilflos auf die Spezialgesichtspunkte der verschiedenen Ressorts oder die formelle Verständigung unter ihnen angewiesen war, sondern die Dinge in der notwendigen Breite sehen konnte, im Sinne des Umfangs seiner Verantwortung gegenüber der Öffentlichkeit. Oberleitung bedeutete so eine Urteilsbildung, die über die geistige Reichweite auch des befähigsten einzelnen hinausgehen und sich dadurch bereichern würde, daß ständig frische Ideen und Vorschläge nach oben steigen könnten, um der Führung Sprungbretter für die eigene Initiative zu liefern.

So empfehlenswert schien das Modell, daß es unvermeidlich zur Bildung einer hohlen Typologie, zum schablonenmäßigen Denken, Anlaß gab. Jeder Prototyp spornt zu Formallösungen an. Sie schlichen sich in Verwaltungsreformgesetze und Organisationspläne ein, gelegentlich sogar in die Verfassungen der Einzelstaaten. Im Namen der Zusammenfassung der Verantwortlichkeit entschlossen sich Einzelstaaten, es durch Verfassungsnorm unmöglich zu machen, mehr als 10 oder 12 Zentralbehörden *(departments)* ins Leben zu rufen. Das ist eine grobschlächtige Einengung schöpferischer Freiheit. Die Verfassung selbst begrenzte so die Formen der Verwaltung. Das freie Trachten nach Befriedigung der Bedürfnisse des öffentlichen Lebens wird abgedrosselt. Die Verwaltung wird in eine Stahlrüstung eingeschnallt.

Das Schablonenmäßige setzte sich auch im Detail bei der Neuordnung der Verwaltung durch, vor allem in den Einzelstaaten. Nicht zum mindesten wird das in der technischen Beratung der öffentlichen Instanzen durch das schon geschilderte freie Verbandswesen erkennbar. Das auf ihm basierte Expertentum, dessen sich die Städte wie auch die Einzelstaaten häufig zu ihrer Beratung in Verwaltungsfragen auf vertraglicher Grundlage bedienten, schien sich vielfach einem Musterplan verschrieben zu haben. Er hängt gewissermaßen über der ganzen Entwicklung und wird allzu oft beinahe repetitiv bei der Durchführung von Organisationsprüfungen angewandt, ohne daß man sich stets genau darüber klar ist, was die Konsequenzen im einzelnen Fall sein mögen.

Obwohl auch so die sorgfältige Durchsichtung des jeweiligen Sachverhalts von großem Wert blieb und obwohl die geduldige Ermittlung des Tatbestands offensichtlichen Fehllösungen im Wege stand, darf das Negative nicht völlig übersehen werden. Reform hat zwei Seiten. Die eine ist der dankenswerte Wandel. Die andere ist die Tendenz, eine neue Parole mit apostolischem Eifer durchzusetzen und für sie den Glanz der Modeerscheinung in Anspruch zu nehmen. Solche Folgen ergeben sich beinahe immer aus der Konsolidierung des Sieges nach dem Durchbruch einer Bewegung. Sie führt zu einer Verhärtung, einer Versteifung, aus der man sich erst nachträglich befreien kann. Zweifel werden zum Verrat. Dennoch ist es kostspielig, eine übereilte Festlegung der Konzeption einer gewissen Verwaltungsstruktur zur Doktrin zu erheben. Das führt zu der Idee der abschließenden Lösung, der Vorstellung, daß es nur so gemacht werden kann, daß es nur so richtig ist. Daraus entwickelt sich auch eine Arroganz gegenüber dem fortlaufenden Wandel in den Formen des Lebens. Die theoretische Formel wird dem Leben einfach übergelegt, und das Leben wird dann in die Formel hineingezwängt. Solche Tendenzen sind natürlich nicht auf ein einziges Verwaltungssystem beschränkt, sondern offenbaren sich überall in der Welt.

Aus diesen Verhärtungen hat sich die öffentliche Verwaltung in den Vereinigten Staaten erst allmählich befreit. Vor allem die neue Woge der amerikanischen Verwaltungswissenschaft hat es sich zum Ziel gesetzt, das mürbe Gebäude der „Verwaltungssprichwörter“ zu zertrümmern. Im Grunde ist das eine Erneuerung der empirischen Orientierung der Reformbewegung. Feste Vorstellungen müssen entgegenstehenden Tatsachen weichen. Man ist heute dabei, die „alten Wahrheiten“ erneut systematisch mit geschärften wissenschaftlichen Methoden zu überprüfen. Wie schon früher die Reformbewegung, so hat man sich wiederum die Aufgabe gesetzt, klarere Einsichten aus dem Zwang des Faktischen zu gewinnen. Man fragt: Was sind die Konsequenzen einer bestimmten Regelung im Hinblick auf einen bestimmten Tatbestand?

Eine solche Frage hat keine abschließende Antwort. Die Antwort wandelt sich mit der Zunahme des Wissens. Sie wandelt sich auch im Wandel der maßgeblichen Umstände. Eine auf einer einzigen Antwort beruhende Formel mag der Täuschung schuldig sein. Verstärkung der Oberleitung ist beispielsweise eine Formel, deren Wert von der wahrscheinlichen Natur der Oberleitung abhängig ist. So zeigte sich schon zur Verblüffung der Führer der Reformbewegung, daß ein leistungsfähigeres Verwaltungssystem, das der Oberleitung volle Verantwortung zuschiebt, sich wiederum parteipolitisch ausbeuten ließ. Sowohl in den Städten wie auch in gewissen Einzelstaaten gab es dafür markante Beispiele. Heute weiß man auch in anderen Ländern, daß eine gut funktionierende Verwaltung nicht nur für die verfassungsmäßige Regierung, sondern ebenso für den politischen Diktator ein Segen ist. All dies ist jedoch nicht dazu angetan, den entscheidenden Beitrag der Reformbewegung zu vermindern. Der nachhaltige Gewinn liegt in dem Durchsetzen des Beruflichen in der öffentlichen Verwaltung. Damit war eine Brücke zu dem geschlagen, was sich in den älteren Staatswesen als Tradition entwickelt hatte, aber als Tradition manchmal einer gewissen Verkalkung ausgesetzt war.

Fünftes Kapitel

Formen der Verwaltungsorganisation

Erzielung der Arbeitsteilung

Man riskiert nicht viel, wenn man sagt, daß in keinem Lande die formelle Gestalt des Verwaltungssystems in jeder Hinsicht einem konkreten, logisch durchdachten Gesamtplan entspricht. Theoretisch ist die Organisation der Verwaltung das Ergebnis unpersönlicher Zweckvorstellungen. Es sollen Anweisungsbefugnisse organisch zusammengefaßt, gleiche oder ähnliche Funktionen miteinander verbunden und so Handelnseinheiten geschaffen werden, die zu voller Leistungsfähigkeit imstande sind. Praktisch stehen solche Zweckvorstellungen in scharfem Wettbewerb mit Faktoren, die sich in erster Linie aus geschichtlichen Situationen erklären lassen.

Verwaltungsstruktur ist insofern vor allem ein historisches Produkt. Sie ist typisch mehr oder minder von der Zeit überholt. Selbst einzelne Persönlichkeiten und ihre sich wandelnden Auffassungen prägen sich der Verwaltungsorganisation auf. Das zeigte sich beispielsweise in Deutschland in der Entwicklung des ursprünglichen Bundeskanzleramts, das seit 1871 als Reichskanzleramt fortlebte, bis es 1879 in das Reichsamt des Innern umgebildet wurde. Sein Charakter wurde durch die sich verschärfenden Spannungen in der Haltung Bismarcks und Delbrücks als des ersten Präsidenten des Amts beherrscht. Alle Organisation ist mit verdorrten Motiven belastet. Letzten Endes ergibt sich die Qualität des Verwaltungsaufbaus aus dem Grade seiner Dienstbarkeit unter dem Gesichtspunkt der objektiv erkennbaren Bedürfnisse der Gegenwart und der voraussehbaren Zukunft. Das mag sich von selbst verstehen, stellt aber durchaus kein leicht erreichbares Ziel dar.

Diese Erkenntnis macht es nicht überflüssig, mit einigen allgemeinen Erwägungen zu beginnen, die darauf abzielen, den arbeitstechnischen Sinn des Verwaltungsaufbaus zu unterstreichen. Was ist die vordringliche Notwendigkeit, mit der man sich im Aufbau der Verwaltung auseinandersetzen muß? Eine Antwort verweist auf die Erreichung einer zweckmäßigen Arbeitsteilung. Teilung wird nicht um ihrer selbst willen angestrebt. Man will eine Gesamtlösung. Man will die Gesamtkraft der Verwaltung nicht verkleinern. Man will Einheit nicht unnötig zerlegen und so schwächen. Im Gegenteil, man will Stärke. Durch Schaffung von selbständigen Konzentrationspunkten im Wege der Untergliederung wird eine sichere Erfüllung der vielfältigen Aufgaben der Verwaltung und eine bessere Ausnutzung der für bestimmte Aufgaben erforderlichen Kompetenz möglich gemacht.

Theoretisch betrachtet liegt also der Verwaltungsorganisation in erster Linie das Bedürfnis nach sachgemäßer Arbeitsteilung zugrunde. Aber die Größenverhältnisse bleiben nicht konstant. Deshalb ist es nicht nur in den sich entwickelnden Verwaltungssystemen der neuen Nationen, sondern auch in den konsolidierten Verwaltungssystemen der älteren Staatswesen von großer Bedeutung, daß man sich immer wieder den Sinn der Behördenstruktur vor Augen führt. Periode um Periode muß man sich erneut die Frage vorlegen, wieweit der gegebene Verwaltungsaufbau im Lichte neuer Umstände angemessen erscheint. Aber gewöhnlich siegt die Macht der alten Gewohnheit.

In den Vereinigten Staaten beruhte die Verwaltungsorganisation historisch auf britischem Vorbild und kolonialer Übung. Man begann mit der Vorstellung der organisatorischen Einheit von Hauptfunktionen, modifiziert durch Sammelinstanzen. Das entsprach im großen und ganzen der Behördenentwicklung in England, die im wesentlichen zu den Tendenzen in Frankreich, in Brandenburg-Preußen, in Bayern und in Österreich parallel verlief. Gewisse Hauptgebiete haben sich aus den praktischen Gegebenheiten des amerikanischen öffentlichen Lebens und aus der politischen Ordnung des Bundesstaats herauskristallisiert. In den Vereinigten Staaten begann der Bund mit Ministerien für Finanz und Verteidigung und dem *State Department* als Sammelbehörde. Der Ausdruck *ministry* selbst wird in Amerika aber nicht verwendet. Man spricht von *departments* als den vollrangigen Zentralbehörden. Der Chef eines *department* bezeichnet sich daher nicht als Minister, sondern er wird bescheidener *secretary* genannt; das lehnt sich wiederum an britische Praxis an, obwohl England auch von dem Ministertitel Gebrauch macht.

Der Verwaltungsaufbau im Bunde entsprach lange der Tatsache, daß der Bund das Dach für die Einzelstaaten war — daher auch der kollektive Name: die Vereinigten Staaten. Was die bundesstaatliche Lösung mit sich bringen würde, drängte sich den Gründenden Vätern nur Schritt um Schritt auf. Zwar wurden sie sich mit der Zeit darüber einig, daß sich die auf einem reinen Bündnis beruhenden gemeinsamen Organe schon während des Unabhängigkeitskampfes für die praktischen Erfordernisse einer bleibenden Vereinigung als unzulänglich erwiesen hatten. Gerade deshalb wurden die *articles of confederation* 1787 durch eine bundesstaatliche Verfassung ersetzt. Das geschah jedoch hinter verschlossenen Türen und nicht ohne erkennbares Zögern. Große Debatten entwickelten sich darüber, ob man dabei zu einer Überkonzentration kommen würde, ob die Souveränität der Einzelstaaten durch die „vollkommenere Einheit" gefährdet werden könnte. Die ursprünglichen Hauptbehörden des Bundes wurden daher auf die besonderen Zwecke des Dachgeschosses der jungen Republik zugeschnitten. Der Bund konnte in den ersten Jahren mit drei hauptsächlichen *departments* auskommen.

Die Zentralbehörde für auswärtige Angelegenheiten *(State Department)* nahm sich vorerst aus praktischen Gründen gleichzeitig der meisten inneren Verwaltungsaufgaben des Bundes an, insoweit sie nicht anderen Behörden zufielen. Vielleicht noch wichtiger war ursprünglich das Schatzministerium *(Treasury)*. Finanzfragen spielten eine große Rolle, vor allem im Hinblick auf die Kreditkraft der Republik und eine vertrauenerweckende Verwaltung des Bundesschuldenwesens. Ein guter Teil der Theorie von der erforderlichen Stärke der Bundesexekutive, ungeachtet der scharfen Gegentendenz in der anfänglichen Verfassungsgestaltung in den Einzelstaaten, hatte mit dem Gläubigerinteresse der wohlhabenden Schicht zu tun, die sicherstellen wollte, daß der Bund die Kriegsschulden bezahlen würde. Schließlich gab es die verhältnismäßig schattenhafte Wehrorganisation, zunächst als eine einheitliche Behörde *(War Department)*. Später löste sich aus ihr die Flotte als selbständiges *Navy Department* heraus (1798).

Erheblich später kam es schrittweise zum Aufbau von Hauptbehörden für die Bundesjustiz (1870) und für das Postwesen (1872), obwohl diese Verwaltungszweige als mindere Behörden schon früher geschaffen waren. In Huldigung der Tradition haben die beiden Behördenchefs auch heute noch besondere Amtsbezeichnungen: *attorney general* und *postmaster general*. Ja, der Titel „Justizminister" hat im amerikanischen Gebrauch einen agitatorischen Nebensinn. Konservative Juristen in den Vereinigten Staaten wie auch in England haben in dem Justizminister nach europäischem Vorbild oftmals das Schreckensgespenst eines Tyrannen in der Rechtspflege gesehen, der ihre Unabhängigkeit verlacht und vor einer Einflußnahme auf die Justiz nicht zurückscheut. Der *attorney general* berät den Präsidenten in den subtilen Fragen der Bundesrichterernennung, auf der Grundlage von umfassenden „Hintergrundsprüfungen" für jeden Kandidaten durch das Bundesuntersuchungsamt *(Federal Bureau of Investigation)*. Er ist außerdem ein ausschlaggebender Rechtsschutzstratege, vor allem bei der Verteidigung der Wirtschaftsfreiheit und der Minderheiteninteressen. Aber er möchte auf keinen Fall als Minister der Justiz bezeichnet werden, obwohl natürlich die Angelegenheiten der Rechtspflege amtliche Aufmerksamkeit finden müssen.

Innere Angelegenheiten gab es im Bunde schon 1789. Aber ein Innenministerium *(Department of the Interior)* ist erst 1849 konstituiert worden. Die Aufgaben des Bundesinnenministeriums entsprechen der amerikanischen Situation; sie haben nichts mit den typischen Zuständigkeiten der kontinentaleuropäischen Innenministerien gemein. Das *Department of the Interior* ist nicht ein Organ der öffentlichen Ordnung. Es war im wesentlichen ein Verwalter des großen Bundeslandbesitzes und befaßt sich heute vor allem mit der Wahrung der Naturschätze des Landes. Die allgemeine Polizeigewalt, die unter den Aufgaben eines Innenministeriums im kontinentaleuropäischen Sinne im Vordergrund steht, liegt auch im Zeitalter des zusammengeschweißten Bundesstaats bei den Einzelstaaten.

Als 1862 mitten im Bürgerkrieg das Landwirtschaftsministerium *(Department of Agriculture)* organisiert wurde, begann eine neue Periode. Das Wirtschaftsleben wächst über das Einzelstaatliche hinaus. Gleichzeitig gewinnen bestimmte Klientelgruppen einen Fußhalt zur Wahrnehmung ihrer Interessen in der Bundesverwaltung. So wird der Bund mehr und mehr in das öffentliche Leben der Vereinigten Staaten hineingedrängt. Das Schwergewicht der Bundesverwaltung verlagert sich in die Wirtschafts- und Sozialpolitik. Dem *Department of Agriculture* folgt am Anfang unseres Jahrhunderts (1903) das *Department of Commerce.* Aus diesem wird 1913 das *Department of Labor* abgesondert. Nach dem zweiten Weltkrieg kam schließlich das *Department of Health, Education, and Welfare* (1953) hinzu. Beiläufig sei bemerkt, daß von diesen vier wichtigen Ministerien nicht weniger als drei unter republikanischen Präsidenten errichtet wurden. Das seit 1949 gemeinsame Verteidigungsministerium *(Department of Defense)* umschließt drei Unterministerien: das *Department of the Army,* das *Department of the Navy* und das *Department of the Air Force,* das 1947 geschaffen wurde.

Ursprünglich herrschte also im Bunde der Gedanke des unmittelbaren Minimalbedürfnisses vor. Erst die neuere Zeit hat zu der Gründung der großen Klientelministerien Anlaß gegeben. Diese wiederum haben die Bundesverwaltung mit den das ganze Land umfassenden Interessenverbänden in ständige Verbindung gebracht. Eine ähnliche Entwicklung läßt sich in den Einzelstaaten beobachten. Gesellschaft und öffentliche Verwaltung verwachsen miteinander. Aber damit kommt es auch zu einer immer größer werdenden Zersplitterung des Verwaltungsaufbaus. Bei der unbegeisterten Anerkennung neuer Aufgaben fängt man am liebsten klein an, mit einem kleinen Amt, das auf eigenen Füßen stehen muß. Voller Ministerialstatus wird ungern vorschnell vergeben. Man steht der Entwicklung abwartend gegenüber. Die Lösung schien deshalb in der Schaffung von improvisierten selbständigen Dienststellen zu liegen, die jedoch in immer größerer Fülle das Verwaltungssystem überwucherten. Wie schon erwähnt, führte das zu einer Verzettelung der Verantwortung, die weitgehend parteipolitisch ausgebeutet wurde. Es war gerade diese Situation, am ausgeprägtesten in den Städten und in den Einzelstaaten, gegen die die Reformbewegung der ersten Dekade unseres Jahrhunderts ins Feld rückte.

Behördenfülle und Zusammenfassung

Trotz ihrer großen Erfolge war jedoch die Reformbewegung nicht imstande, dem amerikanischen Verwaltungssystem eine einfache Architektur aufzudrängen. Es spricht an, daß der Bund nur zehn *departments* hat. Aber neben dieser relativ kleinen Zahl von solchen Hauptbehörden, die man in Europa als Ministerien bezeichnen würde, finden wir eine viel größere Zahl von Zentralstellen, die entweder quasi-ministeriellen Rang haben oder jedenfalls von anderen Behörden unabhängig sind, obwohl ihre Chefs nicht Mitglieder des Kabinetts sind. Zugehörigkeit zum Kabinett bringt zwar keine konkrete Machtzunahme mit sich, denn in den Vereinigten Staaten trägt das Kabinett keine politische Verantwortung. Aber wenngleich das Kabinett insofern nur eine Bequemlichkeitslösung darstellt, als die Häupter der *departments* dem Präsidenten in der Kabinettssitzung periodisch zur Beratung zur Verfügung stehen, so ist Kabinettsstatus eine große Ehre, selbst für einen verhältnismäßig schläfrigen Berater.

Als Mittel zur Zusammenfassung der programmatisch dominierenden Verwaltungsinteressen und insofern als Mittel zur Milderung des Funktionenseparatismus, der die Arbeitsteilung im Verwaltungsaufbau ins Unsinnige übertreiben kann, verdient das Kabinett kaum Erwähnung. Viel hängt andererseits davon ab, wie der jeweilige Präsident seine Aufgaben anpackt. Zwei Faktoren sind dabei von allgemeiner Bedeutung. Zum ersten sind Kabinettsmitglieder gewöhnlich Gefangene der Zuständigkeiten ihrer eigenen *departments*. Sie bleiben am liebsten beim Vertrauten, bei ihren unmittelbaren Interessen. Zweitens fehlt ihnen vielfach der Mut zum Mut; denn sie sitzen im Kabinett in der Regel ohne ihre eigenen Fachreferenten, die der Kabinettssitzung generell fernbleiben. Das Kabinett mag in erster Linie als Echo des Präsidenten funktionieren, der unter der Verfassung selbst entscheiden muß. Es mag andererseits, ganz entsprechend der Arbeitsmethode des Exekutivhaupts, zu einer Quelle der belebten Beratung werden, so daß wichtige politische Fragen im Kabinett erörtert werden können, woraus sich für den Präsidenten eine fühlbare Erleichterung seiner Verantwortungslast ergibt.

Historisch war es häufiger, daß das Kabinett nach einem Überblick des Präsidenten über die jüngsten Ereignisse sich mit besonderen Problemen befaßte, die vielleicht einen oder zwei Minister berührten. In diesem Fall trägt das Kabinett kaum zur Einheitlichkeit der Exekutivleitung bei. Der Präsident, der sein eigener höchster Minister ist, kann seiner Gesamtverantwortung nur gewachsen sein, wenn die Chefs der *departments* ein klares Bild seiner Regierungspolitik vor Augen sehen, in dem sie ihren persönlichen Anteil erkennen können. Sie handeln im Schatten seiner Verantwortlichkeit. Obwohl die Machtvollkommenheiten der Behörden im allgemeinen gesetzlich festgelegt sind, fällt dem Präsidenten doch eine seiner Direktionsgewalt entfließende letzte Verantwortlichkeit zu. Er ist der höchste Vorgesetzte. Der Präsident kann dem Ministerium im Rahmen der Gesetze Anordnungen geben. Deshalb ist der Minister auch vor dem Kongreßausschuß verpflichtet, die Auffassungen des Präsidenten zu verfechten, sogar wenn er selbst Bedenken hat. Oft kommt es hier zu mehr oder minder verhüllten Konflikten. Vor allem liegt es nahe, daß der *secretary* die Interessen seiner eigenen Behörde und den gut markierten Pfad zu ihrer Verfolgung, den er auf der einen Seite vor sich sieht, dem steinigen Weg vorzieht, der auf der anderen Seite auf das Schlachtfeld führt, wo er im Namen des Präsidenten dessen Vorschläge vor dem Kongreß zu verfechten hat.

Eine koordinierende Rolle des Kabinetts wäre um so erwünschter, als die Bundesexekutive mit zehn *departments* und rund fünfzig anderen unangegliederten Zentralinstanzen an divergierenden Tendenzen reich ist. Einige dieser Sonderinstanzen sind in der Größenordnung den kleineren Ministerien weit voran, und nicht wenige sind größer als das *Department of Labor,* der Zwerg unter den *departments.*

Drei dieser Sonderinstanzen dürfen als Beispiele kurz erwähnt werden. Eine Großbehörde ist das Amt für Kriegsteilnehmerangelegenheiten, die *Veterans Administration.* Dies Amt ist eine spezialisierte Gesundheits-, Pensions-, Versicherungs- und Fürsorgebehörde für den ihr anvertrauten Personenkreis. Sie steht unter der Leitung eines *administrator,* der wie andere Behördenchefs im Bund vom Präsidenten unter Bestätigung durch den Senat in seine Stellung berufen wird. Das Amt hat wie die *departments* einen selbständigen Apparat von regionalen und örtlichen Dienststellen, die auf das ganze Land verteilt sind.

Ein völlig anderes Beispiel ist die *Tennessee Valley Authority.* Sie ist etwas Besonderes, und zwar aus zwei Gründen. Erstens ist sie eine Regionalbehörde des Bundes, die sich der auf Wasserkraft beruhenden wirtschaftlichen Entwicklung des Tennessee-Flußtalgebietes widmet, das sich auf sieben Einzelstaaten ausdehnt. Zweitens ist die Behörde durch Gesetz formell als bundeseigene Gesellschaft organisiert worden, obwohl sie in anderen Hinsichten einer öffentlichen Behörde gleicht. Die Leitung ist kollegial, durch ein Direktorium von drei Mitgliedern. Der Vorsitzende des Direktoriums ist der allgemeine Wortführer der

Behörde und berichtet auch dem Präsidenten unmittelbar. Interessanterweise wurde diese Behörde in besonderer Anerkennung der in der Gesellschaftsform angestrebten größeren Elastizität der Geschäftsführung durch Sonderbestimmung von den Normen des Bundesbeamtengesetzes freigestellt, um der Behörde die Möglichkeit zu geben, in der Personalpolitik eigene Wege zu gehen. Das hat eine gute Entwicklung ausgelöst, vor allem in der Beteiligung der Bediensteten an der generellen Festlegung des Dienstverhältnisses einschließlich der Besoldungsgestaltung. Darin ist die *Authority* zum Bahnbrecher geworden. Weniger klar ist, ob eine Regionalbehörde, die ihren Sitz in ihrem Flußtalgebiet hat, nicht zu zentrifugal wirkt, um mit den Hauptbehörden in Washington im Zusammenhang zu bleiben. Die Region soll ja nicht zum Gegenregiment werden.

Ein drittes Beispiel für die Vielgestaltigkeit der unangegliederten Zentralbehörden außerhalb der zehn *departments* ist die *Atomic Energy Commission*, die Kommission für atomische Energie. Dies ist eine Bundesbehörde, die in gewisser Weise einer staatlichen Gesellschaft ähnelt, aber tatsächlich eine Verwaltungsinstanz unter kollegialer Leitung darstellt. Die kollegiale Form hat ihren Hauptgrund in dem Aufgabenkreis der Behörde, die nicht nur große Betriebsanlagen verwaltet, sondern auch in vielen grundsätzlichen Fragen Neuland zu durchqueren hat. Die fünf Mitglieder handeln im normalen Geschäftsgang durch ihren vom Präsidenten bestimmten Vorsitzenden. Ganz im Sinne einer Tendenz, die sich in den letzten Jahren allmählich in der Bundesverwaltung gezeigt hat, hört man neuerdings von Absichten, den kollegialen Charakter zurückzudrängen und es dem Vorsitzenden zu überlassen, die Angelegenheiten der Behörde auch in wichtigen Verwaltungsmaßnahmen wahrzunehmen. Die *Commission* verbindet bedeutende wissenschaftliche Interessen mit den arbeitspolitischen Betriebssorgen eines dezentralisierten Großunternehmens. Gleich der *Tennessee Valley Authority* ist sie ein fortschrittliches Ressort, nicht zum mindesten, weil sie sich mit der Organisation der wissenschaftlichen Arbeit im Sinne ihrer Aufgaben zu befassen hat, was vertragliche Beziehungen mit den Universitäten und der Industrie in sich schließt. So läßt sich erkennen, daß neben der verhältnismäßig bescheidenen Zahl der Ministerialbehörden eine erhebliche Anzahl von vielgestaltigen Sonderbehörden die Aufmerksamkeit des Präsidenten erfordert. Die Aufgabe wäre überwältigend, wenn es nicht ein natürliches Vordrängen der wichtigsten Dinge gäbe. Die meisten dieser Zentralinstanzen nehmen daher trotz ihrer Abhängigkeit vom Präsidenten in der Regel nur ein kleines Scherflein seiner Zeit in Anspruch. Auf gewisse Zeit können sie von ihm persönlich völlig losgelöst funktionieren.

Eine besondere Stellung nehmen die Klientelbehörden ein. Das sind in erster Linie die großen Verwaltungskomplexe für Landwirtschaft, Handel und Industrie, Arbeitsgestaltung, Sozialversicherung und Gesundheitsförderung. Aber Klientelbeziehungen entwickeln sich auch in anderen Verwaltungszweigen, beispielsweise dem militärischen Beschaffungswesen und der Luftfahrtsaufsicht. Klientelbehörden sind vom Gesichtspunkt der Verwaltungsorganisation von großer Bedeutung; denn sie sind Verbindungsmittel für Interessenvertretung ebenso wie für Interessenlenkung. So ergibt sich die Schwierigkeit, zwei Nutzvorstellungen miteinander zu verknüpfen. Einerseits sollen solche Klientelbehörden bestimmten Interessen dienen; sie sind daher natürlich mit den großen Interessenverbänden verflochten. Sie fühlen sich oft als Botschafter eines Erwerbszweiges und der für ihn sprechenden organisierten Interessen, mit denen sie in ständiger Verhandlung stehen. Andererseits sind die Klientelbehörden Aktionsinstrumente des Präsidenten in der Durchführung seines Programms, obwohl die einzelne Klientelinstanz sich mit ihren bestimmten Aufgaben in das Gesamtprogramm einzufügen hat. Als Klientelministerium soll es dem Präsidenten nicht diktieren. Hier ergeben sich, wie sich leicht erkennen läßt, gewisse Reibungen. Die private Interessenstruktur ist gewissermaßen in die Bundesverwaltung unmittelbar eingebaut. Andererseits ist der Präsident mit Hilfe seiner eigenen Stabsorganisation bemüht, für den Behördenapparat eine programmatische Generallinie festzulegen und sie nach außen im Interessenkampf zu verteidigen.

In dem Strukturtyp der Klientelbehörde, der sich auch im Einzelstaat und in den Gemeinden findet, kann man am leichtesten erkennen, daß das Hauptelement der behördlichen Vitalität die Eigengesetzlichkeit der Funktionsbereiche ist. Organe, die die gesamten Interessen der öffentlichen Verwaltung nachhaltig zum Ausdruck bringen, sind in den Ressorts natürlich nicht vorhanden. Die Versuchung, das als gegeben hinzunehmen, ist auch für den neuen *secretary* zu groß, obwohl ihm die Ermahnungen des Präsidenten, der eine „Mannschaft", ein *team* haben möchte, noch in den Ohren klingen. Die behördliche Vitalität nährt sich aus der Funktion. Sie verläuft in den Kanälen der einzelnen Funktionen. In dieser Weise erreicht sie die größte Potenzierung ihres Einflusses in dem Verwaltungssystem. Das führt zu einem Verlust an programmatischer Einheit, an Verpflichtung auf das Programmatische, an dem, was beispielsweise im Bundeskanzleramt in Bonn treffend als Gesamtschau bezeichnet wird.

Die Organe der Gesamtschau sind deshalb in den Vereinigten Staaten in erster Linie in der unmittelbaren institutionellen Nähe des Präsidenten zu finden. Seine heutige Stabsorganisation besteht aus Dienststellen, die kollektiv als Exekutivamt des Präsidenten ihm direkt zugewiesen sind. Als Sachverständigenstäbe für die in der Perspektive des Präsidenten bedeutsamen Gebiete unterhalten diese Dienststellen nicht nur mit ihm, sondern auch mit den Behörden einen Arbeitszusammenhang. Dabei können sie dem Ressortgesichtspunkt einen verallgemeinernden Gegendruck entgegensetzen. Das erleichtert dem Chef der Exekutive die Übernahme der Gesamtverantwortung für die Bundesverwaltung. Der unvermeidliche und in gewissen Grenzen nicht unerwünschte Ressortegoismus muß insofern dem Programmatischen wieder weichen. In den Beziehungen zwischen den dem Exekutivchef unmittelbar zugeordneten Instanzen und den selbständigen Ressorts kommt es deshalb zu einem Wettbewerb um die Ermittlung des Wegs zum Gemeinwohl. Es kommt zu Spannungen und Auseinandersetzungen, aus denen schöpferische Vorstellungen hervorgehen. Es ist die Aufgabe des Exekutivhaupts, die Spannungen in angemessenen Grenzen zu halten, ihren Ergebnissen eine förderliche Gesamtrichtung zu geben, aus den Auseinandersetzungen neue Gesichtspunkte zu gewinnen und den Ressortvertretern einen tieferen Einblick in seine programmatischen Absichten zu vermitteln.

Aufbau der Großbehörde

Amerika ist das Land der Großbehörden zum ersten, weil man eine möglichst kleine Zahl von Hauptbehörden anstrebt, und zweitens, weil jede ihre Funktionen selbst örtlich in eigener Regie verwaltet. Die Großbehörde stellt natürlich schon im Ausmaß ihres Apparats einen besonderen Typ dar. Man spricht vom Behördenwesen des Bundes, als ob es ein Korb voll Äpfel sei. Man wendet häufig auf das Bundesbehördenwesen gleichartige Grundsätze an. Es wird dabei oftmals übersehen, daß sich in der Größenordnung erstaunliche Unterschiede zeigen. Diesen Unterschieden muß Rechnung getragen werden. In der *Encyclopaedia Britannica* habe ich das Behördensystem des Bundes dahin geschildert, daß man es mit einem zufälligen Treffen eines Dinosauriers und mehrerer kleinerer Tiere einschließlich einiger Mäuse vergleichen könne.

Der Dinosaurier ist das Verteidigungsministerium, im Umfang und in der Sache eine Welt für sich, die die Hälfte des Budgets der Vereinigten Staaten für sich beansprucht, ein Budget, das heute zehnmal so groß ist wie vor dem zweiten Weltkrieg. Nach der Größenstufung folgt mit einem beträchtlichen Abstand in den Vereinigten Staaten das Postministerium, ein Großbetrieb wie auch in anderen Ländern, der am besten als Wirtschaftsunternehmen organisiert ist und der seine besonderen wirtschaftlichen Gesetzlichkeiten entwickeln und sich ihnen unterwerfen sollte. Diese beiden Riesen stellen unterschiedliche organisatorische Anforderungen, die aber insofern vergleichbar sind, als sie weit über den Zuschnitt aller anderen Behörden hinausgehen. Selbst innerhalb der kleineren Ministerien hängt aber vieles vom Aufgabenkreis ab. Ein Beispiel ist das neueste Bundesministerium, das *Department of Health, Education, and Welfare,* in dem verschiedene früher selbständige Dienststellen des Bundes konsolidiert sind. Aber sogar das Arbeitsministerium, das als Maus dem Dinosaurier gegenübersteht, verbindet verschiedene Kategorien von Aufgaben, von der Arbeitslosenversicherung auf der einen Seite zur Berichterstattung über die Lage der arbeitenden Frauen auf der anderen, obwohl alle diese Aufgaben mit der Wahrnehmung der Arbeitnehmerinteressen im Zusammenhang stehen. Außerhalb der Ministerien (*departments*) gibt es daher je nach ihren Aufgaben noch kleinere Behörden als das *Department of Labor* und ebenso weitere Großbehörden wie die *Veterans Administration.* Wenn man heutzutage vom Behördenwesen spricht, muß man die Großbehörde aussondern und ihre besonderen Probleme anerkennen.

In der typischen Strukturform der Großbehörde ist ihr institutionelles Herz in dem zu finden, was vielleicht etwas zu poetisch als das Amt des Behördenleiters *(office of the secretary)* bezeichnet wird. Darin sind zwei Dinge verbunden. Das eine ist der unmittelbare Arbeitsapparat des Chefs, einschließlich der Helfer, auf deren Urteil, Vorschläge oder Emissärrolle er sich persönlich stützt. Das andere sind die Sonderinstanzen, die seinem Amt formell angehängt sind, weil sie nicht anderswo hinzugehören scheinen, wie beispielsweise das Aufsichtsamt über die regionale und örtliche Apparatur des Ressorts.

Im Amt des Behördenleiters findet man nicht nur seinen persönlichen Stab, sondern auch eine Anzahl von Dienststellen, die sich mit den Verwaltungsbedürfnissen und der Aufgabenplanung der Behörde generell befassen und insofern eine große Bedeutung für die Gesamtarbeit der Behörde haben. Hierher gehören solche Referate wie Haushaltsplan, Personalverwaltung, Verwaltungsprüfung und Inspektion. Vielfach sind diese Referate und die dazugehörigen Dienststellen unter einem Hauptbeamten zusammengefaßt, der als *administrative assistant secretary* die wichtigste Stellung in der beruflichen Laufbahn bekleiden mag. Ebenso wie der Präsident sein Exekutivamt hat, so haben die Behördenchefs ihre hauptsächlichen Stabsstellen um sich gruppiert. Diese sollen ihnen helfen, die Behörde als Gesamtgebilde zu erfassen und den einzelnen Dezernaten die Zusammenarbeit im Sinne der Gesamtaufgaben der Behörde gegenständlich zu machen.

Die Stabsstellen, die sich in das Amt des Behördenchefs eingruppieren und die Dinge in seiner Perspektive zu sehen suchen, stehen im Gegensatz zu den Hauptdezernaten, die man in den Vereinigten Staaten im allgemeinen als Büros bezeichnet. Das Büro ist die erste Stufe in der internen Arbeitsteilung in der Struktur der Behörde, unmittelbar unter dem Chef selbst. Es ist die Hauptverwaltungseinheit. Das Büro nimmt sich gewöhnlich eines der hauptsächlichen Verwaltungszweige der Behörde an, wie beispielsweise das Büro für Mineralien im Bundesinnenministerium. Im Bund steht das Büro oft unter einem fachlich geschulten Chef, der auf Dauer im Amt bleibt und sich politischen Richtlinien gegenüber als hinreichend empfänglich erweist, um als Berufsbeamter dem Büro weiter vorzustehen, auch wenn ein Präsident oder ein Minister einem anderen folgt. Diese großen eigenen Sachbereiche innerhalb der Behörde sind Unterministerien vergleichbar. Ihre eigenen Unterstellen erstrecken sich über das ganze Land, falls sie der Öffentlichkeit mit dezentralisierten Leistungen dienen. Mit ihren Mittel- und Unterinstanzen stellen die Büros selbst Großbetriebe dar. So entwickeln sie eine selbständige Auffassung von ihren Aufgaben und suchen sich nicht selten der Oberleitung durch den Behördenchef zu entziehen.

Das Büro hat also innerhalb der Großbehörde seine eigene Motivierung und seine eigene Stimme. Es hat seine eigenen Außenverbindungen. So kommt es zum Beispiel vor, daß der Bürochef seine Stellung gegenüber dem Minister verteidigt, indem er persönliche Beziehungen mit den hinter dem Büro stehenden Interessenverbänden und gleichzeitig mit den einflußreichsten Mitgliedern des jeweiligen ständigen Kongreßausschusses unterhält, wodurch eine Querorganisation aufgebaut wird, die der hierarchischen Organisation in der Exekutive entgegenwirkt. Wer die Behörde kennt, wird ein Parallelogramm der Kräfte skizzieren können, das zeigt, daß die hierarchischen Beziehungen zwischen Vorgesetzten und Untergebenen an manchen Stellen durchbrochen werden. Diese Gegensätzlichkeit kann in ungehemmter Auswirkung zum Leerlauf der Verwaltung führen. Entschlossene Oberleitung ist jedoch mit Hilfe der Stabsstellen imstande, einen Gegendruck zu entwickeln, dem das eigenwillige Büro sich in vielen Fällen beugen muß.

Ein ähnliches Problem macht sich in der Verwaltungstätigkeit der Mittel- und Lokalinstanzen der Großbehörden fühlbar. Diese Instanzen amtieren örtlich im Namen der Behörde, müssen aber auch fehdenden Büros gleichzeitig dienen. Die Schwierigkeit ist in anderen Verwaltungssystemen nicht unbekannt. Wieweit muß die örtliche Dienststelle die Behörde selbst zu vertreten suchen, wieweit hat sie sich den verschiedenen funktionellen Interessen der Büros zu unterwerfen? Es muß hier ideal zu einer Zusammenfassung der Kräfte kommen; sonst würde die regionale und die unterste Instanz in ihrem Bezirk als Organ der Behörde nicht wirksam sein können. Andererseits ist es notwendig, daß der Leiter der örtlichen Dienststelle bei solcher Zusammenfassung Verständnis für die Interessen der beteiligten Büros hat und sie geschickt in einem örtlichen Programm miteinander verbinden kann.

Außerdem muß jede Zentralbehörde noch einer anderen damit verknüpften Frage Aufmerksamkeit schenken. Ihre regionalen und lokalen Amtsstellen gewinnen mit der Zeit zwangsläufig eine übertriebene Eigenständigkeit im Örtlichen. Die Region oder der Bezirk gräbt sich dann in den Unterinstanzen der Behörde zur überzeugungstreuen Verteidigung gegen die Zentrale ein. Das wirft ein besonderes Licht auf die verständlichen Bemühungen, die Arbeitsbeziehungen unter den verschiedenen Zentralbehörden im örtlichen Bereich inniger zu gestalten. Störende Gegensätzlichkeiten zwischen den Ressorts entwickeln sich beinahe automatisch. Dies Problem hat im Bund wie im Einzelstaat noch keine allgemeine Lösung gefunden. Was man versucht hat, ist eine örtliche Austauschförderung, die aber noch nicht über das Experimentelle hinausgelangt ist. Doch kann der Aufbau von gemeinsamen Arbeitsausschüssen der verschiedenen Behörden auf örtlicher Grundlage zu nutzbringenden Sitzungen führen, wodurch ein besseres Verständnis der verschiedenen beteiligten Interessen erreicht wird. Aber wenn das gelingt, mag die Lokalisierung der Gesichtspunkte gegenüber zentralen Anforderungen entsprechend zunehmen.

Das Dilemma liegt also darin, daß es dem Interesse sowohl der Öffentlichkeit wie auch des Bundes dient, wenn die einzelnen funktionellen Belange der Zentralbehörden im örtlichen Bereich nach Möglichkeit harmonisiert werden. Ein Mittel ist die Konferenz der Chefs der örtlichen Dienststellen der Bundeszentralbehörden, die auch auf die örtlichen Instanzen der Einzelstaaten ausgedehnt werden und ebenfalls die Behörden der Gemeinde- und Kreisverwaltung in sich schließen könnte. Das könnte jedoch dem Örtlichen ein so großes Gewicht geben, daß die Behördenzentralen sich halb autonomen Komplexen gegenübersehen würden. Die offene Frage lautet deshalb so: Wie läßt sich der programmatischen Einheit der Verwaltung im örtlichen Bereich genügend Nachdruck geben, ohne daß es zur Hochzüchtung eines störrischen Lokalismus kommt? Es ist nur ein Teil der Antwort, daß man häufig in der Zentrale des Ministeriums eine besondere Dienststelle findet, die sich im Einvernehmen mit den einzelnen Büros mit dem Zusammenwirken der regionalen und örtlichen Elemente der Behörde befaßt. Mobilität in der Behörde im Sinne einer zirkulatorischen Versetzungspolitik ist von großem Wert, aber die meisten Großbehörden erlauben dafür unter dem Druck des Spezialistentums zuviele funktionelle Schranken in ihrer inneren Gestalt. So bleibt es meistens bei Orientierungskursen, um die Beteiligten so weit wie möglich auf die Gesamtaufgaben der Behörde auszurichten.

Es ist ein schwacher Trost, daß der Funktionenautonomismus auch in der Zentrale wahrnehmbar ist. Dort gibt es ebenfalls die praktisch unabhängige Dienststelle, deren Unantastbarkeit darauf gegründet ist, daß sie der gute Freund der Wortführer für die Öffentlichkeit ist. Es ist verständlich, daß solche Instanzen selbst von dem Minister in Ruhe gelassen werden. Interessanterweise gehört zu diesen faktisch unabhängigen Behörden in den Vereinigten Staaten das als Teil des Justizministeriums formell dem *attorney general* unterstehende Bundesuntersuchungsbüro, vielleicht teilweise in Anerkennung seiner beruflichen Kompetenz im Einschreiten gegen Verbrecher, vielleicht teilweise wegen seiner Wächterrolle gegenüber unamerikanischen Elementen. Doch läßt sich allgemein sagen, daß der Drang der einzelnen Verwaltungsfunktionen zur spontanen Selbsterfüllung die Logik für die selbständigen Stabsstellen liefert, die die verschiedenen Funktionen einzuschirren suchen und so verhüten wollen, daß jede Funktion den Wagen in eine andere Richtung zerrt.

Kollegiale Wirtschaftsregelung

Wenn man von dem Behördenwesen des Bundes spricht, muß man nicht nur von Ministerien und anderen Behörden, nicht nur von groß und klein, nicht nur von zentralen Instanzen und regionalen oder örtlichen Amtsstellen reden. Man muß außerdem noch hinzusetzen, daß wichtige Bundesinstanzen für Wirtschaftsregelung auf solchen Gebieten wie dem Verkehrswesen, der Elektrizitätsversorgung, dem Börsenwesen, der Arbeitsordnung und dem Rundfunkwesen nach besonderen Gesichtspunkten aufgebaut worden sind. Ihnen wurde eine gewollte Unabhängigkeit zugestanden. Das ist in erster Linie geschichtlich zu erklären.

Der Präzedenzfall für Instanzen dieser Art geht auf das vergangene Jahrhundert zurück. Als man sich einer so kitzligen Aufgabe wie der Regelung der privaten Eisenbahnbetriebe zuwandte, glaubte man weder hinreichenden Sachverstand noch genügende Sachlichkeit in den vorhandenen Organen der Bundesverwaltung voraussetzen zu können. Der Rückzug des Patronagewesens war erst am Anfang. Das Bundesbeamtengesetz von 1883 war ein erster und zunächst nur kurzer Schritt zur Eignungsauslese. Die beginnende Wirtschaftsregelung durch den Bund greift also der beruflichen Entwicklung in der amerikanischen Verwaltung zeitlich vor. Damals war der Geschäftsgang in den Ministerien noch so wenig von dem Leistungsprinzip beherrscht, daß es unratsam erschien, einem Ministerium so komplizierte Aufgaben wie die Überwachung des Eisenbahnwesens zuzuteilen. Man betonte die Notwendigkeit einer sachverständigen und unpolitischen Würdigung der Probleme der Wirtschaft. Aus diesen Überlegungen hat sich eine Behördenform ergeben, die 1887 zuerst gesetzlich sanktioniert wurde und auch in dem jetzigen Jahrhundert noch als Muster Anklang gefunden hat, die aber heute von Fragezeichen umgeben ist. Das ist die sogenannte unabhängige regulatorische Kommission.

Davon gibt es eine Anzahl, obwohl alle zu den kleineren Sonderbehörden des Bundes gehören. Dem Alter nach muß die *Interstate Commerce Commission* (1887) zuerst genannt werden. Andere Beispiele sind die *Federal Trade Commission* (1915), die *Securities and Exchange Commission* (1934) und der *National Labor Relations Board* (1935). Diese Kollegialbehörden haben meistens fünf oder sieben Mitglieder, die mit Senatsbestätigung gewöhnlich unter Berücksichtigung beider Parteien vom Präsidenten ernannt werden. Ihre Amtsperioden sind gesetzlich bestimmt. Sie laufen vorwiegend auf eine Zeitspanne von vier bis sieben Jahren. Zur Förderung der Kontinuität sind die Amtsperioden so festgelegt, daß die einzelnen Stellen nacheinander frei werden.

Es läßt sich kaum behaupten, daß diese Form der Kollegialverwaltung in der heutigen Zeit gerechtfertigt ist. Gerade angesichts der allgemeinen Bedeutung der großen Sachgebiete, die den regulatorischen Kommissionen anvertraut sind, verdoppelt sich die bekannte Schwierigkeit der vielen Köche. Überdies zieht Mitgliedschaft in solchen Kollegien nicht die erste Garnitur von verfügbaren und ansprechenden Kandidaten an. Die Kommissionen sind so zum Teil politische Abstellgeleise. Ihre Mitglieder sind nicht immer stark oder wach genug, um der Verführung durch die der Regelung unterworfenen Privatinteressen zu widerstreben. So ist das kollegiale Gremium meistens weder durch großen Sachverstand noch durch Planungsinitiative ausgezeichnet. Außerdem steht es gewöhnlich nicht über parteipolitischen Motivierungen. Die Theorie der unabhängigen regulatorischen Kommission ist in der Praxis kaum wiederzufinden.

Aber noch störender als die Schwierigkeit der vielen Köche wirkt sich ein weiterer Umstand aus. In ihrer gewollten Unabhängigkeit leiden die Kommissionen auch an ihrer Loslösung aus dem Anweisungsbereich des Exekutivchefs. Sie stehen außerhalb des Gesamtstroms der Politik und damit auch des Programms des Präsidenten. Der Präsident hat ein Ernennungsrecht, kann aber nach den maßgeblichen Gesetzen in der Regel kein Mitglied innerhalb dessen Amtsperiode frei entlassen. Darin liegt eine erhebliche Einengung der Autorität des Präsidenten. Ein solches Maß von Unabhängigkeit, das für diese Behörden gesetzlich verankert ist, führt zur Isolierung.

Die Loslösung von der programmatischen Initiative des Exekutivhauptes, ursprünglich als Grundlage für ein sachliches Eingehen auf die Probleme der Wirtschaft gedacht, kommt hier einer Abdrosselung der Durchschlagskraft gleich. Die großen Gebiete der Wirtschaftsregelung, soweit ihre Verwaltung in der Form der unabhängigen Kommission organisiert ist, fallen so aus dem Rahmen der programmatischen Planung in der Exekutive hinaus. Sie stellen Gehege der funktionellen Selbstgenügsamkeit dar. In ihrer Abkapselung verfallen sie einem verlangsamten Geschäftsgang. Noch ernster ist, daß sie mehr und mehr zum parteiischen Sachverwalter der geregelten Interessen werden.

Die Ausschaltung der unabhängigen Kommissionen bei der Durchführung der Wirtschaftspolitik des Bundes hat weitreichende Konsequenzen. Durch die Selbständigkeit dieser fragwürdigen Gebilde wird die Koordinierung der Bundeswirtschaftsressorts stark gehemmt. Darin hat der Präsident eine wesentlich freiere Hand, insoweit Aufgaben der Wirtschaftsregelung ihm unterstehenden Bundesbehörden zugewiesen sind, wie beispielsweise dem Landwirtschaftsministerium.

Die staatliche Gesellschaft

In den Vereinigten Staaten ist man im allgemeinen davon ausgegangen, daß die Errichtung von Behörden den Nachweis einer anhaltenden Notwendigkeit voraussetzt. Für Kriegsbedürfnisse und Wirtschaftsnotstände behilft man sich mit vorübergehenden Sonderämtern, wie der Preiskontroll- und Rationierungsverwaltung des Bundes im zweiten Weltkrieg. Wenn es sich indes um wirtschaftsbetriebliche Aufgaben handelt, wird nicht selten auf die Form der staatlichen Gesellschaft *(government corporation)* zurückgegriffen.

Weil es gewöhnlich praktisch ziemlich schwierig ist, neue Behörden zu schaffen, weil einmal organisierte Behörden ein langes Leben zu haben scheinen und weil die Behördenform wirtschaftsbetrieblichen Bedürfnissen nicht voll gerecht wird, hatte man verschiedene Gründe, auf die staatliche Gesellschaft als Lösung zu verfallen. Die Entstehung solcher Gesellschaften beruht zwar heute normalerweise auf Gesetz, das die Organe und Funktionen der Gesellschaft festlegt. Die staatliche Gesellschaft kann nach dem Bundesgesetz zur Aufsicht über solche Gesellschaften von 1945 nicht mehr auf Grund der Rechtsvorschriften über die private Aktiengesellschaft, die von Einzelstaat zu Einzelstaat im Detail verschieden sind, gegründet werden. Trotz ihrer nichtbehördlichen Sonderform läßt die *government corporation* so keinen Zweifel über ihre Zuordnung an die öffentliche Verwaltung zu. Heute ist es nicht mehr leichter, solche Gebilde gewissermaßen als Behördenersatz ins Dasein zu bringen.

In der Theorie empfiehlt sich die staatliche Gesellschaft vor allem für öffentliche Aufgaben, deren Durchführung im Wirtschaftsleben betriebliche Parallelen hat. Sie erlaubt eine „unbürokratische" Arbeitsweise, so wird oft gesagt. Die amerikanische Praxis liefert dazu jedoch in ihrer Gesamtheit keinen besonders überzeugenden Nachweis. Nächst der jetzigen *Panama Canal Company,* der ältesten staatlichen Gesellschaft in den Vereinigten Staaten, fielen die ersten Gründungen in die Zeit des ersten Weltkrieges. Damals wurde von der *government corporation* Gebrauch gemacht, um die besonderen Bedürfnisse der Kriegswirtschaft schnell und in relativer Handelnsfreiheit zu befriedigen. Diese Gesellschaften, von denen einzelne ein zähes Leben führten, sind in ihrer Mehrheit bald abgewickelt worden. Die nächste Gründungswelle kam in der großen wirtschaftlichen Depression der dreißiger Jahre. Der zweite Weltkrieg verursachte eine weitere Gründungswelle. Aber den rund 100 staatlichen Gesellschaften am Schluß des Krieges steht heute eine sehr viel kleinere Zahl gegenüber.

Der Gedanke der staatlichen Gesellschaft hat, wie erwähnt, deshalb für sich geworben, weil er eine größere Freiheit verhieß, als sich im normalen Verwaltungsbetrieb voraussetzen ließ. Man nahm an, so dem bürokratischen Wesen und seinen besonderen Problemen entgehen zu können. Man versprach sich von der größeren Freiheit in der betrieblichen Gestaltung konkrete Vorteile, die sich in der Bilanz bekunden würden. So wurde auch in den früheren Gründungsakten den staatlichen Gesellschaften eine beträchtliche Dispositionsfreiheit gewährt. Sie wurden vielfach als Aktiengesellschaften gemäß einzelstaatlicher Gesetzgebung konstituiert. Die Organisation der Leitung entsprach dem Modell der privaten Gesellschaft, obwohl die leitenden Stellen vom Präsidenten in Erfüllung seiner verfassungsrechtlichen Funktionen besetzt wurden.

Vor allem ging es um eine ungebundenere Finanzgebarung, frei von der engen Kontrolle der Bundesrechnungsbehörde (*General Accounting Office*). Ebenso wollte man sich von dem Haushaltsplanwesen freimachen. Man hatte sich also gedacht, daß das unbesorgte Borgen von Ideen aus den betrieblichen Erfahrungen des Wirtschaftslebens einen frischeren Geist in die öffentliche Verwaltung hineinbringen würde, der vor allem beim Anpacken erstmaliger Aufgaben oder vorübergehender Notwendigkeiten die richtige Belebung bieten könnte, zumal wenn die Verwaltung als Unternehmer zu handeln hatte.

Zunächst führten diese Erwägungen periodisch zu einer Zunahme der staatlichen Gesellschaften. Aber mit der Zeit wandelte sich das Bild. Einerseits hat sich gezeigt, daß die ungemilderte Selbstbezogenheit der Gesellschaften das Gesamtprogramm der Exekutive durchlöchern könnte. Es war praktisch schwierig, ihnen breitere Wege zu zeigen. Andererseits offenbarte sich die staatliche Gesellschaft keineswegs immer als Muster des frischeren Geistes. So kam es zu einer Gegentendenz. Die staatliche Gesellschaft wurde allmählich teilweise in die behördlichen Normen hinübergedrängt. Die heutige Organisierungspolitik, die durch das Exekutivamt des Präsidenten gestützt wird, zielt darauf hin, jeder staatlichen Gesellschaft, wenn erwünscht, einen behördlichen Pflegevater zu benennen. Der Behördenchef soll sich mit den Angelegenheiten der Gesellschaft nur generell befassen. Er soll die Leitung in ihrem normalen Aufgabenkreis nicht selbst übernehmen. Aber er kann und soll eine Art von zwischenstuflicher Koordinierung übernehmen.

Wichtiger ist vielleicht, daß die staatliche Gesellschaft zudem in merkbarem Umfang der Haushaltsplan- und Rechnungskontrolle unterstellt worden ist. Zwar ist das vor allem auf Situationen anwendbar, wo die Gesellschaft öffentliche Gelder benötigt. Aber der geschäftliche Überblick über die Tätigkeit der einzelnen Gesellschaft im Bundesbudget ist an sich schon ein Sprungbrett zur Aufsicht.

In der Anwendung allgemeiner Finanzkontrollen ist man jedoch dem Wesen und Zweck der staatlichen Gesellschaft treu geblieben. Die Vorstellung von der erwünschten Freiheit im Eingehen auf die Eigenarten wirtschaftlicher Vorgänge hat dazu geführt, daß in der Budgetierung sowohl wie in der Rechnungslegung der Gesellschaften Gesichtspunkte und Methoden zur Anwendung kommen, die aus der Wirtschaftspraxis stammen. Das Bundesfinanzrecht enthält heute Sonderbestimmungen über die staatlichen Gesellschaften, die den Gesellschaften die Möglichkeit bieten, ihren Status und ihre Verhältnisse in Angleichung an den Geschäftsbericht einer privaten Gesellschaft darzutun. Außerdem sind sie im allgemeinen bei ihren Dispositionen über Eigenmittel in der Lage, freier zu verfahren, als das für Bundesbehörden generell der Fall ist, die Jahr um Jahr bei den Ausgabenbewilligungsausschüssen der beiden Kammern anzutreten haben, um ihre Budgetvorschläge zu rechtfertigen. Natürlich geht die Gesellschaft denselben Weg, wenn sie neues Kapital vom Bund benötigt.

Der Gang der Entwicklung ist also mit der Zeit in gewisser Hinsicht rückläufig geworden. Man hat den Versuch gemacht, die Idee der größeren Elastizität in der Geschäftsführung grundsätzlich aufrechtzuerhalten, andererseits die staatlichen Gesellschaften zur Befriedigung fühlbarer Bedürfnisse zu einem gewissen Grade in den Gesamtlebensbereich der Exekutive hineinzuziehen. Heute ist die staatliche Gesellschaft zweifellos keine vorherrschende Mode. Es gibt sie vor allem auf dem Gebiet des öffentlichen Kredit- und Versicherungswesens, für Land und Stadt; zwei Beispiele sind die *Commodity Credit Corporation* und die *Federal Deposit Insurance Corporation* (beide seit 1933). Andere wichtige Beispiele sind die *Export-Import Bank* (1934), die *Saint Lawrence Seaway Development Corporation* (1954) und die schon erwähnte und rühmlich bekannte *Tennessee Valley Authority* (1933). Man darf hinzusetzen, daß sich als Frucht dieser ganzen Entwicklung der Unterschied zwischen dem normalen Bundesverwaltungswesen und den staatlichen Gesellschaften verwischt hat. Das Experiment in der Berücksichtigung betriebswirtschaftlicher Gesichtspunkte hat dazu Anlaß gegeben, sie für die Finanzgebarung im Behördenwesen allgemein zu verwerten, wo das nützlich schien.

Das Mandat zur Reorganisierung

Es empfiehlt sich vielleicht, in diesem Zusammenhang als letztes die Frage zu erörtern, wer in den Vereinigten Staaten das Mandat zur generellen Änderung der Verwaltungsstruktur hat. Ist das Sache der Legislative oder der Exekutive? Müssen beide zusammenwirken? Vielleicht ist es nicht möglich, diese Fragen für den Bund, den Einzelstaat und die Gemeinde mit denselben Worten zu beantworten. Aber es mag besonderer Beachtung wert sein, daß man im Bund darin zu einer interessanten neuen Lösung gekommen ist.

Aus der früheren Erörterung der Beziehungen zwischen dem Kongreß und dem Präsidenten ergab sich das Bild eines Nebeneinanderstehens von selbständigen Gewalten. Der Präsident betätigt sich keineswegs nur als Arm der Volksvertretung. Im Rahmen der verfassungsmäßigen Aufgaben der Exekutive ist er sein eigener Herr. Er formuliert und vertritt sein eigenes Programm. Er muß den Versuch machen, dies Programm durch persönlichen Appell in die Öffentlichkeit zu tragen. Das Nebeneinander der zwei verschiedenen Handelnswelten läßt die Frage ungeklärt, wer in der Theorie der Bundesverfassung der maßgebende Vorsteher der Exekutive ist. Ist es die Volksvertretung, deren Majorität im parlamentarischen System die Exekutive als ihr Aktionsorgan zu dienen hat? Die Antwort wird schon darüber stolpern, daß sich das parlamentarische System in der „vollkommeneren Union" nicht finden läßt.

Aber auch in dem dualistischen System der gleichgeordneten Gewalten ist es zweifellos, daß der Chef der Exekutive auf Ermächtigungen im Wege des Gesetzes, auf die Annahme von Gesetzvorlagen durch die Volksvertretung angewiesen ist. Wie auch in parlamentarischen Systemen, spielt die Bundesexekutive in der Gesetzgebung die Rolle des Hauptproponenten, der normalerweise mit der Stimme des Präsidenten spricht. Wenn das Regierungsprogramm im Kongreß die Szene beherrscht, hat der Präsident allen Anlaß, sich unermüdlich um das Entgegenkommen des Kongresses zu bemühen.

In zweiter Hinsicht ist die Exekutive auf den Kongreß als das Organ der Haushaltsplanbewilligung angewiesen. Alljährlich kommt es zu einer tiefschürfenden Untersuchung der gesamten Bundesverwaltung durch die Unterausschüsse des Bewilligungsausschusses im Abgeordnetenhaus und im Senat, die in fast täglichen Sitzungen auf Monate die

Vorschläge der einzelnen Ressorts durchkämmen. Auch hier muß der Chef der Exekutive bereit sein, mit der Legislative zu paktieren.

In rein exekutiven Dingen dagegen ist er weitgehend frei, seinem eigenen Willen Ausdruck zu geben, obwohl er die schon früher skizzierte Art der Überwachung der Verwaltung durch den Kongreß nicht außer Auge lassen kann. Hat er daher die nötige Autorität, um den Behördenaufbau umzuändern? Ist das in seiner Exekutivgewalt eingeschlossen? Oder fällt es in die Zuständigkeit der Volksvertretung? Das ist eine wichtige Frage. Aber man darf sie im allgemeinen als dadurch beantwortet ansehen, daß die Bundesbehörden fast in jedem Fall auf einem ihre Aufgaben und ihre Gestalt umreißenden Gesetz beruhen. Es ist nicht selten, daß das Gesetz sich mit übertriebener Präzision über die interne Struktur der Behörde ausläßt. Unter solchen Umständen ist es unerläßlich, den Gesetzgebungsweg zu betreten, selbst wenn nur ein einziges Detail in dem Gesamtplan geändert werden muß. Dabei kommt es oft zu wettbewerblichen Konflikten zwischen der Legislative und der Exekutive, in deren Verlauf es nicht selten ist, daß die beruflichen Interessen der Verwaltung zu kurz kommen.

In der Suche nach einem Weg zur Überordnung des Sachlichen und zur Abschwächung der Rivalitätsinstinkte der beiden widerstrebenden Partner ist man 1939 unter dem Einfluß der Vorschläge des Brownlow-Ausschusses zum erstenmal auf eine Lösung gestoßen, die sich im Rahmen ihrer Möglichkeiten bewährt hat. Das ist das Verfahren des vom Präsidenten formulierten Reorganisationsvorschlags in Verkoppelung mit einem Vetorecht des Kongresses. Die Situation ist also im Vergleich zur Norm umgekehrt. Unter der Verfassung kann der Präsident ein Veto gegen Gesetzesbeschlüsse des Kongresses einlegen. Hier hat der Kongreß durch besondere gesetzliche Regelung und insofern durch Selbstbindung dem Präsidenten die Machtbefugnis erteilt, gewissermaßen als Gesetzgeber tätig zu werden, soweit der Kongreß keinen Einspruch erhebt.

Wenn der Präsident aus seiner Kenntnis der Verwaltung eine Umänderung der Struktur für nötig hält, übersendet er dem Kongreß einen entsprechenden Plan. Ein solcher Plan ist äußerlich einem Gesetzentwurf in jeder Hinsicht vergleichbar. Er präzisiert in allen Einzelheiten, was geändert werden soll und in welcher Weise. Man könnte sich den Plan auch als Verordnungstext vorstellen, der so in Kraft treten könnte, muß aber bedenken, daß der Präsident ein allgemeines Rechtsverordnungsrecht nicht besitzt, im Gegensatz zu Verordnungsrechten, die ihm durch die Legislative besonders delegiert sind.

Der Kongreß mag seinen Widerspruch in verschiedener Form bekunden, je nach den Vorschriften des jeweiligen Ermächtigungsgesetzes in der zeitlichen Folge von befristeten Ermächtigungsgesetzen, die seit

1939 dies Verfahren vorgesehen haben. So mag vorgeschrieben sein, daß es zum formell effektiven Veto des Widerspruchs beider Häuser bedarf, was am klarsten den Einspruch des Kongresses ausdrückt. Andererseits mag vorgeschrieben sein, daß der Widerspruch eines einzigen Hauses den Plan zum Scheitern bringt. Wiederum ist es möglich, daß das Ermächtigungsgesetz eine besondere Mehrheit stipuliert, vielleicht sogar eine qualifizierte Mehrheit der gesamten Mitgliedschaft.

Allerdings hat der Kongreß im Laufe der Jahre sein Widerspruchsrecht ausgeweitet. Man hat zunächst mit einer relativ sorgfältigen Umreißung des Widerspruchsrechts begonnen. Für viele schien es sowohl ermutigend wie auch überraschend, daß das in der Legislative Sympathie fand. Mit der Zeit hat der Kongreß bei der Beratung der zeitlich einander nachfolgenden Ermächtigungsgesetze diese Selbstbegrenzung niedergefeilt. So vergrößerte sich die Wahrscheinlichkeit, daß ein Plan zum Scheitern kommen würde. Ebenso verminderte sich das Interesse der Exekutive an der Aufrechterhaltung des ganzen Verfahrens.

In der Logik des Gesetzgebungsverfahrens hat der Widerspruch eines ganzen Hauses im Zweikammersystem negierenden Effekt. Unter solchen Umständen, zumal wenn der Plan vorerst vom Fachausschuß angemessen beraten worden ist, hat die Exekutive meistens Anlaß, den Plan einstweilen auch von sich aus fallen zu lassen. Wenn man jedoch den Verlauf seit 1939 in seiner Gesamtheit betrachtet, so fällt zunächst ins Auge, daß nur sehr wenige Reorganisationspläne des Präsidenten am Widerspruch des Kongresses gescheitert sind. Es kam jeweils zu Einwänden, aber am Ende lagen die nötigen Mehrheiten nicht vor, um einen formellen Widerspruch anzuzeigen.

Man könnte vielleicht zunächst folgern, daß dies Verfahren zu einer erheblichen Machtzunahme der Exekutive geführt habe. Tatsächlich aber ist dem nicht so. Wie auch sonst in der pragmatisch orientierten amerikanischen Verwaltung belegt der Sachverhalt die auf das Mögliche gerichtete Planung. Es handelt sich um die Anwendung dessen, was man als das antizipierende Denken bezeichnen könnte. Das antizipierende Denken, vor allem im Ausfühlen der politischen Gegebenheiten, ist vielleicht eines der Merkmale der beruflichen Verwaltung in den Vereinigten Staaten. Der Verwaltungsmann steht zwischen den gegeneinanderstrebenden Kräften. Er hat keinen ständigen Beschützer. Er muß sich immer wieder innerhalb der politischen Konstellationen und der gesellschaftlichen Entwicklung eine Arbeits- und Aktionsgrundlage schaffen. Als Teil seiner praktischen Erfahrung zeigt der amerikanische Berufsbeamte eine gesteigerte Sensitivität gegenüber dem politisch Erreichbaren, die sich mit dem beruflichen Urteil des Fachmanns in der Regel glücklich paart. Er vergißt selten, daß die Bühne des öffentlichen Handelns eine politische Bühne ist. In der Regel übersieht er nicht, daß sein Chef sachliche Erfordernisse auf dieser Bühne rechtfertigen muß.

Deshalb versteht es sich von selbst, daß der Präsident bei der Formulierung seiner Reorganisationspläne sich eine den jeweiligen Umständen entsprechende Zurückhaltung auferlegt. Es liegt ihm meistens nicht daran, politisch unmögliche Vorschläge an den Kongreß heranzubringen. Das würde seinem Ansehen nur in Ausnahmefällen zuträglich sein, so vielleicht als öffentliche Demonstration. Normalerweise wird er sich die Frage vorlegen: Wenn ich mich voll für diesen Plan einsetze, kann ich damit durchdringen? Das ist beinahe immer der entscheidende Gesichtspunkt.

Wer ist es, der bei der Formulierung dieser Pläne für den Präsidenten die gründliche Vorarbeit übernimmt? Wer erwägt, weshalb die spezielle Änderung in der Struktur der Verwaltung notwendig ist und welche Konsequenzen sich aus dem Änderungsvorschlag ergeben werden? Wer liefert ihm die Argumente, vielleicht sogar die gewinnende Phrase? Diese Aufgabe liegt den Fachbeamten für Verwaltungsorganisation im Budgetbüro ob, das Teil des Exekutivamts des Präsidenten ist. Die Spezialgruppe für Organisationsfragen setzt es sich zur Aufgabe, der vorstellbaren Entwicklung vorzudenken. Sie arbeitet in einer Weise, die mit der Theorie des militärischen Generalstabs vergleichbar ist. Pläne werden ausgearbeitet und angesammelt, die manchmal lange Zeit in den Schreibtischen verborgen bleiben, aber im entscheidenden Augenblick dem Präsidenten zur Verfügung stehen. Die Planung greift auch auf die im einzelnen beteiligten Ressorts über. Man muß sich natürlich mit ihnen auseinandersetzen. Man muß überdies herausfinden, ob aus den Ressorts scharfe Widerstände kommen werden, die ein sympathisches Echo im Kongreß und auf seiten bestimmter Interessenverbände finden könnten.

Sechstes Kapitel

Mittel der Verwaltung

Wie kommt es zur Entscheidung?

Das Thema der Verwaltungsmittel könnte man in sehr unterschiedlicher Form behandeln. Für die kontinentaleuropäische Tradition ist es wahrscheinlich naheliegend, bei der Erörterung der Verwaltungsmittel vor allem an die mit dem Verwaltungsakt verbundenen Begriffskategorien in juristischer Blickweise zu denken. Das ist ein Weg zum Verstehen, der eine nützliche Einführung vermitteln würde, falls die Handelnsvorgänge unter der sie verhüllenden Rechtsdecke im einzelnen gegenständlich zu machen wären. Wenn wir uns hier auf die speziellen Formen der Entscheidungsgestaltung, so wie sie den Bürger berührt, konzentrierten, so würde uns das sehr weit führen. Es wäre dann notwendig, tiefer in das Rechtssystem der Vereinigten Staaten einzudringen, als das unseren Zwecken entspricht.

Es ist ratsamer, von den Mitteln der Verwaltung in einem weiteren Sinne zu sprechen. Der Verwaltung sind Zwecke gesetzt. Was geschieht, um diese Zwecke zu erreichen? Es handelt sich hier um die Art und Weise, wie die Verwaltung sich geltend macht, sich zur Auswirkung bringt. Das führt uns auf innere Vorgänge hin, deren Wirkungen nach außen in der Regel sorgfältig projiziert werden.

In gewissen Grenzen können wir bei der Erörterung der Mittel der Verwaltung davon ausgehen, daß es sich hier letztlich um eine bewußt gruppierende Konsolidierung von Willensgehalten handelt. Die Gruppierung ist gleichzeitig eine Vermittlung. Vertrautheit mit Verwaltungsvorgängen führt zu einer Selbsteinordnung der Beteiligten, ohne daß es je zu einer vollen Vereinigung aller aktiven Willensgehalte kommt. Diese Willensgehalte bewegen sich überwiegend nicht frei im Raume. Eine jedenfalls fragmentarische Ordnung entsteht durch Gesetz, Verordnung, Verwaltungsübung, Verwaltungsaufbau, Erwartungen, die die Öffentlichkeit hegt, und Bilder, die die Beteiligten sich von ihrer Rolle und der Rolle anderer machen. Das Ergebnis ist eine institutionelle Gestaltung, die als vorgeordnet behandelt wird. So läßt sich das Wesen der Entscheidung als eine Verbindung von Willensgehalten erfassen. Was manchmal übersehen wird, ist die kettenmäßige Natur der einzelnen formell ausgewiesenen Entscheidung, die meistens ungezählte Vor- und Unterentscheidungen zur Grundlage hat.

Den Willensgehalten werden also dadurch Bahnen vorgezeichnet, daß Verwaltung konkrete Dinge erreichen will. Die Zwecke der Verwaltung werden im Rechtsstaat oder unter der ihm in vielem entsprechenden englisch-amerikanischen *rule of law* durch Gesetz festgelegt. Zur Erreichung solcher Zwecke bedarf es aber eines Nachfühlens auf seiten derer, die dafür die Verantwortung tragen. Das rechtfertigt den Einsatz des Ermessens. Aus diesen Dingen läßt sich, wie bekannt, eine juristische Mittellehre entwickeln. Hier jedoch soll die Aufmerksamkeit vor allem auf das Verwalten selbst gerichtet werden, auf die allgemeinen Merkmale des Verwaltungsganges als einer Ausrichtung von Willensgehalten zur Erzielung eines hinreichenden Gesamtwillens, um voraussehbare Wirkungen in der Öffentlichkeit zu ermöglichen.

Vielleicht ist es in der Hauptsache dasselbe, wenn man eine systematische und theoretisch befriedigende Erfassung des Wesens der Verwaltung auf dem Begriff der Beziehung aufbaut. Das beschränkt uns nicht auf menschliche Beziehungen. Selbst Zweckvorstellungen gehen auf die Herstellung von Beziehungen zurück, Beziehungen zwischen Sachen und Vorgängen. Auch das einfachste Verfahren gründet sich auf Wechselbeziehungen im Arbeitsprozeß. Organisation ist ein Gebilde von Beziehungen. Diese Denkform der Beziehung ist besonders gut geeignet, gewisse Kennzeichen der amerikanischen Verwaltung zu verdeutlichen.

Wenn man das Studium eines Verwaltungssystems auf der Grundkategorie der Beziehung aufbaut, so würde ein Abirren in den reinen Organisationsformalismus verhütet werden. Der Nachdruck würde dann auf dem liegen, was die Aktionsbeteiligten miteinander verbindet, was ihre Willensrichtung auf den Gesamtzweck hinlenkt. Es bedarf so der Klarstellung, wie die programmatische Formel lebendig gehalten wird, in die sich der Beteiligte bewußt einfügen kann, so daß er seine institutionelle Rolle lernt. Anders ausgedrückt: Verwaltung, wie sonstige Gruppenprozesse im allgemeinen, ist in weitgehendem Umfang das Ergebnis einer Rollenerfassung. Der Beteiligte wird produktiv durch das Erlernen der Beziehungen zwischen Zwecken und Mitteln, zwischen Organisationseinheiten, zwischen Aktionspunkten, zwischen Vorgesetzten und Untergebenen. Und die Konsistenz der Verwaltung, die Verläßlichkeit der Verwaltungsformen, ergibt sich daraus, daß der Mensch das Erlernte als Vermögensgut ungern preisgibt.

Wenn man heute davon spricht, daß im Zeitalter der Großorganisation die öffentliche Verwaltung und die Privatwirtschaft gemeinsam dem bürokratischen Wesen die Tore öffnen, so handelt es sich hier vielleicht weniger um pathologische Erscheinungen im eigentlichen Sinne als vielmehr um den Zoll, den das Gute dem Bösen zahlt. Die Gegensätze sind gewissermaßen organisch miteinander verbunden: Hier Verfahrenstreue, dort Verhärtung des Geschäftsgangs. Beide haben ihren Ausgangspunkt in der geplanten Wiederholung bestimmter Handelnsfiguren, die Regelmäßigkeit, Voraussehbarkeit und Objektivität gewährleistet. Aber die Energieeinsparung der routinemäßigen Gestaltung führt gleichzeitig zum Automatismus der „toten Seelen". Stärke und Schwäche liegen hier beieinander. Um die Stärke zu vermehren und die Schwäche zu vermindern, bedarf es einer überlegten Beeinflussung der Arbeitsbeziehungen, der Einordnung von Menschen in die Wertvorstellungen anderer Menschen. Sowohl die Verwaltungshandlung wie auch die Verwaltungsleistung ist in ein Gewebe von Beziehungen eingefügt.

In einer Erörterung der Mittel der amerikanischen Verwaltung brauchen wir uns nicht damit aufhalten, eine generelle Mittellehre zu entwickeln. Es kann sich nicht darum handeln, allgemein vertraute Dinge des Verwaltungswesens in ihren speziellen Formen für typische Situationen nachzuzeichnen. Die Anwendung der Verwaltungsmittel führt uns in das geräumige Dreieck: Handelnsanlaß, Mittelwahl und Erfolgswürdigung. Darin gibt es viel von Land zu Land Gemeinsames: Sachverhaltsermittlung, Verantwortungsstufung, Anordnung, Beschwerde, Zwangsmaßnahmen und vor allem die Papierfülle. Aber das allgemein Gegebene dürfen wir voraussetzen, um das zu unterstreichen, was als Hauszeichen der amerikanischen Verwaltung hervorzutreten scheint. Es sind Lichter, die Zusammenhänge ersichtlich machen, ohne die Landschaft der Verwaltung insgesamt voll zu erhellen.

Wie kommt es zum Gebrauch der Verwaltungsmittel? Allgemein gesprochen läßt sich sagen, daß sowohl das Planen wie auch das Handeln seine entsprechenden Mittel hat. Beide bedürfen, wiederum ganz allgemein betrachtet, eines Anstoßes. So läßt sich davon ausgehen, daß der erste Schritt zu dem, was in der Verwaltung häufig Entscheidung genannt wird, seinen Beginn in einem Anstoß hat. Der Anstoß kommt oft von außen. Er mag sich in einem Begehren des Bürgers in tausend verschiedenen Formen gegenständlich machen. Der Anstoß mag auch innerhalb der Verwaltung selbst erfolgen. Er liegt vielleicht in einem allgemeinen Handelnsgebot gesetzlicher Art. Er besteht vielleicht in einem Ansuchen um Stellungnahme, in einer Anordnung, eine Untersuchung durchzuführen, oder gar in dem freien Entschluß, eine weitere Erforschung undurchsichtiger Verhältnisse in die Wege zu leiten. Der Auftrag, einen Entwurf vorzulegen, sei es für einen Bericht, sei es für ein Aktionsdokument, bedarf eines Anstoßes, der sowohl außerhalb wie innerhalb der betreffenden Verwaltungsinstanz liegen mag.

Eine lebendige Verwaltung wird sich nicht das Privileg abschneiden lassen, selbst ihren Apparat anzustoßen, im Gegensatz zu der weniger erfreulichen Lage, wenn man ständig von anderen gestoßen wird. Hier läßt sich schon ein besonderer Zug der amerikanischen Verwaltung entdecken. Die schon wiederholt angesprochene Stabsentwicklung, deren Lebensdrang vor allem aus der Reformbewegung stammt, fördert Planung, Vorbereitung und Vorandenken. Die ebenfalls bereits früher betonte politische Sensitivität des amerikanischen Verwaltungsmanns erhöht die Tendenz, durch manchmal langfristige Vorarbeit dem Druck wie auch der öffentlichen Verwünschung zu entgehen. Die Grenze liegt dabei in dem Verhältnis zwischen Aufgabenfinanzierung und Arbeitslast. Es gibt natürlich überlastete Verwaltungsbehörden, die mit hängender Zunge dahinlaufen müssen, ohne zum Nachdenken Ruhe zu finden. Für sie kommt der Anstoß zu oft von außen. In Kürze: Der Anstoß kann aus verschiedenen Welten kommen; er kann auf verschiedene Dinge gerichtet sein. Man muß dem aber noch hinzusetzen, daß er in der Verwaltung unterschiedliche Konsequenzen auslöst. Hier ist ein Antrag, der eine Reihe von Formularen in Marsch setzt, in deren Behandlung der in der Reihe der Arbeitsplätze auf dem 17. Platz eingesetzte Sachbearbeiter genau weiß, was er zu tun hat, gewissermaßen am laufenden Band. Er macht seine besondere Prüfung und zeichnet an einer bestimmten Stelle ab. Die Sache wandert dann weiter, der letzten Unterschrift zu. Dem steht eine komplizierte Aufgabe gegenüber, vielleicht ein Neugebiet zu durchstreifen, um einen ersten Entwurf zur Unterrichtung des Kabinetts zu verfertigen, möglicherweise mit beizulegenden Vorstudien und statistischen Zusammenstellungen.

Der Unterschied zwischen diesen beiden Beispielen macht deutlich, daß es kaum Aufgabe der Verwaltung ist, vorschnell zu handeln. Es ist kein Verdienst, mit einer voreiligen Entscheidung hervorzuspringen. Nicht selten wäre es unsinnig, zu einem schnellen Nein oder einem schnellen Ja zu kommen. Aber wer mit dem Ja und dem Nein aus Gewissenhaftigkeit zurückhält, muß gute Gründe haben. Der Verwaltungsmann muß wissen, worum es sich handelt. Wissen ist ein der Verantwortlichkeit zugänglicher Umstand, im Gegensatz zur Intuition, zum Fühlen. Die Beschaffung solchen Wissens setzt angebrachte und kontrollierbare Wissensmittel voraus, denen das bloße Gefühl entraten kann. Die Verwaltung hat also die Aufgabe, sich den Weg in die Aktion selbst zu erschließen, und zwar dadurch, daß sie ihre konkrete Sachkenntnis zur Geltung bringt.

Die Geltendmachung der Sachkenntnis der Verwaltung geht von der Klarstellung der Umstände aus. Wie bei der juristischen Methode fängt es mit der präzisen, vorurteilslosen und daher bindungsfreien Feststellung des Tatbestands an. Es bedarf der Sachverhaltsermittlung, die manchmal umfangreiche Erhebungen erfordert, wie bei Untersuchungen über die Wirtschaftsentwicklung, über die Auswirkungen der Automatisierung oder über das Sparwesen. Das sind meistens Ministerialaufgaben, obwohl sie in Amerika häufig besonders konstituierten Gremien von sachkundigen Privatpersonen zugeteilt werden, die auf eine bestimmte Zeit beratend tätig sind. Noch allgemeiner, vor allem im Bund, ist die vertragliche Übertragung von Studienaufträgen an akademische Institutionen. Dabei übernehmen Stabsstellen in den Behörden meistens die Adjutantur, indem sie bei der Planung und bei der Ergebniswürdigung eine maßgebliche Rolle spielen, aber auch das einzelne Studienprojekt auf die Bedürfnisse der Verwaltung hinlenken.

Ermittlung des Sachverhalts ist jedoch auch bei routinemäßigen Fallbearbeitungen nötig. Aus der Erfahrung der Verwaltung ergeben sich natürlich gewisse Ordnungsformen, die eine Vereinfachung der Sachverhaltsermittlung ermöglichen. Man arbeitet nach einem bestimmten Schema. Das Schema soll indessen nicht erdrücken. Es soll zum Zwecke führen. Es soll deshalb auch Variationen zulassen. Es soll das Ermessen des Handelnden nicht abschalten. Es soll ihn andererseits nicht zur Herrschaft über das Ergebnis ermuntern, indem er die Methode der Sachverhaltsermittlung aus Bequemlichkeitsgründen abkürzt oder subjektiviert und so vielleicht seine eigenen Vorurteile triumphieren läßt. Die Anerkennung des Zwangs des Faktischen ist schon in vorherigen Erörterungen als das Erbe der Reformbewegung bezeichnet worden. Die Annäherung an die wissenschaftliche Methode in der Tatsachenerfassung, die der Verwaltung einen beruflichen Stempel gab, stellt den Beginn der modernen amerikanischen Verwaltung dar. Die Verpflichtung auf das Sachliche, das erlernte Ausschalten des Persönlichen und die Zurückhaltung gegenüber parteipolitischen Motivierungen geben dem Verwaltungshandeln gewisse justizielle Züge.

Drei Dinge bedürfen dabei für die Würdigung der amerikanischen Verwaltung der Hervorhebung. Als erstes darf daran erinnert werden, daß die Großbehörde das Feld beherrscht. Verfahrensordnungen sind schon deshalb Massenordnungen, die einerseits den einzelnen innerhalb wie außerhalb des Amts mit Unterjochung bedrohen und andererseits einem unverantwortlichen Suchen nach Auswegen, nach unverschlossenen Türen Vorschub leisten. Die in den Behörden um sich greifende Automatisierung wird darin wahrscheinlich keine entscheidende Änderung herbeiführen. Wichtiger mag dazu ein Zweites sein: die aus der Stabsentwicklung erklärliche Bereitwilligkeit, verfahrenstechnische Probleme Spezialisten anzuvertrauen, die als Teil der Behörde ihrem Geschäft nachgehen und auch von sich aus die Frage nach dem Sinn und der Zweckmäßigkeit eines bestimmten Verfahrens aufwerfen können. Und drittens hat die Stabsstruktur als allgemeiner Ausdruck der Spezialisierung die Zahl und Zugänglichkeit der verfügbaren Sachverstandsquellen erhöht. Der Entscheidungsvorgang ist dadurch verfestigt und bereichert worden.

Die Verwendung der Sachverstandsquellen unterliegt ebenfalls verfahrensmäßiger Ordnung. Die Papieransammlung, die den einzelnen Arbeitsauftrag repräsentiert, geht von einer Sachverstandsquelle zur anderen. Der Abschluß der jeweiligen Prüfung wird in verschiedener Weise gekennzeichnet: durch formelle Änderungsvorschläge, durch kommentierende Bemerkungen, durch zustimmende Unterschrift. Etappenweise verschärfen sich die Konturen des Ergebnisses. Es absorbiert begründete Einverständnisse. Eine gewisse wettbewerbliche Haltung hält die verschiedenen Sachverstandsquellen gewöhnlich davon ab, ihre Aufgabe dem gegenseitigen Solidaritätsbedürfnis des Bruders gegenüber dem Bruder unterzuordnen. Wenn der Wunsch überwiegt, den Kollegen in der anderen Arbeitsgruppe keine Schwierigkeiten zu machen, fällt die Sachlichkeit zwischen zwei Stühle. Berufliches Verwaltungswissen bedeutet also nicht an letzter Stelle, daß man Kenntnis der Sachverstandsquellen und ihrer Arbeitsbeziehungen besitzt. Man wird sich hier einer Parallele bewußt: Sicherheit im Zugehen auf Kenntnisquellen hat schon Max Weber als Grundzug der wissenschaftlichen Arbeit bezeichnet. Eine besonders wichtige Sachverstandsquelle ist in

Das Gebot der Gesetzmäßigkeit

Eine besonders wichtige Sachverstandsquelle ist in Amerika die Rechtsabteilung. Sie liefert Antwort im Hinblick auf bedeutsame Vollmachtsprobleme. Der Verwaltungsmann fragt: Was ist der beste und sicherste Weg, um ein erwünschtes Ergebnis zu erzielen, das sich sowohl im staatspolitischen wie auch im staatsbürgerlichen Interesse vertreten läßt? Er fragt vielleicht häufiger: Wie weit reicht der Regenschirm der gesetzlichen Ermächtigung? Der angeblich gute Wille darf über den Rand des Regenschirms nicht hinausgeschoben werden. Das ist das Prinzip der Verwaltung unter dem Gesetz, *government of laws*, wie man es in den Vereinigten Staaten ausdrückt. Die Vollmacht an die Verwaltung ist gleichzeitig eine Begrenzung. Sie ist eine Begrenzung der guten Absicht ebenso wie eine Begrenzung des bösen Willens. Willkür liegt schon dann vor, wenn die Verwaltung sich außerhalb des Regenschirms betätigt. Sie mag ein gutes Argument haben. Sie mag zeigen, daß es im Grunde so gemacht werden müsse. Aber wenn der Regenschirm nicht mehr ganz dahin reicht, dann ist der Weg nicht offen.

Da das amerikanische Verwaltungsrecht vorwiegend ein Mosaik von unzähligen Fallentscheidungen darstellt, spricht es weniger in generellen Normen als das deutsche Verwaltungsrecht. Man kann daher leichter im Gestrüpp hängen bleiben. Die großen verwaltungsrechtlichen

Werke, die eine ungeheure Materialfülle zu bemeistern haben, sind daher massive Bücher. Professor Kenneth C. Davis benötigt für seine gründliche Darstellung vier schwere Bände.

Bei der Prüfung von Vollmachtsfragen und Sinnzweifeln in den formellen Handelnsgeboten wird der Jurist in der amerikanischen Verwaltung ebenso zwangsläufig herangezogen und gelegentlich auch so schlau ausgebeutet, wie das in der Sowjetverwaltung der Fall ist, vor allem in ihren öffentlichen Wirtschaftsbetrieben. Ganz im Gegensatz zu gewissen Verallgemeinerungen zeigt sich in der Sowjetunion darin eine erstaunliche Verdichtung der juristischen Beratung. Der Syndikus mag die Profitabrechnungen entscheidend beeinflussen, weil er die Kniffe unter Tausenden von Anordnungen finden kann und auch mit den anderen Instanzen zur Erzielung von Konzessionen direkt verhandelt. Wie in der Sowjetunion ist in den Vereinigten Staaten der Jurist eine Quelle des fachlichen Sachverstandes; er ist nicht der Gestalter der Verwaltung selbst. Soweit Juristen sich in der Verwaltung betätigen, ohne spezielle juristische Aufgaben zu haben, handeln sie sozusagen incognito. Sie sind dann als Juristen in der Verwaltung nicht erkennbar.

Aber es ist keineswegs ungewöhnlich, daß der Dezernent, der sich als Verwaltungsmann bezeichnet, juristische Vorbildung in der Westentasche mit sich trägt, die sich dann in seinem Verständnis für Rechtsfragen ausweist. Es ergeben sich so manchmal persönliche Beziehungen mit der Rechtsabteilung, die es wahrscheinlich machen, daß ein solcher Dezernent, obwohl er sich nicht als Jurist fühlt, in Dingen der rechtlichen Auslegung das letzte Wort hat. Man erkennt an, daß er vor allem auf seinem eigenen Zuständigkeitsgebiet ein Kompendium des juristischen Wissens wie der Fachkenntnis ist. Wenn solche glückliche Verbindung von Kompetenzen nicht vorliegt, wird die Rechtsabteilung nicht selten als Interventionsquelle gemieden. Sie wird herangezogen, wenn das geplante Verwaltungsergebnis der endgültigen Gestalt schon nahe ist. Natürlich bedarf es des Juristen auch in der Verfahrensgestaltung, vielleicht sogar einschließlich des Arbeitsplans für die Koordinierung der verschiedenen Sachverstandsquellen. Dennoch ist es ein vertrautes Lament der Rechtsabteilung, daß man sich ihrer erst entsinnt, wenn man den Geruch des Qualms wahrnimmt. Der Fachmann in den einzelnen Spezialgebieten der Verwaltung fühlt sich in seinem eigenen Denken und Wissen so zu Hause, daß er dem juristischen Zensorat zu entrinnen versucht. Er möchte sich aus einer bevormundenden Verstrickung freihalten. Die Überwindung solcher Versteifungen geschieht am wirkungsvollsten in formlosen Konferenzen, die in der amerikanischen Verwaltung eine große Rolle spielen.

In der Prüfung von Vollmachtsfragen innerhalb der Verwaltungsbehörden ist die justizstaatliche Ordnung in den Vereinigten Staaten von ausschlaggebender Bedeutung. Denn die Verbindung der Justiz mit der Verwaltung ist weder organisch noch harmonisch. Sie ist keine Beziehung wechselseitiger Unterrichtung oder Belehrung. In der amerikanischen justizstaatlichen Ordnung fällt besonders ins Gewicht, daß es an einem Lebensberuf im Richteramt fehlt. Das Übertreten der Anwälte in den Richterstand im Höhepunkt oder am Ende ihrer Karriere bringt ein Übertragen ihrer Denkweise mit sich. Sie sehen die Behörden oft als anonyme Maschinen, denen gegenüber der einzelne selbst als Großunternehmen oder organisierter Interessenverband der unbedingten Sympathie und des ständigen Schutzes bedarf. In seiner heutigen Gestalt ist dies das Echo des Aufrufs gegen den „neuen Despotismus", der in England am Ende der zwanziger Jahre ertönte. Angemessener Rechtsschutz ist eine elementare Notwendigkeit. Ihr wird jedoch nicht gedient, wenn man davon ausgehen würde, daß die Verwaltung mit dem Bösen in unzüchtiger Beziehung lebte.

Die Justizkontrolle der Verwaltung läßt zu wünschen übrig. Es ist einerseits anerkannt, daß es der Rechtspflege nicht dienlich sein könnte, wenn sie eine Realkontrolle, eine Kontrolle über die Würdigung der sachlichen Elemente des Verwaltungsakts anstrebte. Der einzelne Streitfall sollte auch nicht so behandelt werden, als ob er willkommenen Anlaß zur Bestrafung der Verwaltung böte. Aber andererseits wandelt die richterliche Praxis einen Zickzack-Weg. Es gibt eine geschlossene Kette von Präzedenzentscheidungen, vor allem der höchsten Gerichtshöfe der Einzelstaaten, die die Theorie verkünden, daß die Rechtspflege die Arbeit der Verwaltung nicht duplizieren soll und daß daher die Verwaltungsentscheidung nur dann angegriffen werden kann, wenn klar etwas vom juristischen Standpunkt nicht in Ordnung ist. Das schließt verschiedene Situationen ein. Die Verwaltungsentscheidung mag offensichtlich außerhalb des Regenschirms der Ermächtigung liegen. Sie mag in ihrer Motivierung sich als Willkürakt offenbaren. Grobe Verstöße gegen allgemeine Billigkeit und grundlegende Verfahrensprinzipien liefern Angriffspunkte im Sinne dieser Präzedenzentscheidungen. Aber es gibt daneben eine andere Kette von Präzedenzentscheidungen, die es der Justiz einschärfen, der Verwaltung genau auf die Finger zu schauen. Wenn die Verwaltung sich in dem strittigen Fall nicht völlig rechtfertigen könnte, würde ihre Entscheidung zu Fall kommen müssen.

Im Gegensatz zu der erhöhten Sachkenntnis der kontinentaleuropäischen Verwaltungsgerichtsbarkeit betrachtet es die amerikanische Justiz nicht als ihre Aufgabe, der Verwaltung gehbare Pfade nahezulegen. Dazu liegt ihr die Welt der Verwaltung zu fern. Was die Behörde aus dem von dem Gerichtsurteil hinterlassenen Trümmerfeld machen will, bleibt ihr überlassen. Auch ihre Neulösung mag keine Gnade finden, wenn die Behörde wiederum vor den Richter zitiert wird. Diese Umstände, die sich aus dem amerikanischen Modell der justizstaatlichen Ordnung ergeben, machen die Prüfung von Vollmachts- und Verfahrensfragen innerhalb der Verwaltung oftmals besonders schwierig.

Die Sachverhaltsermittlung und die Ausnutzung von Quellen spezialisierter Kenntnis stehen einer Monopolisierung der jeweiligen Entscheidung durch den einzelnen Bearbeiter entgegen. Das Kollektive im Entscheidensvorgang, seine weitgehende Pluralisierung, wird in den Vereinigten Staaten nicht hintangestellt. Das muß nicht nur mit den Massenbedürfnissen der Großbehörden, sondern auch mit der Auflehnung gegen parteipolitische Manipulation und bürokratischen Eigensinn in Verbindung gebracht werden. So erklärt es sich, daß die Anlernung von Neulingen innerhalb der Verwaltung zu einer bewußten Betonung der Arbeitsgemeinsamkeit, der Querverbindungen im Entscheidensvorgang und der Beteiligungsformen führt.

Erst am Schluß kommt es so zu dem, was man juristisch vielleicht als den Beginn der Erörterung ansehen würde: zur Entscheidung. In der Entscheidung kommt die wechselseitige Einwirkung von Willensgehalten durch Kombinationen von Willensgehalten zu einem einstweiligen Ende. Damit schließt der Verlauf ab. Man hat ein Produkt. Aber der Produktionsapparat geht dem Produkt logisch voran. Der Endakt im Entscheidensvorgang ist nicht primär. Er wird gewissermaßen zur Ratifikation.

So entbehrt es kaum jeder Begründung, wenn man unter erfahrenen Verwaltungsmännern wenig von der Romantik der Entscheidung hört. Sie behaupten meistens, was zunächst als Selbstironisierung erscheinen mag, daß ihnen keine von ihnen tatsächlich selbst getroffene Entscheidung erinnerlich sei. Sie wollen natürlich das ständige Hinausrollen von Verwaltungsentscheidungen in die Außenwelt nicht leugnen. Worauf sie abstellen, ist etwas anderes, nämlich, daß im Grunde keine Entscheidung in voller Selbstisolierung getroffen wird. Sie ist das Endergebnis eines Gruppenprozesses, in dem der mit dem letzten Entscheidensakt Belastete eine Ratifikation vornimmt. Sein Handeln ist normalerweise zur Hauptsache ein Ratifikationsakt. Der letztlich Entscheidende stützt sich auf die Kenntnis der Vorarbeit, selbst wenn er sich aus besonderen Gründen über den resultierenden Vorschlag hinwegsetzt. Ein Ratifizieren vermindert nicht die Verantwortung für die Ratifikation. Der Gruppenprozeß vervielfacht und vertieft das Bemühen um einen befriedigenden Entscheidungsabschluß. Er erhöht die Wahrscheinlichkeit der Angemessenheit der Einzelentscheidung. Verantwortlichkeit für die letzte Unterzeichnung bezieht sich nicht nur auf den konkreten Vorgang, sondern auch auf die generelle Entscheidungsmethodik.

Unterrichtung der Öffentlichkeit

Verwaltung hat den Zweck, nach außen zu wirken. Sie zielt meistens auf eine Beeinflussung des Verhaltens ihres Publikums hin, auch wenn die Verwaltungstätigkeit ihm unmittelbar dient. Das erfordert Einwirkung, die nur in letzter Hinsicht auf Zwang angewiesen ist. Ein viel wichtigeres Mittel ist sorgfältige Unterrichtung der Öffentlichkeit über die von ihr erwarteten Verhaltensnormen.

Wie andere Verwaltungsmittel nicht im Werkzeugkasten der Verwaltung liegen bleiben sollen, so hat auch die Unterrichtung der Öffentlichkeit das Ziel, der Verwaltung die Erfüllung ihrer Aufgaben im Hinblick auf die Außenwelt zu erleichtern. Durch Einwirkung auf die Öffentlichkeit wird dem Verwaltungsergebnis der Boden bereitet, einerlei ob es sich um Hoheitsverwaltung oder um wirtschaftsbetriebliche Verwaltung allgemein handelt. Unter Anwendung der allgemeinen Wahrscheinlichkeitsregeln, die Schlußfolgerungen über das menschliche Verhalten zulassen, muß der Markt für das Verwaltungsprodukt empfänglich gestaltet werden. Die Pflicht zur Unterrichtung der Öffentlichkeit findet in der amerikanischen Verwaltung daher große Beachtung.

Die Unterrichtung des Publikums beschränkt sich nicht auf die Belehrung des Bürgers über die Ziele, Aufgaben und Zuständigkeiten der Behörde. Sie erstreckt sich auch auf geeignete Hinweise, die ihm erklären sollen, wie man den Apparat als Gesuchsteller in Bewegung setzt. So ist es nicht ungewöhnlich, daß die verschiedenen Verwaltungszweige kleine gedruckte Broschüren mit solchen Hinweisen zur freien Ausgabe in den Vorzimmern der Behörden niederlegen, damit jeder Besucher sich ein Exemplar mitnehmen kann. Häufig sind derartige Veröffentlichungen so abgefaßt, daß der Text auch für den langsamen Leser anziehend wirkt. Besonderer Nachdruck wird darauf gelegt, ganz im Sinne der industriellen Kundenpflege eine plaudernde Bildsprache zu finden, um dem Bürger zu zeigen, daß jedermann das komplizierte Klavier der Behörde als Antragsteller auch mit einem Finger spielen kann. Diese Belehrungsaufgabe der Verwaltung entspringt der durchaus praktischen Erwägung, daß ohne eine unterrichtete Öffentlichkeit auch das beste Gesetz realistisch nicht in Wirksamkeit treten kann. Gesetzesvollzug hat seine wichtigste Grundlage in dem positiven Verhalten des Publikums.

Ebenso ernst nimmt die amerikanische Verwaltung in der Regel ihre öffentliche Auskunftsverpflichtung. Zwar ist der Präsident in der Lage, dem Kongreß gelegentlich die Übermittlung privilegierter Information nach seinem eigenen verantwortlichen Urteil zu verweigern. Das ist aber eine Sondersituation. Im Verhältnis zum Publikum ist die Einstellung normalerweise ganz anders. Es ist erstaunlich, wieviele häufig durchaus unerfreuliche Anfragen aus dem Publikum von den öffentlichen Dienststellen als Einladung zu einer sorgfältigen Darlegung dessen, was in einem Einzelfall geschehen ist oder was geschehen wird, benutzt werden. Der einzelne Fragesteller soll nicht das Gefühl haben, er sei nicht erwünscht und kompliziere das bürokratische Leben. Im Gegenteil, die Antwort wird als Werbemittel verwendet. Sie wird möglicherweise von dem Empfänger herumgezeigt, könnte zum Beispiel sogar in die Presse gespielt werden oder an einen Kongreßausschuß gelangen. Es kann für die Behörde sehr unerfreulich sein, eine bissige oder nichtssagende Antwort im ungeeigneten Augenblick wieder vorgelesen zu bekommen.

Die öffentliche Auskunftspflicht wird so weit gesteckt, daß sie sich mit der Repräsentation der Behörde überschneidet. Der Dezernent nicht minder als der örtliche Amtsleiter ist meistens mit dienstlicher Ermutigung gern bereit, auf Tagungen der Wirtschaftsverbände, der privaten Fachgruppen, der akademischen Vereinigungen oder der staatsbürgerlichen Organisationen über seine Arbeit und die Aufgaben seines Ministeriums zu sprechen. Ein Referat gilt so als ein öffentlicher Akt. Es wird üblicherweise im Entwurf innerhalb der Behörde umhergereicht, um allen maßgebenden Gesichtspunkten Rechnung zu tragen, möglichst ohne den Inhalt zu verwässern. Welchen Fuß die Behörde voransetzt, wie sie sich verbeugt, ohne zu Intimitäten mit bestimmten Sonderinteressen verlockt zu werden, ist Sache der Planung und der generellen Regelung in den verschiedenen Dienststellen. Es gilt als Gewinn, wenn Ereignisse aus der Arbeit der Behörde sich in die private Nachrichtenübermittlung an die Öffentlichkeit einfädeln lassen. Überwiegend befleißigen sich die Behörden als unterrichtende Instanzen einer offenen Berichterstattung, obwohl ihnen dabei sicherlich nicht selten der Schweiß auf der Stirne steht.

Innerhalb des Verwaltungsbetriebs behilft man sich weitgehend mit standardisierten Mitteilungsformen. Erhebliche Vereinfachung wird durch ein umfassendes Formularwesen erzielt. Aber das Formularwesen greift auf den Publikumsverkehr über. Deshalb ist es auch für die Unterrichtung der Öffentlichkeit von erheblicher Bedeutung. Denn man kann die Erläuterungen in den Formularen nicht nur für Hinweise auf die richtige Ausfüllung des Textes verwenden, sondern auch für einen Kurzbericht über Geschäftsverteilung, Zeitfristen und Beschwerdemöglichkeiten. Der Formulartext dient auf diese Weise dem Benutzer als eine Belehrung über seine Rechte.

Das ist nicht alles. Eine weitere willkommene Gelegenheit, in erklärender Weise und ohne Zwang nach außen zu wirken, bietet sich bei der Beschwerdenerledigung. Auch hier sucht die amerikanische Verwaltung den Eindruck zu fördern, daß für sie der Kunde stets recht hat, vor allem darin, daß er seiner Auffassung durch Beschwerde Ausdruck gibt. Es wird nicht erwartet, daß er die ihm unvertrauten Vorgänge des Geschäftsgangs beherrscht. Wenn das Bild, das er sich gemacht hat, unvollständig ist, braucht ihm das nicht zu seinen Lasten angekreidet zu werden. Man kann ihm seine Irrtümer höflich auseinandersetzen. Aber bei der Beschwerdenerledigung begnügt man sich im allgemeinen nicht mit einer knappen Formalantwort, es sei denn, es handle sich um eine Fülle von gleichartigen Beschwerden, die vielleicht aus der Unkenntnis einer Gesetzesbestimmung entstehen. Dann steht fest, daß eine generelle Antwort die Beschwerdeführer angemessen wieder auf den richtigen Weg führt. Im Gegensatz dazu wird der besondere Fall als ein Anlaß behandelt, die Arbeitsweise der Behörde so zu erklären, daß die Antwort für sich spricht, auch wenn der irritierte Staatsbürger sie an die Redaktion seiner Zeitung schickt.

Wie würde eine solche Antwort vielleicht aussehen? Man beginnt etwa damit, daß man sich dafür entschuldigt, falls irgend etwas schiefgegangen zu sein scheine. Man bekennt in anerkennenden Worten, es sei außerordentlich wichtig, daß Mitglieder der Öffentlichkeit die Initiative ergreifen und von sich aus an die Behörde herantreten. Nur so könne die Behörde sich wirklich im Spiegel sehen. Das sei sehr dankenswert. Zur Sache selbst folgt dann eine sorgfältige, bestimmt nicht langatmige Erörterung der Umstände, die zu zeigen sucht, wo der Beschwerdeführer in dem konkreten Fall die Dinge nicht richtig gesehen habe und daher zu Trugschlüssen gekommen sei. Am Schluß findet sich die Bitte, der Beschwerdeführer möge nicht in seiner aufmerksamen Kritik der Arbeitsweise der Behörde erlahmen, weil seine Beanstandungen für die Verwaltung Gewinn brächten. Eine solche Antwort, die engzeilig geschrieben eine Seite lang sein mag, wird gewöhnlich von dem Dezernenten selbst unterzeichnet.

Zweifellos kann man auch in der amerikanischen Verwaltung eine erhebliche Spanne zwischen Theorie und Praxis, zwischen Sein und Sollen, wahrnehmen. Aber es macht einen großen Unterschied, wie man die Dinge in den Amtszimmern allgemein betrachtet. Ein Spiegel ist für die Verwaltung wertvoll, auch wenn er manchmal beschlagen ist. Außerdem tut sich die Behörde selbst einen Dienst, wenn sie einerseits dem Beschwerdeführer durch Erläuterung von komplizierten Vorgängen bessere Kenntnis verschafft und andererseits zu einer Prüfung der Frage kommt, ob er oder sie im Unrecht war; denn die Behörde mag in dem Riesenbetrieb nicht selten selbst im Unrecht sein. Es ist überdies erforderlich, daß auf Beschwerde die Sache nachgeprüft wird. In der ansprechenden Gestaltung der Beschwerdenerledigung bahnt sich ein Weg zur Vertiefung des wechselseitigen Verständnisses zwischen

Staatsbürger und Behörde. In der Überwucherung der Verwaltung durch Vorschriften ist es ohnehin nicht leicht, dies wechselseitige Verständnis aufrecht zu erhalten, obwohl seine Schwächung zu einer wesentlichen Erschwerung der Verwaltung führt, die gelegentlich einem teilweisen Zusammenbruch gleichzukommen droht.

Vermeidung des Formellen

Öffentliche Verwaltung gebietet verantwortliches Handeln. Das allein würde ausreichen, um der Herausbildung von festen Handelnsregeln und damit festen Handelnsformen Antrieb zu geben. So kommt es zur Herrschaft der Formalität als Gewähr der Sicherheit. Daher mag es überraschen, wenn man wahrnimmt, wie weit im Geschäftsgang der amerikanischen Verwaltung das rein Formelle vermieden wird.

Dafür gibt es verschiedene Gründe. Die Verwaltung ist für die Gesellschaft engagiert. Das entzieht dem Pompösen die Grundlage. Die Tätigkeit der Dienststellen hebt sie nicht auf die Ebene des Offiziellen im zeremoniellen Sinne. Das Amtliche genießt keine Vorrechte gegenüber dem Staatsbürgerlichen. Das ergibt sich aus den verfassungspolitischen Gesichtspunkten, die schon früher erläutert worden sind. Sie gewinnen eine Verstärkung aus der allgemeinen kulturellen Disposition, die in den Vereinigten Staaten das Sozialleben beeinflußt.

Klassenunterschiede im Sinne von Unterschieden zwischen Einkommensgruppen und Daseinsformen können natürlich sehr markant sein. Sie wirken sich in der Lebensführung des einzelnen wie auch in der gewollten und ungewollten Absonderung verschiedener Gruppen voneinander aus. Aber daneben besteht ein ausgeprägtes Bedürfnis, den Symbolen der menschlichen Nebeneinanderordnung nachzugehen und die Gleichheit im Persönlichen zu unterstreichen. Sozialer Rang wird nur diskret angedeutet.

Kein Wunder, daß es Rangbezeichnungen in der mündlichen Verkehrssprache der Verwaltung nicht gibt. Im unmittelbaren Arbeitskreis ist auch in der Verwaltung der Vorname die normale Anredeform. Wenn man im Amtsbetrieb ein Schriftstück von einem Schreibtisch zum anderen schickt und es sich nicht um einen zur Weitergabe nach oben bestimmten Bericht handelt, mag der Verfasser ebenfalls nur seinen eigenen und den Vornamen des Adressaten verwenden. Man benutzt den Vornamen auch dem unmittelbaren Chef gegenüber, es sei denn, daß er sich abzuschließen scheint. Das ist teils blindes Ritual oder leere Sitte, teils aber ein Versuch, menschlich jedem der Beteiligten näherzukommen oder sich ihm doch nicht vorzuenthalten.

In den Beziehungen zwischen hoch und niedrig entsteht so eine erhebliche Abflachung. Die relativ unautoritäre Verwaltungsführung fördert einen formlosen Austausch von Ideen von unten nach oben und von oben nach unten. Sie belebt natürlich in dem gleichen Umfang die lateralen Verbindungen zwischen den verschiedenen Sachverstandsquellen, obwohl Abgrenzungen zwischen ihnen durch wettbewerbliche Interessen verschärft werden können. Das führt gewissermaßen zu einer breitströmenden Arbeitsweise, die nicht durch enge Autoritätskanäle zurückgehalten wird.

Aber neben praktischen Faktoren spielt auch das Ideologische eine Rolle. Was dem amerikanischen Verwaltungsmann im Grunde vorschwebt, ist die Idee, daß er als Bürger im Amt nicht ein Privileg beanspruchen kann, sondern mit allen Bürgern auf der gleichen Ebene steht. Das mag an Präsident Andrew Jacksons These erinnern, ist aber von ihr weit entfernt. Der Mann im Amt ist heute meistens Berufsbeamter. Aber er will nicht zum Funktionär hinabsinken. Er will Bürger bleiben. Er begegnet daher dem Gesuchsteller als Gleicher, nicht als Ritter in der Rüstung der Autorität. So steht er auch vor den Augen der Justiz, wie schon betont wurde. Autorität wird dadurch bewußt in eine Reservestellung geschoben. Die Zuständigkeitsordnung kann nicht geleugnet werden. Verantwortlichkeit darf nicht abgeschüttelt werden. Aber beide begründen keine Vorordnung des Amtsträgers vor dem einzelnen.

Einer Aufblähung des Formellen wirkt auch die Selbstkritik in der Verwaltung entgegen. In Amerika nimmt sie manchmal recht originelle Formen an. Ein Beispiel ist der Chor der Satiriker im Budgetbüro, das das zahlenmäßig stärkste Element im Exekutivamt des Präsidenten darstellt. Diese fluktuierende Gruppe von jüngeren Beamten produziert sich innerhalb des eigenen Hauses in unbeschränkter Narrenfreiheit als der Höhepunkt des Programms bei allen möglichen Ehrungen oder sozialen Veranstaltungen. Die Mitglieder des Chors haben sich als Meister druckfähiger Persiflage ihrer Amtswelt erwiesen, ohne sich dadurch bei der Leitung unbeliebt zu machen.

Die Selbstkritik leidet nicht an mangelnder Zirkulation. Hoch und niedrig leben so eng zusammen, daß die Abstände im Mitteilungsumsatz sich erheblich verkürzen. Gerade der alljährliche Einzug von jungen Beamtenanwärtern aus der akademischen Vorbereitung in die Bundesverwaltung hat neuerdings die kritische Sicht verschärft. Der Nachwuchs kommt neu, vielleicht mit einem Überschuß von beziehungslosem Idealismus, in fremde Aufgaben hinein. Die Ankömmlinge finden mit scharfen Augen die Staubhäuflein unter dem Teppichrand. Dem folgt eine gewisse Ernüchterung, die sich oftmals in produktiver Kritik entlädt.

Vielleicht kann man allgemein sagen, daß der amerikanische Verwaltungsmann den ernsten Versuch macht, sich nicht zu ernst zu nehmen. Das zeigt sich auch in seiner Ironisierung des beruflichen Jargons.

Es mag ihm nicht immer gelingen, sich nicht ernst zu nehmen; aber er ist meistens bereit, sich in den Humor zu retten. Gefühlsmäßige Überhitzung tritt daher selten ein. Das Bestreben, Kritik ins Positive umzuschalten, findet darin Unterstützung, daß der interne Gedankenaustausch wenige Schranken kennt. So ist es für den Untergebenen gewöhnlich möglich, in gelassener Unterhaltung mit seinem Vorgesetzten über die Dinge der täglichen Arbeit ohne Schärfe und mit voller Objektivität zu sprechen. Die Vermeidung des Formellen vergrößert für jeden die Möglichkeit, als gescheiter Kopf Anerkennung zu gewinnen, was ihm wichtiger sein mag als eine beschleunigte Beförderung.

Meinungsaustausch und Urteilsbildung

Wer sich hinter seinem Schreibtisch verankert, beschränkt gewöhnlich seine Gelegenheiten zur Beteiligung an der institutionellen Urteilsbildung. Amerikanische Verwaltungsübung ermuntert zur physischen Mobilität im Amt. Improvisierte Konferenzen sind häufig. Der Austausch der Gesichtspunkte steht gewissermaßen unter dem Motto der offenen Tür.

Die Praxis der offenen Tür besteht nicht nur darin, daß man davon zur Seelenstärkung spricht. Die offene Tür ist fast ein Arbeitsprinzip. Wenn man in den Hallen eines Ministeriums entlangwandert, findet man vielfach, daß die Amtstüren offen stehen. So kann man den Kollegen vom Korridor bei der Arbeit sehen. Man kann ihm zuwinken. Man kann ihm etwas zurufen, vielleicht über den Stand der letzten Eilsache. Diese ungehemmte Zugänglichkeit regt zur mündlichen Aussprache an. Sie lädt die Sachbearbeiter zu unverabredeten Schnellkonferenzen ein. Man kann beispielsweise beobachten, wie der Referent, der mit seinem Entwurf auf dem Wege zu einem anderen Sachbearbeiter ist, sich im Korridor umwendet und sich zunächst bei einem weiteren Beteiligten niederläßt, den er am Schreibtisch sieht.

In der amerikanischen Verwaltung kristallisiert sich die Entscheidung meistens im Wege der informellen Vorbesprechung. Die abschließende Gestaltung der Entscheidung selbst ebenso wie die einzelnen vorbereitenden Schritte einschließlich der Benutzung bestimmter Quellen des Sachverstandes — all dies wird in der Regel in Vorbesprechungen geklärt. Man lädt selten zu einer solchen Konferenz schriftlich ein. Man trifft sich zu dreien oder vieren in einem Arbeitszimmer. Die Selbstherrlichkeit des Formellen wird weitgehend durch das Gemeinsame der Beteiligung überwunden.

Das Gegenstück zur Praxis der offenen Tür, die die Vorbesprechung fördert, ist das, was man den Entscheidungsprozeß im Gehwege nennen könnte. In wichtigen Entscheidungen, zumal wenn sie eilig sind, handelt es sich vor allem darum, für den letztlich Unterzeichnenden die Breite der Vorerörterung und des Einverständnisses zu dokumentieren. Er muß sich ohne viele Nachfragen vergewissern können, daß eine abschließende Leistung vorliegt. Alles muß überdies zu einer festgesetzten Stunde zur Unterschrift fertig sein. Das hat zur Folge, daß der Zwang des Unterzeichnungstermins über der abschließenden Phase der Vorbereitung hängt. Dann ist es möglich, auf der Grundlage früherer Vorbesprechungen die versichernden Gegenzeichnungen für die Vorlage unter fast unmöglichem Fristendruck im Gehwege zusammenzubringen. Ein Stabsreferent marschiert mit dem Aktenpacken durch die Behörde und erläutert den sechs oder sieben Hauptbeteiligten nacheinander den Stand der Sache, die grundlegenden Vorentscheidungen, die verschiedenen Vorschläge, die verbleibenden Bedenken und die Zustimmungsbasis. Aus diesen Unterhaltungen, die manchmal fünf Minuten und manchmal das Zehnfache in Anspruch nehmen mögen, kommt es zur zustimmenden Gegenzeichnung der hauptsächlich an der Vorbereitung Beteiligten. Es ist Aufgabe des Stabsreferenten, zu wissen, wer innerhalb der Behörde Hauptbeteiligter ist. Mit den strategischen sechs oder sieben zustimmenden Gegenzeichnungen ist die Sache für den Schlußakt reif in dem Sinne, daß eine Identifizierung des Verantwortungsträgers mit dem Aktionsvorschlag ermöglicht ist.

Das bedeutet natürlich nicht, daß das gesprochene Wort das Protokoll generell ersetzt. Richtungweisende Konferenzergebnisse werden formell niedergelegt. Aber die Formlosigkeit der gemeinsamen Vorbesprechung spielt eine kennzeichnende Rolle. Sie vergrößert nicht nur das Netzwerk der Beteiligung, sondern führt auch dazu, daß die Beteiligten sowohl für eine abschließende Stellungnahme wie auch für eine Neuprüfung besser vorbereitet sind. Bei der Entscheidungserzielung im Gehwege ist es deshalb nicht schwierig, eine Rückverweisung zur Wiedereröffnung der Sache einzuleiten. Wenn einer der Hauptbeteiligten seine Zweifel nicht überwinden kann oder weitere Fragen aufwirft, führt das normalerweise zur Wiederaufnahme der Vorbereitung, um diese Zweifel oder Fragen aus dem Wege zu räumen. Die formlose Rückverweisung vermittelt schnellere Ergebnisse und vermeidet überdies die Peinlichkeit eines formellen Verfahrensschritts.

Angesichts der Stärke der Seitenverbindungen und der Gruppenvorgänge in der amerikanischen Verwaltung kann es kaum Wunder nehmen, daß das Ausschußwesen in voller Blüte steht. Der Ausschuß ist vielleicht die präziseste Form der Gruppenbildung, abgesehen vom regelmäßigen Arbeitsplan selbst. Im Ausschuß wird die Beteiligung verschiedener Sachverstandsquellen und Fachressorts auf einfachste Weise ermöglicht. In der Bundesverwaltung gibt es Hunderte von solchen Ausschüssen sowohl innerhalb der großen Behörden wie auch als verbindende Organe der Zusammenarbeit zwischen den Verwaltungszweigen.

Nicht jeder Ausschuß läßt sich voll rechtfertigen; manche leiden an unzweckdienlicher Organisation. Im allgemeinen sind diejenigen Ausschüsse am produktivsten, deren Mitglieder die Sachen selbst zu bearbeiten haben, welche im Ausschuß zur Sprache kommen. Wenn sich Fachbeamte zur Zusammenarbeit zusammenfinden, wird gewöhnlich auf Resultate abgestellt. Je mehr man von der Ebene der unmittelbaren Verantwortlichkeit nach oben hinaufsteigt und je vager die Aufgaben des Ausschusses werden, desto weniger läßt sich erwarten, daß sich der Ausschuß durch konkrete Leistungen auszeichnet.

Andererseits mag ein Ausschuß sich mit der Zeit so weit von den in ihm repräsentierten Behörden loslösen, daß er nur sich selbst sieht und zu einer Bürde für die entscheidenden Instanzen wird. Isolierte Gremien verfallen der Gefahr, eine institutionelle Identität aus sich selbst hervorzubringen und sich in ihr zu verlieren. Wenn sie sich in den Entscheidungsweg einkeilen, können sie mit ihren eigenen Beschlüssen und Empfehlungen auch diejenigen festlegen, die mit der Verantwortung für das Handeln belastet sind. Die Erfahrungen der amerikanischen Verwaltung zeigen an, daß man das Ausschußwesen nicht seinem eigenen spontanen Drang überlassen darf. Ein formeller Status, der ein langes Leben verheißt, mag den Ausschuß dazu verführen, sich von seinem ursprünglichen Mandat freizumachen.

Der justizstaatliche Schatten

Bei der vorangehenden Erörterung der Rolle des juristischen Sachverstands in der Verwaltung ist schon davon gesprochen worden, daß die justizstaatliche Ordnung in den Vereinigten Staaten zu erheblichen Ungewißheiten in der richterlichen Kontrolle Anlaß gibt. Eines muß man demgegenüber anerkennen: Das Mißtrauen der Justiz gegenüber der Verwaltung verschärft den Antrieb, das interne Verfahren der Behörden so zu gestalten, daß es vor justiziellen Angriffen sicher ist. Dabei sucht sich die Verwaltung gewissermaßen mit einer breiten Sicherheitszone zu umgeben, und zwar durch Übernahme von prozessualen Verfahrensregeln.

Das steht im Gegensatz zu der kontinentaleuropäischen Vorstellung, daß es der Verwaltungsgerichtsbarkeit überlassen bleiben kann, dem praktischen Sinn der Verwaltung verständige Rechtsgarantien vorzuzeichnen, ohne das Behördenverfahren justiziell einzuschnüren. Doch liegt es dabei der Verwaltung ob, ihre Verantwortung für die Angemessenheit der internen Verfahrensordnung voll anzuerkennen. Wie diese Ordnung dem Bürger gerecht wird, der sich ihr nolens volens unterwirft, wenn er sich um seine Interessen bemüht, ist ein Problem, dessen Lösung eine primäre Aufgabe der Behörden ist.

In den Vereinigten Staaten haben die Furcht vor justizstaatlichen Übergriffen und justizstaatlich inspirierte Rechtsgebote die Verwaltung dazu gebracht, in ihrem internen Verfahren dem einzelnen eine prozessuale Stellung einzuräumen. Die interne Verfahrensordnung ist so weitgehend zur rechtlichen Ordnung geworden. Aber die Rechtsgrundlagen sind trotzdem schwankend. Die Unvorhersehbarkeit der gerichtlichen Entscheidung als Akt der Justizkontrolle macht es auch für den erfahrenen Leiter der Rechtsabteilung schwer, für seine Behörde einen geschützten Pfad zu finden.

So hat sich in der Verwaltung einerseits eine pragmatische Gesetzestreue entwickelt, für die das Recht mit der Nessel vergleichbar ist, und andererseits eine übertriebene Vorsicht gegenüber dem, was vorsichtige Juristen für tabu erklären. Der Verwaltungsmann bekundet eine beträchtliche Unwilligkeit, Ermächtigungen voll auszuschöpfen, wenn sie nicht in jeder Hinsicht klar sind. Das liegt natürlich auch an seiner juristischen Beratung. Sie scheut zu oft davor zurück, mehr zu tun, als die Verwaltung vor Schwierigkeiten zu bewahren. Sie tut wenig, um ihr den Weg zum Mut zur Wahrung des öffentlichen Interesses zu ermöglichen. Auch die rechtstreue Verwaltung muß bereit sein, sich vorzuwagen und in das Kreuzfeuer zu treten, um dadurch richterliches Verständnis für unzulängliche Rechtsauslegungen zu erwecken. Die Justiz hat natürlich in den Vereinigten Staaten das letzte Wort. Der Rechtsstreit kann mit einer Niederlage der Verwaltung enden. Aber Wandlungen der richterlichen Auffassung sind in Amerika nicht selten. Dazu bedarf es des Anstoßes. Eine heute zurückgewiesene Argumentation ist vielleicht morgen schon der Beginn einer Neuordnung. Auch die Haltung der Öffentlichkeit und die Anteilnahme der Presse mögen eine Neuordnung fördern. Aber der justizstaatliche Schatten hat hier abkühlende Wirkungen gehabt. Er hat das Verfahrensbewußtsein der Verwaltung erhöht, gleichzeitig jedoch zu einer Einschüchterung geführt. Er hat die Verwaltung veranlaßt, sich zu sehr in das Sichere zu verkriechen.

Siebentes Kapitel

Sachverstand und Leitung

Das System der öffentlichen Verantwortung

Das Emporschießen des Spezialistentums, das unser Zeitalter kennzeichnet, bedroht die Menschheit mit einem Funktionenregiment, in dem Allgemeinzwecken der Platz streitig gemacht wird. Der Einzelmensch wird in Streifen funktioneller Unterworfenheit zerschnitten. So sieht sich auch die öffentliche Verwaltung der Gefahr gegenüber, dem Funktionenseparatismus zu verfallen. Demgegenüber muß betont werden, daß in ihrer doppelseitigen Verantwortung einerseits als Teil des politischen Körpers und andererseits als Diener der Öffentlichkeit der Verwaltung eine grundsätzliche Einheit aufgezwungen ist. Das führt uns auf den Begriff des Systems der öffentlichen Verantwortung.

Wir beginnen so mit einem Gedanken, der im allgemeinen zu sehr vernachlässigt wird und den man auch in den Vereinigten Staaten erst nebelhaft erkennt. Das ist die Notwendigkeit, in der Bestimmung der Rolle der öffentlichen Verwaltung die Art ihrer Verantwortung in den Vordergrund zu stellen. Wenn man das Verwalten als reine Handhabung von geschäftlichen Bedürfnissen in Loslösung von der Verantwortung betrachtet, dann entfällt der Verwaltung, was ihr Leben gibt. Wenn man dagegen Verwaltung im Sinne ihrer Verantwortung erörtert, bedarf es auch der Grenzziehung zwischen Verantwortungsbereichen, wie vor allem jenen, die in dem Gegensatz zwischen Politik und Verwaltung oder zwischen der Behörde und dem einzelnen angedeutet sind.

Das System der öffentlichen Verantwortung wird wahrscheinlich in der modernen Verwaltungswissenschaft erhöhte Beachtung finden. Der Begriff hat nicht den Sinn, vertrauten Dingen das Daseinsrecht zu bestreiten, soll aber gleichzeitig andere Gesichtspunkte zum Ausdruck bringen. Das System der öffentlichen Verantwortung versucht, die Verantwortungsbereiche der hauptsächlichen Staatsorgane gegeneinander abzugrenzen und gleichzeitig in angemessene Beziehungen zu bringen. Wenn es zu einem fühlbaren Bruch in diesen Beziehungen kommt, zerbröckelt mit der Zeit der Verfassungsstaat selbst. Das logische Erfordernis des auf dem Repräsentationsgedanken beruhenden Verfassungsstaats ist die organische Verbindung von Verantwortungsbereichen.

Der Ausgangspunkt ist die Theorie der Volkssouveränität. Sie setzt sich vor allem im Wahlakt durch. In ihm begegnen wir zunächst dem Verantwortungsbereich der Wählerschaft, vielleicht noch spezieller dem Verantwortungsbereich des Wählers. Das sind Verantwortungsbekundungen, die zweifellos an sich jenseits des konkreten Verantwortungsbereichs der Verwaltung stehen. Andererseits bereiten sie eine allgemeine Grundlage. Folgenschwere Entscheidungen müssen in geeigneter Weise auf diese Grundlage zurückgeführt werden. Der Wahlvorgang, das Referendum und die Volksinitiative sind Mittel zur Verantwortungsübernahme. Die primäre Bedeutung der politischen Parteien liegt in ihrer organisatorischen Erleichterung dieser Verantwortungsübernahme. Deshalb kann sich die politische Partei der Festlegung ihrer eigenen Pflichten innerhalb des Systems der öffentlichen Verantwortung nicht entziehen, obwohl die Festlegung autonom, aus der inneren Ordnung der Partei, erfolgen mag.

Die Einstellung der Wählerschaft gegenüber ihrer Aufgabe hat unmittelbare Konsequenzen für die Leistungsfähigkeit des modernen Staats und insofern auch für die Wirksamkeit der öffentlichen Verwaltung, die dem Staat bei der Geschäftsführung helfen soll. Es ist von entscheidender Bedeutung, wie weit der Wähler im Durchschnitt für die ihm obliegende Verantwortung Verständnis hat, wie weit er seiner Aufgabe in bewußter Übernahme der in sie eingeschlossenen Verantwortung gerecht wird. Die Verantwortung der Wählerschaft für die allgemeine Richtung und den Ton der Politik kulminiert in den Mehrheitsverhältnissen in der Gesetzgebenden Versammlung.

Aber die Verantwortungsübernahme durch die Wählerschaft muß getrennt werden von der Verantwortung der Gesetzgebenden Versammlung selbst. In allgemeiner Formulierung handelt es sich hier darum, den politischen Kurs durch ein Arbeitsprogramm zu konkretisieren. Wenn von einem Mandat der Wählerschaft gesprochen werden kann, ergibt sich ein solches Mandat normalerweise aus der Rolle der Parteien, die in der Regel dem Wähler programmatische Alternativen andienen. Aber Parteien sind nicht minder wichtig als Organisatoren der Volksvertretung, die nicht zur vollen Übernahme ihrer Verantwortung fähig ist, wenn sie sich nicht auf ein starkes und klar geordnetes Parteiwesen stützen kann. Ihrem Zwecke nach ist die Partei auf der legislativen Ebene nicht eine intervenierende Instanz, die Verantwortlichkeit durchschneidet oder ignoriert. Im Gegenteil, sie ist das gewollte Instrument der legislativen Verantwortlichkeit. Die Partei schafft die Mehrheit, die allein zur Übernahme der Verantwortung imstande ist. Anders ausgedrückt: Die Volksvertretung ist ein Bau, der sich mit Willensgehalten verschiedenster Art füllen kann. Um institutionelle Leistungen zu ermöglichen, muß die Volksvertretung sich entsprechend konstituieren. Das Mittel zu dieser Konstituierung sind die Parteien.

Das Parteiwesen mag dem Verwaltungsmann einigermaßen fernliegen; aber er hat guten Anlaß, seine praktische Bedeutung anzuerkennen. In der Volksvertretung sind es die Parteien, die in ihren strategischen und taktischen Zügen das Ergebnis der Übertragung richtunggebender Impulse in das Programmatische bestimmen. Ausführung des Regierungsprogramms vollzieht sich in erster Linie in der Form des Gesetzes, das nicht nur dem einzelnen Verhaltensregeln vorschreibt, sondern auch der Verwaltung konkrete Aufgaben zuweist. Ähnliche Wirkungen hat für die Behörden die Bewilligung des Haushaltsplans durch die Gesetzgebende Versammlung. In diesen Dingen ist die Verantwortungsperspektive der Legislative in erster Linie durch die Verantwortungsperspektiven der Parteien beeinflußt. Je mehr sich das Parteiwesen zerfasert, je dünner die Koalitionsverbindungen werden, je weniger sich eine Zuordnung der Verantwortung im legislativen Raum ermöglichen läßt, desto schwächer wird der Verantwortungssinn der Volksvertretung selbst. Das macht sich wiederum vor allem auf dem Gebiet der Verwaltungsüberwachung geltend.

Mehr als die Legislative ist die Verwaltung auf kontinuierliche Tätigkeit verpflichtet. Das ergibt sich aus der Natur der Sache. Die ständigen Aufgaben des modernen Staats gegenüber dem Publikum bleiben im großen und ganzen die gleichen, einerlei welche politische Gruppe am Ruder ist. Gerade deshalb bedarf die Verwaltung der verständnisvollen Aufmerksamkeit auf der politischen Ebene. Sonst fallen ihre sachlichen Interessen unter den Tisch. Nicht minder wichtig ist ein solches Verständnis im Hinblick auf den ständigen Strom von Vorschlägen gesetzgeberischer Art, die bestehende Regelungen aus politischen Gründen abzuändern suchen. Noch wichtiger ist natürlich die Notwendigkeit, auf der Ebene der politisch verantwortlichen Führung die Wahrung der Verwaltungskontinuität und die Verfolgung des Regierungsprogramms so aufeinander abzustellen, daß weder eine blinde Politisierung noch eine Gleichgültigkeit gegenüber dem Programm verursacht wird.

Das Zwischenglied des politischen Chefs hat den Zweck, die Behörden mit den Organen der politischen Willensbildung in Verbindung zu halten. Der politische Leiter ist insofern ein Übersetzungsrad im System der öffentlichen Verantwortung. Man hört häufig, daß die Verantwortlichkeit der Verwaltung sich auf ihr eigenes Gebiet bezieht. Aber das ist zu eng. Die Verantwortlichkeit erstreckt sich gleichzeitig auf die Herstellung und Aufrechterhaltung einer geeigneten Verbindung mit den Instanzen des politischen Bereichs. Sie erstreckt sich ferner auf die Verbindung mit dem Konsumentenkreis, mit dem einzelnen wie auch mit der Öffentlichkeit generell. Verwaltung sitzt nicht hinter verschlossenen Türen; sie schaut zum Fenster hinaus.

Als Organ, das dem Staat ein fortgesetztes Handeln ermöglicht, ist die öffentliche Verwaltung ein Mittler. Sie muß sich der Verbindung der verschiedenen Verantwortungsbereiche bewußt sein. Ihr eigentlicher Verantwortungsbereich ist von dem politischen Verantwortungsbereich abhängig. Das Programm ist das Haupt, die Funktion das Glied. Je mehr andererseits die Verwaltung als Instrument tätig ist, je mehr das Funktionelle ihre Leistungen beherrscht, desto schärfer tritt ihre eigene Verantwortung in den Vordergrund. Der Übergriff des Politischen auf die Ausübung dieser verwaltungseigenen Verantwortung ist ein zerstörerischer Akt.

Daraus darf man jedoch nicht folgern, daß der Verwaltungsmann am besten beraten ist, wenn er sich einer Verbindung zwischen seiner Sphäre und den Organen der politischen Willensbildung entgegenstellt. Im Gegenteil kann die Verwaltung als Werkzeug zur Erreichung öffentlicher Zwecke nicht erfolgreich funktionieren, wenn sie ihren Verantwortungssinn im luftleeren Raum bekundet. Er muß sich in das System der öffentlichen Verantwortung organisch eingliedern lassen. Er muß das Wesen der politischen Verantwortung erkennbar voraussetzen.

Wer von der sozialen Rolle der Verwaltung spricht, hat daher Anlaß, mit dem System der öffentlichen Verantwortung zu beginnen. Das Größenmaß der Verwaltungsprobleme unserer Zeit hat das fachliche Interesse so weitgehend in die Technologie der Organisation und des Verfahrens verstrickt, daß die staatspolitischen Grundsätze nicht mehr die gebührende Aufmerksamkeit gefunden haben. Das allein führt schon zu einer Schwächung der Verwaltung; denn der Praktiker bewegt sich im Dunklen, wenn es ihm am Verständnis für die Verkoppelung der Verantwortungsbereiche fehlt. Seine berufliche Orientierung ist unvollkommen, wenn er an diesen Dingen vorbeigehen zu können glaubt.

Das System der öffentlichen Verantwortung macht klar ersichtlich, daß die Prärogative der politischen Willensbildung die Verantwortung der Verwaltung unmittelbar berührt, ohne jedoch den sachfremden politischen Eingriff zu legitimieren. Das eine Rad greift in das andere. Wenn die Räder sich nicht mehr berühren oder wenn sie im Übermaß gegeneinanderdrücken, setzt Unverantwortlichkeit ein.

Unter diesem Gesichtspunkt wird es umso verständlicher, weshalb die Reformbewegung in den Vereinigten Staaten die Zusammenfassung der letzten Verantwortung im Verwaltungsbereich einem politischen Organ zur Pflicht machte: dem Exekutivhaupt. Er wurde zu einem dritten Rad, das sich zwischen den beiden anderen einfügte und dadurch eine sichere Verbindung zwischen ihnen herstellte. Aber er sollte nicht nur passiv die härteste Reibung absorbieren, sondern aktiv die Verbindung zu gestalten helfen, einerseits durch eine in den Kongreß hineinreichende Führungsrolle und andererseits durch verantwortliche Planung für die Exekutive in ihrer Gesamtheit.

Aus der vollen Übernahme dieser Verantwortung ergibt sich ein augenfälliger Unterschied, der vielleicht den deutschen Verwaltungsmann zunächst vor eine für ihn ungewöhnliche Idee stellt. Programmgestaltung auf der höchsten Ebene erfolgt in der amerikanischen Praxis im Sinne der Bestimmung eines Gesamtrahmens, der für die Planung auf den nachgeordneten Ebenen die Prioritäten und Dimensionen bestimmt. Im Gegensatz zu solcher rahmenmäßigen Gestaltung, innerhalb derer alle beteiligten Instanzen ihre darin angezeigte Verantwortung zu übernehmen haben, wird das Programmatische in vielen anderen Ländern sozusagen von den unteren Ebenen emporgepumpt.

Indem das eine Sachgebiet sich mit dem anderen Sachgebiet in der Befürwortung von empfohlenen Maßnahmen paart und so eine gewisse Ausweitung der Gesichtspunkte eintritt, bilden sich Planungssegmente. Im Aufsteigen der Dezernats- und Ressortseinigungen zum Exekutivhaupt kommt es zu einer Akkumulation, die sich schwer umgruppieren läßt. Was dabei vergessen wird, ist das Ausmaß der Verantwortung des Exekutivhaupts. Wenn sie sich auf die Regierungspolitik in ihrer Gesamtheit erstreckt, so reicht sie weit über das der Ressorts und Dezernate hinaus. Eine selbständige Ausrichtung des Planungsprodukts im Hinblick auf die Gesamtverantwortung des Exekutivhaupts findet nicht statt.

Eine Rahmengestaltung, die ordnend nach unten wirkt, bedarf geeigneter Organe. Aus diesem Bedürfnis nach Erleichterung der Gesamtverantwortung des Exekutivhaupts erklärt sich die Entwicklung von Stabsstellen auf der höchsten Ebene der Verwaltung. Es ist nötig, die Dinge frisch im Rahmen der Gesamtaufgabe der Exekutive zu sehen. Das ist eine teils schöpferische, teils ordnende Aufgabe. Diese Aufgabe wird in einer Anzahl von Ländern durch Stabsstellen erfüllt, die verschiedenen Alters sind, aber sich in ihren Arbeitsmethoden ähneln. Beispiele sind der *Conseil d'Etat* in Paris, die Planungsstäbe des Schatzministeriums in England, das Budgetbüro im Exekutivamt des amerikanischen Präsidenten und das Bundeskanzleramt in Bonn.

Das Stabswesen

Die Beziehungen zwischen Sachverstand und Leitung sind mannigfach. Sachverstand entwickelt sich aus der täglichen Erfahrung an unzähligen Stellen in der Verwaltungsstruktur. Die Oberleitung stützt sich auf den Rat der Unterleiter; diese wiederum haben ihre persönlichen Mitarbeiter, deren Empfehlungen sie Beachtung schenken. Aber es ist sehr selten und sicherlich kaum zu erwarten, daß das ressortmäßig eingefangene Denken hinreichend weit in die vorgeordnete und so weiterreichende Ebene der Verantwortung eindringt.

Die Oberleitung könnte ohne ständige Verbindung mit den Gesichtspunkten der verschiedenen Behörden nicht zu praktischen Entscheidungen kommen. Darüber hinaus muß sie jedoch Urteilsquellen in der Form von Immediatinstanzen zur Hand haben, deren Blickweise ihrer eigenen gleicht. Die Verantwortlichkeit der Oberleitung schließt die Erzielung einer Synthese ein, die einerseits den Ressortsinteressen vermittelnd gerecht wird und andererseits mehr erzielt, als sich aus einem Addieren dieser Interessen ergeben würde. Was die Oberleitung dafür benötigt, sind besondere Organe, die in allem, was sie tun, von dem Drang nach der Synthese motiviert sind.

Es bedarf also einer Organisation von Sachverstandsquellen im Dienste der Oberleitung. Das entspricht dem System der öffentlichen Verantwortung im Sinne der vorhergehenden Erörterung. Um die Verbindung zwischen der unabwälzbaren Verantwortlichkeit der Verwaltung und der Verantwortung für das Regierungsprogramm herzustellen, die den Organen der politischen Willensbildung zufällt, ist es geraten, noch ein besonderes Übersetzungsrad einzuschalten. Das ist die Sphäre der modernen Stabsstellen. Unter ihnen verdient das Budgetbüro im Exekutivamt des amerikanischen Präsidenten besondere Erwähnung. Es stellt eine Mischung von Generalstab und von Spezialstäben dar, deren gemeinsame Mission darin besteht, dem Präsidenten zur Erleichterung der Erfüllung seiner Aufgaben als Chef der Exekutive eine institutionelle Grundlage zu bieten.

Die Betonung des Institutionellen stellt darauf ab, daß das Budgetbüro nicht für einen besonderen Präsidenten als Stabsstelle zur Verfügung steht, sondern für den jeweiligen Präsidenten. Das Personal besteht demzufolge aus ständigen Beamten, im Gegensatz zu dem persönlichen Stab des Präsidenten, der im Amt des Weißen Hauses *(White House Office)* zusammengefaßt ist. Der persönliche Stab folgt dem Präsidenten in das Amt und aus dem Amt, obwohl er heutzutage nicht nur politisch orientierte, sondern auch fachlich hochqualifizierte Kräfte anzieht.

Wer sich der Reformbewegung erinnert, wird sich kaum wundern, daß die Geschichte des Budgetbüros auf ein Finanzgesetz zurückgeht. Das Gesetz über das Haushaltsplan- und das Rechnungslegungswesen von 1921 brachte eine bahnbrechende Neuordnung. Bis zur Annahme dieses Gesetzes hatte sich die Bundesverwaltung in der Ausgabenplanung im Nachtroß der allgemeinen Entwicklung befunden. Das Gesetz war der erste erfolgreiche Versuch, die Zuweisung von Finanzmitteln an die Bundesbehörden von einer Gesamtplanung abhängig zu machen und in der Überwachung der Benutzung dieser Finanzmittel gleichzeitig die Grundlage zur fortlaufenden Planung zu gewinnen. Dem Präsidenten wurde ausdrücklich die Aufgabe übertragen, alljährlich seine eigenen detaillierten Vorschläge über den Haushaltsplan an den Kongreß zu übermitteln. Der Plan fiel damit in den Bereich der politischen Verantwortung des Präsidenten, so daß der Kongreß auf der Grundlage eines voll durchdachten Gesamtvorschlages in die Lage versetzt wurde, auch seinerseits ein Gesamtbild zu gewinnen. Die Legislative würde auf diese Weise den Plan würdigen können, ohne ständig in das Geplänkel zwischen Bürochefs und den Wettbewerb zwischen Dezernatsinteressen abgelenkt zu werden.

Die Proponenten, die unter dem Banner der Reformbewegung diese gesetzliche Lösung anpriesen, hatten eine überzeugende Theorie auf ihrer Seite. Klarstellung der Verantwortlichkeit würde die Vergeudung des Geldes der Steuerzahler abdämmen. Ressortsutopien den Garaus zu machen, sei Sache des Exekutivhauptes. Diese Argumente erzielten in den parteipolitischen Lagern eine positive wenn auch unbegeisterte Resonanz, die fast zur Einstimmigkeit bei der Annahme des Gesetzes führte. Niemand konnte einer guten Idee die Fehde ansagen. Niemand konnte sie in Zweifel ziehen. Aber man beugte sich der guten Idee, ohne die Auswirkungen völlig vor Augen zu haben. Dennoch hat die annähernde Einstimmigkeit im Kongreß die gesetzliche Lösung aus dem Parteikampf hinausgehoben. Mit der Zeit hat sich das Experiment so konsolidiert, daß ernsthafte Umstellungen kaum mehr zu erwarten sind.

Das Gesetz zeigte die in ihm investierte Vorarbeit durch eine strategische Kombination von Grundzügen. Es legte ein Verfahren zur Haushaltsplanbestimmung fest. Es verankerte die Verantwortung für die Initiative im Präsidenten. Aber es beließ die Neuordnung nicht bei Worten. Es beschränkte sich nicht darauf, dem Präsidenten eine Gesamtverantwortung für den alljährlichen Arbeitsplan der Bundesbehörden und so für die Durchführung der fortdauernden Staatstätigkeiten zu übertragen. Das Gesetz gab dem Präsidenten außerdem ein eigenes Organ, das ihm bei diesen Aufgaben zur Seite stehen sollte. Das war das Budgetbüro.

Die Bezeichnung war in gewisser Weise mißverständlich, denn das Budgetbüro entwickelte sich bald in ein rudimentäres Exekutivamt des Präsidenten. In der Tat bestand seine erste Aufgabe darin, im Haushaltsplanentwurf den gesamten Arbeitsstoff der Verwaltung durch ausgewogene Zusammenfassung zu bewältigen und durch die Budgetkontrolle eine einheitliche Ausrichtung der Bundesverwaltung sicherzustellen. So lag ursprünglich der Nachdruck auf der Unterwerfung der finanziellen Anforderungen der Behörden unter eine „zentrale Revision“ und auf der Errichtung einer wirkungsvollen Ausgabenkontrolle. Aber das Gesetz sah schon von Anfang an vor, daß dieselbe Dienststelle sich gleichzeitig mit Fragen der Verwaltungsreform befassen müsse, und zwar sowohl im organisatorischen Sinne wie im Hinblick auf die bestehenden Arbeitsmethoden. Denn wenn man das Benzin in durchlöcherte Behälter hineinpumpte, so daß es teilweise wieder heraussickern würde, könnte man keine rationelle Verwertung in den Motoren des Verwaltungssystems verbürgen. Bewilligungen an Ministerien, die nicht leistungsfähig sind, würden keine verständige Verwendung von öffentlichen Mitteln darstellen.

Die fortdauernde sachliche Überprüfung der Leistungsfähigkeit der einzelnen Behörden vermittelte dem Budgetbüro einen Einblick in ihre Stärken und ihre Schwächen. Daraus ergab sich für das Budgetbüro die Notwendigkeit, sich auch mit dem inneren Aufbau der Verwaltungsinstanzen zu befassen. Das Budgetbüro wurde so in einen Aufgabenbereich hineingestellt, der über den eines Finanzressorts weit hinausgriff. Eine dritte Hauptaufgabe kam unmittelbar nach der Annahme des Gesetzes hinzu: das Studium von Gesetzentwürfen, um festzustellen, welche sich mit dem Programm des Präsidenten nicht in Einklang bringen ließen.

Diese dritte Aufgabe hat sich mit der Zeit stärker in den Vordergrund geschoben. Sie verbindet das Budgetbüro heute vielleicht am unmittelbarsten mit der täglichen Arbeit des persönlichen Stabs des Präsidenten *(White House Office)*. Sie ist eines der unverkennbaren Merkmale der Stabsarbeit des Budgetbüros. Historisch ging diese Zuständigkeit auf eine aus der Legislative kommende Anregung zurück. Wenn das Budget als der Gesamtplan für die Arbeit der Bundesverwaltung zu betrachten war, ergab sich die Frage, wie neue Gesetze mit neuen Aufgaben in diesen Plan einzufügen wären. War es nicht notwendig, Gesetze, die unbudgetierte Aufgaben an Bundesinstanzen übertrugen, im Vorwege auf ihre Auswirkungen zu prüfen? Dies war eine Tätigkeit, die sich logisch in das Budgetbüro eingliedern ließ. Der Kongreß selbst hatte keine vergleichbare Vorprüfungsstelle. Ohne einen geeigneten Ausschußstab schien eine Heranziehung des Budgetbüros dem Vorsitzenden des Ausgabenbewilligungsausschusses im Abgeordnetenhaus, in dem historisch das Hauptgewicht der Ausgabenbewilligungsprärogative liegt, eine verständige Idee. Er entschied sich, dem Präsidenten vorzuschlagen, neu eingebrachte Gesetze im Hinblick auf das im Haushaltsplan dargelegte Gesamtprogramm vom Budgetbüro überprüfen und den Kongreß um die Schlußfolgerungen wissen zu lassen.

So kam es dazu, daß das Budgetbüro begann, für den Präsidenten und gleichzeitig im Interesse der Kongreßausschüsse eine Vorsichtung von Gesetzentwürfen durchzuführen. Ursprünglich galt das vor allem denjenigen Entwürfen, die aus den Ministerien selbst kamen. Später wurde das auf alle Entwürfe ausgedehnt, auch solche, die im Kongreß unabhängig eingebracht wurden. Natürlich kann die Prüfung durch das Budgetbüro weder den Präsidenten noch den Kongreß in irgendeiner Weise binden. Es handelt sich um eine sachliche Ermittlung der Konsequenzen des Entwurfs, die für seinen Einbringer in der Legislative meistens wichtig ist und gleichzeitig den beteiligten Bundesbehörden ein klareres Bild von dem Programm des Präsidenten gibt.

Aus diesen drei Hauptfunktionen hat sich die heutige Stellung des Budgetbüros in der Bundesverwaltung entwickelt. Die Arbeit ist unter zehn Referentengruppen aufgeteilt, die man im wechselseitigen Zusammenhang am Werke findet. Die Verteilung der zehn Arbeitsgebiete ist so erfolgt, daß es dem Budgetbüro erleichtert wird, die Welt der Bundesverwaltung gleichzeitig in zwei verschiedenen Perspektiven zu sehen. Fünf dieser Arbeitsgruppen teilen sich die Hauptgebiete des Regierungsprogramms auf. So werden beispielsweise Sozial- und Arbeitsangelegenheiten in einer Gruppe bearbeitet, militärische Bedürfnisse in einer anderen und Wirtschaftsverwaltung in einer dritten. Diese fünf Abteilungen befassen sich also mit den Budgetanforderungen, den Aufgaben und den Verwaltungsproblemen bestimmter Sektoren im Bereich des Bundes. Sie sind die Augen und Ohren des Budgetbüros und des Präsidenten in ihrer Kenntnis der einzelnen Behörden. Fragen, die für das Gesamtprogramm von Bedeutung sind, werden zunächst im freien Meinungsaustausch unter den fünf Programmabteilungen besprochen. Daneben gibt es fünf weitere Arbeitsgruppen, die sich auf funktionelle Gebiete konzentrieren, deren Bedeutung sich in der ganzen Verwaltung offenbart. Eine dieser funktionellen Abteilungen widmet sich beispielsweise der zentralen Überwachung der Vorprüfung der Gesetzentwürfe, eine andere dem Studium von Organisations- und Verfahrensfragen, und eine dritte fiskalpolitischen und ähnlichen Problemen.

Mit angebrachten Unterschieden bestehen diese Arbeitsgruppen aus durchschnittlich etwa 20 Mitgliedern. Insgesamt beläuft sich das berufliche Element im Budgetbüro, einschließlich der Amtsstelle des Direktors, auf etwa 250 Männer und Frauen. Woher gewinnt man dies Personal? In der Erfahrung des Budgetbüros hat es sich als praktisch erwiesen, das Personal im wesentlichen unmittelbar aus den anderen Instanzen der Bundesverwaltung zu gewinnen, sowohl aus den regionalen und örtlichen Dienststellen wie auch aus den Zentralen der verschiedenen Behörden. Das Budgetbüro findet es in seinen mannigfaltigen Beziehungen nicht schwer, geeignete Kräfte aus dem Bundesdienst an sich zu ziehen. Andere Quellen sind die Ressorts der Einzelstaaten und der Gemeinden, Forschung und Wissenschaft und ebenfalls die freie Wirtschaft.

Eine der wichtigsten Fragen, die immer wieder bei der Rekrutierung auftaucht, hat mit dem Talent für Stabsarbeit zu tun. In welchem Umfang wird sich der Neuankömmling in die auf ungehindertem Informations- und Wissensaustausch beruhende Gruppenarbeit einfügen? Wie weit kann er, ohne dazu besonders gezwungen zu werden, seine Sachkenntnis gleichsam spontan mit anderen teilen? Kann er sich dazu bringen, das Wesentliche schnell zu erfassen und das Komplizierte auf den Kern zu reduzieren? Steht er auf zwei Füssen, ohne es an Liebenswürdigkeit fehlen zu lassen? Wie weit gelingt es ihm, sich in den Gesamtprozeß der Arbeit einzuordnen, so daß er ein nützliches Glied in der Kette des Zusammenwirkens ist, ohne sich zu isolieren, ohne sich in seinem Sachverstand abzukapseln? Dies sind Kompetenzen, die sich zur Hauptsache nur in der Erfahrung erweisen. Man muß also den Anwärter in seiner vorherigen Arbeitstätigkeit beobachten. Jedes Stabsmitglied im Budgetbüro wird so zum Rekrutierer. Indem er sich mit allen einzelnen Dienststellen in seinem Blickfelde vertraut macht, kann er sich ein Urteil darüber bilden, wen er im richtigen Zeitpunkt zum Eintritt in das Budgetbüro zu gewinnen suchen sollte.

Andererseits führt das nicht nur zu einem Zug in die Exekutivzentrale. Es entwickelt sich hier ein Rundtanz, indem bewährte Beamte durch Angebot höherer Stellungen immer wieder aus dem Budgetbüro in die Behörden gezogen werden. Dem stellt sich traditionell das Budgetbüro nicht entgegen. Es handelt unter dem wichtigen Gesichtspunkt, daß es in der Zusammenarbeit mit den verschiedenen Dienststellen von großer Bedeutung ist, mit leitenden Beamten zu tun zu haben, die aus der Arbeit im Budgetbüro selbst Gewinn gehabt haben. Da sie die Blickweise des Budgetbüros kennen, kann man sich in intimerer Weise und auf freundschaftlicher Grundlage mit ihnen in sachlichen Dingen aussprechen.

Die großen Spannungen, die man normalerweise zwischen einer zentralen Kontrollinstanz wie dem Budgetbüro und den einzelnen Ressorts erwarten könnte, werden durch diese Beziehungen weitgehend gemildert. Es handelt sich hier selten um politische Machtfragen, sondern um Aussprachen unter Berufskollegen. In der Aussprache unter Berufskollegen fällt es weniger ins Gewicht, daß ein Ministerium die Dinge durch seine eigene Brille sieht. Andererseits ist es für die dem Präsidenten am Herzen liegende grundsätzliche Einheit der Bundesverwaltung von großem Wert, daß in den verschiedenen Ressorts hinreichend häufig Schlüsselstellungen durch Beamte besetzt werden, die aus der Erfahrung des Budgetbüros eine Überschau auf die Exekutive in ihrer Gesamtheit mit sich bringen. In seinen Arbeitsbeziehungen mit den anderen Dienststellen kommt es für den Stabsmann im Budgetbüro auf eine verbreiterte wie auch vertiefte Kenntnis der Dinge an. Sie muß zweifellos zum Teil wissenschaftlich fundiert sein. Aber sie muß sich in erheblichem Maße aus der Vertrautheit mit den Lebensprozessen der Bundesverwaltung entwickeln. Das erfahrene Stabsmitglied wird sich seine Stellung gegenüber den Ministerien vornehmlich dadurch zu wahren vermögen, daß es mehr über das einzelne Ministerium weiß als die meisten der in ihm tätigen Dezernenten, die in der Regel über ihren besonderen Pflichtenkreis nicht hinwegschauen und deshalb das Gesamtbild nicht genau kennen.

Pflege der Gesamtschau

Was also die Stabsstelle auf der höchsten Ebene der Exekutive auszeichnet, ist nicht nur die Sachverstands- und Erfahrungsfülle, sondern vor allem die Fähigkeit, in ihrer gesamten Tätigkeit die für das Exekutivhaupt typische Perspektive zur Geltung zu bringen. An der Spitze verbinden sich die Einzelheiten zu einem geschlossenen Bilde. Dies Bild erlaubt es, kollektiv von der Bundesverwaltung, vom Regierungsprogramm, von der Verantwortlichkeit für die Exekutive zu sprechen. Aber es ist ein geformtes Bild, nicht ein vom Spiegel erfaßtes. Es hat Wirklichkeitsgehalt in erster Linie als Ausdruck eines ständigen Bemühens.

Oberleitung ist nur rein formell etwas Gegebenes. Sie muß täglich erzielt werden. Sie muß erzielt werden auf einer sich so weit dahinstreckenden Fläche, daß die Führungsgaben selbst eines ungewöhnlich qualifizierten Exekutivhauptes in solcher Ausdehnung als alleiniger Einfluß sich nicht hinreichend auswirken könnten. Es bedarf einer institutionellen Bekräftigung der Oberleitung, die sowohl in die Tiefe wie in die Weite wirkt. Was aber so projiziert werden soll, ist der umfassende Gesichtspunkt des Exekutivchefs.

Es ist charakteristisch für Verwaltung im Großbetrieb und gilt gerade auch für die amerikanische Verwaltung, daß Männer, die den ganzen Organismus kennen, schwer zu finden sind. Die Zahl derer, die die ihren Arbeitstag beherrschenden Einzelheiten kennen, ist groß. Die Möglichkeit, den Gesamtbetrieb zu übersehen, ist jedoch auf erstaunlich wenige beschränkt. Der Stabsbeamte aus dem Budgetbüro kennt die ihm zugeteilten Behörden in der Regel in einer bewußt distanzierten Intimität. Er wird so nicht selten zum nützlichen Berater der mit politischer Verantwortung belasteten Behördenleitung. Der Minister selbst, der *secretary*, mag ihn zu schätzen wissen, weil er einer der wenigen ist, die alle Teile der Behörde kennen und sich ohne persönliches Interesse über die Dinge auslassen können. Zudem ist der Stabsmann im politischen Raum nicht farbenblind. Er dient der Oberleitung, die die Verantwortlichkeit für die Verwaltung in das Politische zu übersetzen hat. Doch ist sein Gefühl für politische Aspekte nicht lokalisiert. Seine Bewertungen entfließen der Gesamtschau, die den Interessen des Exekutivhauptes entspricht.

Das Streben nach einem angemessenen Rahmen für den Aufgabenkreis der Exekutive, innerhalb dessen sich das einzelne Ressort verantwortlich auswirken kann, hat seine Grundlage in politischen Zweckvorstellungen, in dem Regierungsprogramm. Die Einspannung der Exekutive in das Regierungsprogramm ist jedoch auf eine verwaltungstechnische Lösung gerichtet. Diese erfordert ein praktisches Verständnis der Verwaltung. Je objektiver solche Kenntnis zur Anwendung kommt, desto größer ist der Gewinn für die politischen Instanzen. Sie benötigen die Hilfe des Verwaltungsfachmanns. Aber die Objektivierung der Planungsleistung wirkt auf die politische Ebene zurück. Wenn die politische Leitung sich der Sachverstandsquellen der Verwaltung bedient, unterwirft sie ihre Ideen der nüchternen Prüfung durch politisch nicht festgelegte Expertengruppen in den Stabsstellen. Diese geben selbst aus ihrer Kenntnis ungelöster Probleme in den verschiedenen Verwaltungszweigen den Anstoß zur Anerkennung von Forderungen auf der Ebene der programmatischen Entscheidung. Die politische Leitung ist deshalb weniger leicht dazu verführt, sich in dem Nebel der Parteiagitation zu verstecken. Sie stählt sich für die harten Tatsachen, die dem Sachverstand der Stabsinstanzen nicht entgehen. Das hat eine gesteigerte Versachlichung auch der rein politischen Entscheidungen zur Folge.

Noch ein weiterer Gesichtspunkt bedarf der Hervorhebung. Der Einbau von Sachverstandsquellen auf der Ebene der Oberleitung in der Exekutive führt zu einer willkommenen Elastizität im Ineinandergreifen von fachlicher Beratung und programmatischer Aktion. Die Gegensätze zwischen dem politischen Denken und dem Verwaltungsdenken werden durch das Vorhandensein einer Zwischeninstanz erheblich abgeschliffen. Der Zusammenhang zwischen der politischen Willensbildung und der Planungsarbeit der Verwaltung wird enger. Die neuen Stabsstellen, die dem Exekutivhaupt unmittelbar beigegeben sind, übernehmen insofern auch eine verfassungspolitisch bedeutsame Aufgabe. Sie stellen ein Zwischenglied dar, das sich in dieser Hinsicht in zwei Richtungen als nützlich erwiesen hat. Einerseits wurde es der politischen Leitung ermöglicht, unmittelbarer auf die Verwaltung einzuwirken und sie zum vollen Einsatz für das jeweilige Regierungsprogramm zu veranlassen; denn die politische Leitung erhielt sachkundige Unterstützung in der Kontrolle und der Bewertung der Behördentätigkeit. Andererseits gewann die Verwaltung einen Sitz im Rate der Politik; denn im unmittelbaren Gedankenaustausch mit den Organen der politischen Leitung kann die Verwaltung ihre Spezialkenntnisse auch zur programmatischen Planung beitragen. Unter den Gewinnen der Stabsentwicklung im Amt des Exekutivchefs darf man daher die Verminderung des Gegensatzes zwischen der Politik und der Verwaltung verbuchen.

Für das Budgetbüro ist dies alles an erster Stelle die Folge einer Kombination von günstigen Umständen. Der erste war seine Eingliederung in das Exekutivamt des Präsidenten, in dem es der Größenordnung und dem Alter nach Seniorität genießt. Der zweite ist sein Ruf als eine berufliche Elite, die dem jeweiligen Präsidenten verpflichtet ist und sich eine eigene politische Haltung streng versagt. Ein anderer dieser günstigen Umstände ist sein Balkonplatz über der politischen Arena. Der Direktor des Büros, der vom Präsidenten als „sein Mann" in einem besonders ausgeprägten Sinne ohne Senatsbestätigung ernannt wird, nimmt auf Veranlassung des Präsidenten an den Kabinettssitzungen und ebenso an den Sitzungen des Nationalen Sicherheitsrats *(National Security Council)* teil. Daraus ergibt sich für das Budgetbüro eine organische Verbindung mit den Stabsgruppen des Sicherheitsrats, die auch mit den Referenten des Wirtschaftsrats (*Council of Economic Advisers*) besteht. Diese Dienststellen, die beide Schöpfungen der Nachkriegszeit sind (1946—47), bilden zusammen mit dem *White House Office* und dem Budgetbüro das heutige Exekutivamt des Präsidenten. Ein weiterer günstiger Umstand ist der geschlossene Kreis der Zuständigkeiten des Budgetbüros. Es richtet seine Augen nicht auf einen einzelnen Programmsektor, sondern auf die Bundesverwaltung in ihrer Gesamtheit.

Allerdings erlaubt das amerikanische System der beiden großen gleichgeordneten Aktionsgewalten dem Budgetbüro nicht die engere Verbindung mit der Volksvertretung, die ein Vergleich mit dem Schatzministerium in England enthüllt. Das Schatzministerium ist der zentrale Arm der Verwaltungskontrolle und verrichtet ähnliche Stabsarbeit wie das Budgetbüro. Aber es ist auch ein Vertrauensmann des Parlaments, indem es im Hinblick auf die Verwaltung gewissermaßen auch als Organ des Parlaments fungiert. In der Haushaltsplanung und in der Ausgabenkontrolle sucht das Schatzministerium im Sinne der Regierungsmehrheit im House of Commons zu handeln.

Es antizipiert die Fragen, die sich auf der politischen Ebene ebenso wie auf der Ebene der Verwaltung ergeben können. Es erläutert die Absichten der Verwaltung und die Auswirkungen von parlamentarischen Plänen auf die Verwaltung, vor allem zur steten Unterrichtung der Volksvertretung. So ist die *Treasury* nicht nur ein zentrales Exekutivorgan, sondern auch eine Art von Bindemittel zwischen Politik und Verwaltung in einem unmittelbareren Sinne, als das von dem Budgetbüro in den Vereinigten Staaten gesagt werden kann.

Wir erkennen, daß die Stabsentwicklung nicht nur vom verwaltungstechnischen Standpunkt von Interesse ist. Sie hat gleichzeitig unter verfassungspolitischen Gesichtspunkten große Bedeutung. Sie ist ein Versuch, das System der öffentlichen Verantwortung zu verfeinern, indem ein weiteres Übersetzungsrad eingeschaltet wird, um die beiden Haupträder der programmatischen Willensbildung und der Durchführung im Wege der Verwaltung inniger miteinander zu verbinden. Parallel dazu ergibt sich aus dem Vorhandensein der neuen Stabsorgane eine Ausweitung der Gesichtspunkte. Es ist die Aufgabe des Stabsorgans, dem schmalspurigen Denken der funktionell orientierten Ministerien in bewußter Gegenwirkung entgegenzutreten. So wird es den Ministerien erleichtert, aus ihrer Verbindung mit den zentralen Stabsstellen ihre eigene Planung und ihre eigenen Vollzugskontrollen in einen weiteren Rahmen einzufügen.

Das amerikanische Bild der Verwaltungsplanung ist weitgehend von dem Begriff der Rahmenkonstruktion beeinflußt. Es ist eine der hauptsächlichen Aufgaben der zentralen Stabsstelle, in gemeinsamer Arbeit und eingehenden Verhandlungen mit den verschiedenen Behörden zu einer Herausschälung der Probleme zu kommen, die der Lösung harren, um so aus der eigenen Erfahrung wie auch der Erfahrung der beteiligten Ressorts einen Rahmen für den Gesamteinsatz der Verwaltungsenergien des Bundes zu gewinnen. Durch überlegte Formulierung dieses Rahmens und seine Festlegung seitens des Präsidenten erhält er eine doppelte Sanktion: einerseits als Produkt der Zusammenarbeit, andererseits durch die Autorität des Präsidenten. Kenntnis des Rahmens gibt jeder einbezogenen Instanz eine bessere Basis und einen klarer ersichtlichen Spielraum für die eigene Planung. Die Stabsstelle wirkt in all diesen Arbeitsbeziehungen als der Bahnbrecher für eine Ausrichtung der Einzelziele der Beteiligten auf das Regierungsprogramm in seiner Gesamtheit.

Dies sind belebende und zusätzliche Einwirkungen. Sie lassen es nicht zu, die Stabsentwicklung einfach als Verdopplung der Arbeit abzutun. Das Stabsorgan bedarf natürlich sowohl eines verständigen Arbeitsplans wie auch vorausschauender Auftraggeber. Sonst mag es zum Leerlauf kommen. Aber bei richtiger Verwendung widmet sich die Stabsstelle einer selbständigen Aufgabe, die andernfalls ungetan bleibt. Die Erfüllung dieser Aufgabe berührt in ihren Ausstrahlungen den Ton, den Stil der Verwaltung. Es wird zum anerkannten Gebot, in hinreichend breit entrollten Gesamtbildern zu denken.

Spezialisten und Generalisten

Weshalb wird hier soviel Nachdruck auf die dem Exekutivhaupt angegliederten Stabsstellen gelegt? Natürlich hat sich die Stabsentwicklung in den Vereinigten Staaten nicht auf die Spitze der Exekutive beschränkt. Sie hat sich sowohl in der privaten Wirtschaft wie in der öffentlichen Verwaltung auch auf den nachgeordneten Ebenen durchgesetzt. Wir finden heute Stabsgruppen nicht nur im Amt des Behördenchefs, sondern auch einerseits in den zentralen Büros und Abteilungen und andererseits in den regionalen und sogar den örtlichen Dienststellen der Großbehörden. Insbesondere gilt das für Spezialistengruppen mit vorwiegend beratenden Aufgaben, die sich unschwer als Stabsstellen organisieren lassen. Solche Sonderstäbe sind aber im Grunde das Ergebnis des überall blühenden Spezialistentums. Für diese Stäbe, die sich in der Regel aus besonderen Umständen oder Bedürfnissen rechtfertigen, liefert die zentrale Stabsorganisation ein unentbehrliches Gegengewicht. Den Spezialisten müssen Generalisten entgegentreten.

Nicht minder wichtig ist eine geplante Verbindung von Stabsarbeit und Ressorttätigkeit in der beruflichen Laufbahn der Beamten, zumal im Aufstieg in die Sphäre zunehmender Verantwortlichkeit. Eine gewisse Rotation in der Zuweisung von Aufgaben spielt für die Ausrundung der persönlichen Verwaltungserfahrung eine große Rolle. Wenn es an solchem Umherwandern fehlt, besteht wenig Anlaß, von einer höheren Verwaltungslaufbahn im allgemeinen Sinne zu sprechen. Wer schon früh in das Gehege eines bestimmten Dezernats getrieben wird, mag dazu verurteilt sein, sein Dasein als Sklave seiner erworbenen Kenntnis zu verbringen. Die Gefahr der Überspannung des Spezialistentums ist eine allgemeine Gefahr. Sie ist die Kehrseite der industriellen Zivilisation unserer Epoche. Deshalb kann die Verwaltung sich dagegen nur in gewissem Umfang verteidigen. Aber gerade wenn man davon auszugehen hat, daß das Spezialistentum unvermeidlich ist und mit ihm die Spezialistenperspektive, liefert das umso zwangsläufiger den Beweis für die Notwendigkeit einer zentralen Stabsorganisation, die sich verallgemeinernd betätigt.

Im Wandergang von einem Sachgebiet zum anderen lernt man zweifellos mehr, als sich in einem einzigen Sachgebiet lernen läßt. Es folgt jedoch nicht notwendigerweise, daß so eine Schulung in der Erfassung des Gesamtzusammenhanges der Verwaltung gewonnen wird. Vom praktischen Standpunkt aus ist es deshalb höchst erwünscht, daß es geeigneten Beamten ermöglicht wird, durch eine wenn auch nur zeitweilige Zuweisung an eine zentrale Stabsstelle die Arbeit der Behörden im Rahmen der Weiträumigkeit des Regierungsprogramms zu würdigen. Solche Auflockerung wäre nicht zu erreichen ohne ein zugängliches Vorbild, in dessen Tagesarbeit die Erkenntnis des Generellen das Blut des Lebens ist. Andererseits darf es nicht dazu kommen, daß die zentralen Stabsstellen automatisch die besten Kräfte aus der Verwaltung für immer in sich absorbieren. Wenn das geschieht, kann die Verwaltung in ihren anderen Bereichen dadurch zur Verarmung verurteilt werden. Die beste Lösung ist hier ein planmäßiger Austausch, der allerdings ein gewisses Maß von Elastizität behalten muß und nicht wie ein Uhrwerk funktionieren kann. Darüber besteht in den Vereinigten Staaten weitgehendes theoretisches Einvernehmen, obwohl die praktische Lösung weder einheitlich noch voll befriedigend ist.

Es kann kaum erstaunen, daß dienstliche Erfahrung im Budgetbüro in der amerikanischen Auslesepraxis meistens als bleibendes Aktivum gewürdigt wird. Etwas ähnliches hat sich in der Verwendung von früheren Chefs des Budgetbüros herausgestellt. Hier scheint sich eine interessante Tendenz anzubahnen. Wer für die Leitung des Büros zum Zuge kommt, kann nicht bloß Politiker sein. Auch politisches Können und politische Erfahrung reichen nicht aus, um ein so kompliziertes Klavier zu spielen, wie es die Leitung einer zentralen Stabsstelle ist. Daraus erklärt es sich, daß seit dem Entstehen des Budgetbüros, seit 1921, jeder Präsident bei der Ernennung seines Budgetdirektors mit besonderer Sorgfalt vorgegangen ist. Einerlei, wer seine persönlichen Freunde waren, einerlei, welcher Partei er sich verbunden fühlte, sein Auge richtete sich letztlich auf das seltenere Talent für disziplinierte Beratung und für umsichtige Stabsleitung, so daß die Verfolgung politischer Zwecke bei der Bestimmung des Programms des Präsidenten die Anerkennung des öffentlichen Interesses nicht überwältigen würde.

Das hatte zur Folge, daß Männer, die sich als Chefs des Budgetbüros bewährten, für die Bekleidung anderer nicht minder wichtiger Posten vermittlungsfähig wurden. Ihre Namen tauchen wiederholt bei der Besetzung verantwortungsvoller Stellungen auf, vor allem wenn diese mit neuen oder delikaten Aufgaben verknüpft sind. Es wird von einstmaligen Chefs des Budgetbüros vorausgesetzt, daß sie sich überreden lassen, dem Wirtschaftsleben den Rücken zu kehren, um neue öffentliche Aufgaben zu übernehmen. Das bietet eine gewisse Parallele zu dem, was in Frankreich manchmal das Karussell der Minister genannt wurde. Die Kabinette schwankten und fielen, aber in der Dritten und in der Vierten Republik tauchten die gleichen Namen immer wieder an der Spitze der Ministerien auf, wenngleich nicht in den meisten Fällen desselben Ministeriums. So hatte man ein *team* von Persönlichkeiten, die die Ministerarbeit kannten und deshalb austauschbar waren.

Stabsleitung setzt bestimmte sachliche Qualifikationen voraus. Das Gesetz von 1921 weist zwar darauf nicht ausdrücklich hin. Es schreibt nur vor, daß der Budgetdirektor und sein von Amts wegen designierter Stellvertreter vom Präsidenten ernannt werden. Sie sind, zusammen mit zwei oder drei persönlichen Assistenten, die einzigen Angehörigen des Büros, die politisch in dem Sinne ernannt werden, daß sie nicht Berufsbeamte sind, deren Tätigkeit durch Beamtengesetz geschützt ist. Tatsächlich sind die Männer der Leitung doch in erster Linie beruflich orientierte Menschen. So findet man sie auch im *Who's Who* beschrieben. Sie sind Geistesbrüder der Stabsreferenten und kommen bald dazu, sich mit ihrem ersten Beamten zu duzen. Das kollegiale Verhältnis ist in der Übertragung des Gedankenguts der täglichen Arbeit von großer Bedeutung. Es erlaubt sachliche Auseinandersetzungen, die von allem Formellen frei sind. Die sprichwörtliche Kluft zwischen dem Minister und den Berufsbeamten macht sich deshalb nicht fühlbar. Die Einspannung in das Programmatische, in die politische Planung, wird von beruflichen Gesichtspunkten dominiert.

Die berufliche Haltung des Stabsmanns ist das Zeichen seiner Qualifikation. Deshalb muß das Budgetbüro es übernehmen, aus sich heraus eine die Stabsarbeit charakterisierende Doktrin zu bilden, die Neulingen mitgeteilt werden kann. Die Einführung in die Tätigkeit des Büros ist ein formender Vorgang, dem große Bedeutung zugemessen wird. Diesem Zweck dienen der Austausch von Eindrücken mit den Kollegen, eine Art von Tutorsystem und eine Serie von Orientierungssitzungen. Der Versuch wird gemacht, den Neuling in die Denkweise und die Arbeitsmethoden des Büros sorgfältig einzuweihen, damit er sich bald wirklich nützlich machen kann.

Stabsorganisation ist also mehr als ein Mittel zur Sachverstandsbildung und zur Sachverstandsverwendung. Kenntnis muß allem Verwaltungshandeln zugrunde liegen. Jede Behörde hat die Verpflichtung, sich die zu ihrer Amtsführung nötigen Kenntnisse zu verschaffen, teils aus ihrer eigenen Expertise, teils durch sorgfältige Beobachtung ihrer Umwelt. Sie muß sich nicht minder aus der Öffentlichkeit zu unterrichten wissen, als es ihr obliegt, die Öffentlichkeit zu unterrichten. Das ist eine Verpflichtung, die auch von Behörden anerkannt wird, die sich ihr unwillig fügen. Eine Methode, diesem Unterrichtungsbedürfnis in beiden Richtungen Rechnung zu tragen, ist die Errichtung von Beiräten. Machen Beiräte Stabsstellen überflüssig?

Die behördliche Beiratsstruktur hat gewollte und ungewollte Wirkungen. Meistens ist der Beirat ein quasi-repräsentatives Organ, durch das wichtige organisierte Interessen an das Ministerium gezogen werden, um einen Meinungsaustausch zu ermöglichen. Das Ministerium findet es wertvoll, sich auf diese Weise unterrichten zu können. Die beteiligten Verbände haben den Vorteil einer engeren Verbindung mit den Plänen der Behörde. Sie sind imstande, Protest einzulegen, bevor es zum Schießen kommt. Große Verbände haben außerdem oft selbständige Sachverstandsquellen, die man bei der behördlichen Arbeit nicht entbehren möchte. Solche Beratung hat nicht selten den Sinn eines Interessenausgleichs. In der Verwendung von Beiräten, die vielleicht sogar ein auf Gesetz gegründetes Leben führen, besteht deshalb eine große Gefahr, daß der Behörde ein Mühlstein um den Hals gelegt wird.

Wie die wechselseitigen Beziehungen im einzelnen am besten geordnet werden, ist vielfach auf seiten der Behörde im Grunde eine Frage des Einsatzes der richtigen Persönlichkeiten. Wenn eine starke Persönlichkeit aus dem Ministerium den Vorsitz hat, kann das etwaige Einseitigkeiten ausgleichen. Andererseits mag ein Beirat sich vornehmlich als ein Monitor gebärden, der der Behörde ständig den Finger vorm Gesicht hin- und herschüttelt und zur produktiven Arbeit wenig beiträgt. Tatsächlich hat die Stabsentwicklung in den Vereinigten Staaten das Beiratswesen weder unmöglich noch unnötig gemacht. Überwiegend befürwortet die amerikanische Verwaltungstheorie eine behördliche Fühlungnahme mit den beteiligten privaten Interessen, ohne zu leugnen, daß das zu einem Griff an die Gurgel der Behörde die Möglichkeit bietet. Im allgemeinen wird eine freie Fühlungnahme mit den betroffenen Interessen den Bedürfnissen der Verwaltung besser gerecht als der Aufbau von ständigen Beiräten, die sich praktisch schwer wieder beseitigen lassen.

Andererseits aber gibt es Sachgebiete, wo eine Repräsentation der Interessen gewissermaßen im Sinne des korporativen Staats sich nicht nur als eine verantwortliche Ordnung empfiehlt, sondern auch den Verwaltungsvollzug wesentlich erleichtert. Man kann mit einem solchen Beirat ebenso gut leben wie mit einem ständigen Parlamentsausschuß. Aber die Auswirkungen des Beiratswesens überschneiden sich nur insofern mit den Hauptaufgaben der zentralen Stabsstellen, als diese sich als Quellen der unabhängigen Beurteilung von Beiratsvorschlägen und als Schranken gegen das Sonderinteresse fühlbar machen.

Man darf vielleicht am Schluß fragen, welchen Empfang die beiden großen politischen Parteien dem Stabswesen bereitet haben. Die Stabsidee kam aus dem Gabenpaket der Reformbewegung, und die Reformbewegung zwang den Patronagebetrieb zum Rückzug. Zudem war die zentrale Stabsstelle ein Mittel zur Institutionalisierung des Präsidentenamts, das sich in diesem Umfang über die Parteien erhob. Andererseits ist das Exekutivamt des Präsidenten heute ein offensichtlicher Ausdruck des Faktischen. Die normative Konsequenz kann auch von den Parteien nicht geleugnet werden. Beide Parteien zollen der Entwicklung zurückhaltende Anerkennung.

Inzwischen ist es zu Parallelerscheinungen nicht nur im Kongreß, sondern auch in den Parteien gekommen. Die Stabsgestaltung ist allerdings in den Parteien unvollständig, und zwar aus einem einleuchtenden Grund. Die beiden großen Parteien sind keine festgefügten Einheiten, die ihr institutionelles Gehirn durch die Tätigkeit organisierter Sachverstandsquellen ausfüllen könnten. Konglomerate lassen sich als solche schwer beraten. Im Kampf der Einflußzentren innerhalb der Konglomerate würde eine Stabsstelle mit Mißtrauen betrachtet. Wem wird sie hörig sein? Wessen Hand wird sie stärken? Parteien, die innerlich besser geordnet sind und eine nationale Identität erworben haben, sind in der Lage, Stabsstellen mit sehr viel größerem Gewinn zu verwenden. In dem gleichen Maße, in dem solche Parteien zu einer realistischen und verbindlichen Programmformulierung fähig sind, werden sie zu regelmäßigen Nutznießern von Stabsleistungen. Aber diese Bedingungen liegen im heutigen inneren Aufbau der beiden Parteien in den Vereinigten Staaten nicht vor.

Achtes Kapitel

Politik und Verwaltung

Verknüpfung der Gewalten

Worin besteht der Unterschied zwischen Politik und Verwaltung? Der Berufspolitiker erkennt den Unterschied an, wenn er sich über die Teilnahmslosigkeit der Bürokraten, über ihre störrische Prinzipiengläubigkeit, über ihren Instinkt für Ordnung, Deckung und Wortwörtlichkeit erhitzt. Der Verwaltungsmann setzt den Unterschied voraus, wenn er sich hinter der Hand über den Opportunismus der politischen Kompromisse, über die Gleichgültigkeit der Politiker gegenüber dem allgemeinen Wohl, über ihre nackte Selbstsucht in der Verfolgung von Sonderinteressen beklagt. Politik und Verwaltung verlangen nach verschiedenen Talenten. Aber beide Sphären leben im modernen Staat in einer Form von Symbiose. Die Grenzen sind flüssig, und ein rücksichtsloses wechselseitiges Abriegeln würde eine Kalamität heraufbeschwören. Die notwendige Verbindung beider attestiert andererseits die Tatsache, daß es sich dem Wesen nach um verschiedene Funktionen handelt, die einander bedingen.

Es war einer unserer Ausgangspunkte, daß die öffentliche Verwaltung nicht im luftleeren Raum lebt. Sie hat eine Organstellung, die eine Verpflichtung zum organischen Handeln in sich schließt. Die Verwaltung ist das Instrument, durch das die politische Willensbildung ihre programmatischen Aufgaben erfüllt. Das Programm stellt sich als Ausdruck des öffentlichen Willens vor, bei dessen Bildung der einzelne als Teil der Wählerschaft eine entsprechende Rolle spielt. In diesem Sinne kann man davon reden, daß das Programm der Regierung auf einem Mandat beruht, das mehr oder minder klar sein mag, aber für die Zeit, während der die Mehrheit im Amte bleibt, bestimmte Ziele und Aufgaben in den Vordergrund stellt.

Keine Regierung begrenzt ihre Aufgabe darauf, dekorativ in ihren Sesseln zu sitzen und sanft einzuschlafen. Keine Regierung beschränkt sich darauf, die öffentlichen Geschäfte so weiterzuführen, wie sie schon vorher betrieben wurden, und darauf aufzupassen, daß nichts Arges geschieht. Mit so bescheidenen Aufgaben gibt sich keine Regierung zufrieden, zumal in unserem Zeitalter mit seiner wohlfahrtsstaatlichen

Orientierung. Regierungen kommen mit dem Versprechen ins Amt, mancherlei zu tun. Möglicherweise ist ihnen bei der Erfüllung ihrer Versprechungen nicht immer ganz wohl zumute, aber sie werden sich eines Programms nicht enthalten. Das Programm mag relativ bescheiden oder aggressiv und weitreichend sein; aber ein Programm läßt sich kaum entbehren.

Unter diesen verschiedenen Bedingungen ist es dennoch die sich gleichbleibende Hauptaufgabe der Verwaltung, als Organ der Programmausführung zu wirken. Die Verwaltung funktioniert dabei nicht wie ein Wasserhahn, der seinen Zweck schon dann erfüllt, wenn er am richtigen Platz angebracht ist und ohne Schwierigkeiten auf- und abgedreht werden kann. Im Gegenteil, Verwaltung ist planmäßiger und deshalb differenzierter Mitteleinsatz zur Abwicklung von programmatischen Aufgaben verschiedenster Art. Obwohl nicht wenige dieser Aufgaben langfristiger oder ständiger Natur sind, so daß die programmatische Neuorientierung eines Regierungswechsels keine große Umstellung erfordert, ist die Programmbindung der Verwaltung in einer demokratischen Ordnung axiomatisch. Das ist gerade das Charakteristische in ihrer Verantwortung, daß die öffentliche Verwaltung nicht einen festen und unabänderlichen Aufgabenkreis hat, innerhalb dessen sie nach ihrer eigenen Einsicht gewissermaßen als guter Hausvater walten darf. Sie verkennt ihre Rolle im System der öffentlichen Verantwortung, wenn sie die Auffassung kultiviert, sie bleibe am besten sich selbst überlassen, um aus ihrem eigenen Bestand zu leben.

Wenn anzuerkennen ist, daß die öffentliche Verwaltung sich in einer organischen Abhängigkeit gegenüber den Instanzen der politischen Willensbildung befindet, erhebt sich als nächstes die Frage: Welche Art und Weise der Beeinflussung der Verwaltung durch die Politik gibt dieser organischen Abhängigkeit den besten Ausdruck? In einem Repräsentationssystem wie dem amerikanischen muß die Antwort mit einer Bewertung des Parteiwesens beginnen. In keiner der beiden großen Parteien ist es bislang zu einer wirklichen Kanalisierung der Verantwortung gekommen. Das hat zu großen Schwierigkeiten geführt. Die Abwesenheit einer festgefügten Parteimehrheit in der Legislative erklärt die Abwesenheit einer gegenparteilichen Opposition. In diesem Vakuum wird der einzelne Abgeordnete ein relativ freier Unternehmer im politischen Raum. Das hat eine hochgradige Individualisierung der legislativen Beziehungen zur Verwaltung zur Folge. Wenn das einzelne Mitglied der Volksvertretung sich mit seinen besonderen Wünschen, Anregungen und Beanstandungen an die Behörden wenden kann, ohne dabei für seine Partei zu sprechen, so ist das etwas ganz anderes als verantwortliche Beaufsichtigung der Verwaltung durch Verwendung institutioneller Mittel und auf der Grundlage des Mehrheitsprogramms.

In den Vereinigten Staaten haben die beiden großen Parteien sich bislang als echte Nationalparteien nicht zu konsolidieren vermocht. Sie sind keine Einheiten, die ihr Programm als gemeinsame Willensbekundung betrachten, ihm entsprechend zu handeln bereit sind und insofern eine kollektive Identität besitzen. Man hat daher von dem Vierparteiensystem in den Vereinigten Staaten gesprochen, in Anerkennung eines gefühlsmäßigen Zusammenhaltens der konservativen und der liberalen Elemente in jeder der beiden Formalparteien. Es gibt aber auch zeitgebundene Interessengruppierungen, beispielsweise für oder wider öffentlichen Wohnungsbau, Bundesunterstützung des Schulbauwesens und Abbau der Zollmauern, zwischen denen vielfach eine pragmatische Fühlungnahme stattfindet. So ist die Topographie der Parteinahme in der Legislative besonders unübersichtlich. Dabei bleibt es, auch wenn man sich damit behilft, im Kongreß von der aus Mitgliedern beider Parteien bestehenden „konservativen Koalition“ zu reden, mit der sich schon Präsident Franklin D. Roosevelt herumzuschlagen hatte.

Vor wichtigen Beschlußfassungen des Kongresses haben daher der Präsident und seine unmittelbaren politischen Berater oftmals eine schwierige Aufgabe zu bewältigen. Sie müssen durch Aufaddieren der wahrscheinlichen Pro- und Contra-Stimmen zu ermitteln suchen, ob eine Mehrheit für diesen oder jenen vom Präsidenten vorgeschlagenen Gesetzentwurf vorliegt oder mit welchen persönlichen Druckmaßnahmen und durch welche Konzessionen man eine Mehrheit zusammenkratzen könnte. Vielleicht geht es um zwei schwankende Stimmen; diese beiden Abgeordneten werden das Interesse des Präsidenten bald verspüren und sich möglicherweise, teilweise durch Versprechungen berauscht, teilweise durch das Rachegeheul eingeschüchtert, ihm in letzter Minute empfänglich zeigen.

Um die öffentliche Verwaltung den Organen der politischen Verantwortung gegenüber empfänglich zu machen, ist es erforderlich, zweckdienliche Kanäle zwischen der Legislative und der Exekutive auszuheben, so daß die Verantwortung bei ihrer Übertragung nicht versickert. Solche Kanäle mögen in der Verfassung selbst oder durch Verfassungsübung vorgesehen sein. Verfassungsübung darf nicht unterschätzt werden. Sie spielt eine erhebliche Rolle und hat sich vor allem in England als durchaus verläßlich erwiesen. Tatsächlich mag Verfassungsübung verläßlicher sein als der umstrittene Wortlaut einer Verfassungsbestimmung. Inhaltliche Präzision der Verbindung zwischen der politischen Sphäre und der Verwaltung ist jedoch wichtiger als ihre Form.

Gleichstellung der Gewalten

Unter dem amerikanischen System der gleichgestellten Gewalten ist die Art der Verbindung zwischen Legislative und Exekutive problematischer als im parlamentarischen System. In der amerikanischen Bundesverfassung wurde die Gewaltentrennung in radikaler Weise durchgeführt. Die Gründenden Väter glaubten darin Montesquieu zu folgen, der seinen französischen Landsleuten diese Idee in seinem *Esprit des Lois* als die Grundlage der Größe Britanniens suggeriert hatte, obwohl das zeitgenössischen Engländern mehr als Dichtung denn als Staatskunde verständlich gewesen wäre. So kam es, daß in der „vollkommeneren Union" der Exekutive ein Eigengebiet zugewiesen wurde, das der Legislative insoweit nicht unmittelbar selbst zugänglich war.

In dieser scharfen Ausprägung der Gewaltentrennung verbargen sich manche Schwierigkeiten. Aber aus ihr bildete sich zweifellos auch jener einzigartige Kraftborn: die unabhängige Exekutive, in der sich nationale Repräsentation, Verwaltungsleitung, gesetzgeberische Initiative und Parteiführung verbinden. Theoretisch ist die Gesetzgebung auf einen Bezirk begrenzt, die Exekutive auf einen anderen, und die Justiz auf einen dritten. Praktisch ist es natürlich nicht so einfach. Ein Beispiel ist die justizstaatliche Kontrollfunktion der Rechtspflege. Zudem wird die Justiz im Namen der richterlichen Zuständigkeit zur Prüfung der Verfassungsmäßigkeit der Gesetze auch zu einer korrigierend eingreifenden Instanz beim Tauziehen zwischen der Exekutive und der Volksvertretung.

In Ermangelung einer Selbstdisziplinierung durch Parteien, die zur Verantwortung fähig sind, ist die Volksvertretung so weit pluralisiert, daß sie zur Entwicklung eines Gesetzgebungsprogramms nicht imstande ist. Natürlich gilt es allgemein, daß konkrete Programmvorschläge ihren Ursprung niemals in der Volksvertretung als solcher haben. Das ist typischerweise die politische Aufgabe der Parteien. Aber nur Parteien, die wirklich eine Stellung einzunehmen fähig sind, können ein Programm vorlegen, das politisch etwas bedeutet. Die beiden großen Parteien fallen nicht in diese Kategorie. Aus ihrer Unfähigkeit erklärt sich das nächstbeste: das Programm des Präsidenten.

Das Programm des Präsidenten ist aber verfassungsrechtlich ein an den Kongreß gerichteter frommer Wunsch. Hinter ihm steht die Machtfülle eines einzigartigen Amtes, häufig auch die Zugkraft einer Führerpersönlichkeit und schließlich nicht selten der Riesendruck der Öffentlichkeit. Aber die Öffentlichkeit ist als solche nicht organisiert. Sie zerfällt zu schnell in Teile, die vornehmlich an Einzelpunkten des Programms interessiert sind. Der Präsident muß für sein Programm kämpfen, vor allem im Forum der Legislative. Daher sieht diese die Verwaltung zu oft als Kolonne des Präsidenten, als Gegenpol.

Politischer Wettbewerb

Weil in den Vereinigten Staaten die Gesetzgebende Versammlung nicht in vollem Sinne parteimäßig organisiert ist, sieht sich das Exekutivhaupt nicht einer Majorität gegenüber, die es als *seine* Mehrheit bezeichnen kann. Seine eigene Partei liefert ihm keine solche Mehrheit, ganz abgesehen von der Möglichkeit, daß die Partei des Präsidenten als solche in der Minderheit sein mag. Zu oft hatte der Präsident in den letzten Jahrzehnten mit einer Majorität im Kongreß zu tun, die von dem konservativen Block beherrscht war, in dem sich die südlichen Demokraten und die republikanische „alte Garde" verbinden. Dieser Block beruht natürlich nicht auf irgendwelchen Koalitionsvereinbarungen unter den beiden Formalparteien. Er bleibt flüssig. Jeder Volksvertreter kann sich frei der Koalition anschließen oder sich aus ihr wegstehlen. Aber wenn man Abstimmung um Abstimmung genauer durchleuchtet, so erkennt man, wie häufig sich der konservative Block immer wieder zusammenfindet. Die Wahrscheinlichkeit einer konservativen Koalition wird dadurch vergrößert, daß die Wahlkreisabgrenzung den Einzelstaaten überlassen ist, deren Gesetzgebende Versammlungen historisch Hochburgen des ländlichen Elements sind. Wenn ein großstädtischer Wahlkreis etwa so festgelegt ist, daß er zehnmal soviele Wähler hat wie jeder der angrenzenden Wahlkreise, so wird damit dem städtischen Element der Weg zur Repräsentation erheblich erschwert. Das Ergebnis ist, daß der Kongreß in weitgehendem Umfang die Sprache des Gestrigen spricht. Der Akzent liegt auf dem Ländlich-Kleinstädtischen, dem Unternehmerideal der freien Wirtschaft, den stark verschanzten Interessenorganisationen, den lokalen und regionalen Machtverhältnissen in den Parteigruppierungen.

Aber der Kongreß spricht selten deutlich als Kongreß. Er ist überpluralisiert, weit über das Maß hinaus, das man im normalen parlamentarischen Leben voraussetzen darf. Was man oft hört, ist nicht die Stimme der kollektiven Erfahrung, sondern der überlaute Ausbruch eines einzelnen Mitglieds, der mit den Galerien kokettiert. Das mag sogar vorübergehend die Worte des Präsidenten der Vereinigten Staaten übertönen, wenn er offiziell als Vertreter seiner Nation im Meinungsaustausch der Völker Stellung nimmt. Wenn sich aus dem Inhalt dessen, was eine schrille Stimme im Kongreß verkündet, nicht wahrnehmen läßt, ob es der republikanischen Partei oder der demokratischen Partei zugerechnet werden kann, darf man von einer Übersteigerung des freien Mandats sprechen.

Die Abwesenheit einer verantwortlichen Mehrheit, durch die die Volksvertretung als solche einen Willen gewinnen würde, hat noch andere Folgen. Sie treibt die Macht der Legislative in die ständigen Ausschüsse. Das ist an sich ein Vorgang, der auch in anderen Ländern wahrgenommen wird. Man hört dort bedauernde Kommentare zum Thema der Herrschaft der Parlamentsausschüsse. In den Vereinigten Staaten handelt es sich jedoch um ein ernstlicheres Übermaß, da kein Gegengewicht vorliegt. Die Realität des Kongresses dokumentiert sich nicht selten in der Aktion eines einzelnen Ausschusses und hier wiederum vielleicht in dem einzelnen Volksvertreter als Vorsitzendem, der im Vollbesitz seiner Seniorität im Grunde niemandem nachrangiert und den Ausschuß in weitgehender Weise dominieren mag.

Die beiden gleichgestellten Gewalten der Legislative und der Exekutive werden durch ihre eigenen Grundzüge und Lebensprozesse in spezifische Funktionen gedrängt, die in der Bundesverfassung nicht niedergelegt sind. Der pluralisierende und hochgradig pluralistische Kongreß ist gerade deshalb eine Gesetzgebende Versammlung, die in ihrer Kapazität für Interessenvertretung auf die feinsten Nuancen reagiert, positiv oder negativ. Hier sehen wir eine Volksvertretung, die in höchstem Maß die differenzierenden Interessen der Volksgemeinschaft widerspiegelt, weil die Zwischenordnung der Parteien und des vorsortierenden Parteiprogramms fehlt. Aus dem gleichen Grunde ist diese Volksvertretung zur programmatischen Festlegung nicht fähig. Der Kongreß kann Fragen stellen, kann Kritik üben und muß schließlich zum Beschluß kommen, auch wenn dieser des langwierigen Aushandelns bedarf. Mitglieder sind nicht gehemmt, wenn sie Kritik in persönlicher Weise üben, weil der Filter der gruppenmäßigen Verantwortung fehlt.

Die Kritik wird daher oft unbedacht und sogar rücksichtslos, obwohl sie selbst dann besser ist als erzwungenes Schweigen, wenn ihr mörderische Absichten zugrunde liegen. Da sie nicht parteipolitisch ausgerichtet ist, läßt sie sich kaum vorhersehen. Diesen pluralisierenden Tendenzen gegenüber ist die Exekutive zum Fürsprecher der gemeinsamen Belange der Nation geworden, vor allem der städtisch-industriellen und der internationalen Belange. Dies sind die Belange, die sich mit der Zeit als Folge der Wirtschaftsentwicklung und des Weltgeschehens dem dualistischen Bundesstaat vorgelagert und durch ihr eigenes Gewicht eine innere Umordnung erzwungen haben, ohne eine Änderung der Bundesverfassung zu erfordern. Der Wandel war faktischer Natur. Er änderte das Terrain der Einflußgestaltung.

Aus dem System der gleichgestellten Gewalten hat sich im heutigen Zeitalter eine Rollenverteilung zwischen der Legislative und der Exekutive entwickelt, deren innere Gesetzlichkeit manchen Amerikanern noch ungeläufig ist. Es ist Aufgabe der Exekutive, Programme vorzudenken und vorzuschlagen. Es ist Aufgabe der Legislative, diese Programme zu prüfen, zu ändern und letztlich anzunehmen, insoweit sie in Gesetzvorlagen oder Haushaltsbewilligungsvorschlägen kulminieren. Die Improvisierung dieser Funktionenteilung verrät sich darin, daß praktisch nirgendwo eine formelle Sanktionierung des gesamten Exekutivprogramms durch den Kongreß stattfindet. Die Schlachten zwischen dem Kapitol und dem Weißen Hause gehen um die einzelnen Teile des Programms. Auf seiten des Präsidenten werden sie alle im Zeichen des Programms selbst geführt. Im Kongreß jedoch reihen sich die Mannen unter separatistischen Bannern auf, was in der Regel dem Präsidenten zum Nachteil gereicht; denn der Gruppenegoismus kommt zur vollsten Blüte, wenn das Sonderinteresse sich im Feld allein weiß.

Aber die Nachteile gehen nicht alle zu Lasten des Präsidenten. Wenn er für einen umstrittenen Gesetzentwurf, der Teil seines Programms ist, im Kongreß alle erreichbaren Stimmen aus der Republikanischen Partei wie auch aus der Demokratischen Partei aufbieten und beide Seiten unter den Druck der Öffentlichkeit bringen muß, so spricht er für die Nation. Die Nation ist sein Wahlkreis. Seine Stimme allein ist nach der Verfassung die legitimierte Stimme der nationalen Interessen. Der Kongreß hat Stimmen, jedoch keine Stimme.

Aber der Präsident ist einerseits politischer Proponent, andererseits Führer der Verwaltung. Die Rollen sind nicht teilbar. Die Verwaltung ist also zwangsläufig in die Auseinandersetzungen mit dem Kongreß hineingezogen. Sie dient dem Präsidenten in den verschiedenen Stadien der Programmformulierung. Sie ist sein Instrument zur Programmausführung. Das Berufsethos der Verwaltung reflektiert heute in überwiegender Weise, daß die Durchsetzung des Berufsgedankens im öffentlichen Dienst selbst ein Ausdruck des modernen Amerika ist. Der Beamte spricht die Sprache des Neuen, nicht des Alten. Das ist die Sprache des Präsidenten, einschließlich des politischen Untertons, der nicht den Parteien sondern der Epoche entstammt. Der Verwaltungsmann weiß sich daher, ganz allgemein gesprochen, der Exekutive näher als der Legislative. Er erkennt in der durchgängigen sozialstaatlichen Entwicklungstendenz die ungelösten Probleme der industriellen Wirtschaftsordnung, die unserer Zivilisation den Stempel aufdrückt. Das ist eine Entwicklung, die als solche ungeplant ist, die uns gewissermaßen überfällt. Der unerwünschten Konsequenzen können wir uns nur erwehren, indem wir geeignete Maßnahmen treffen. In der Bemeisterung des Wohlfahrtsstaats begegnen wir einer der großen Aufgaben unserer Zeit, bei deren Erfüllung gerade auch der denkende, erfahrene Verwaltungsbeamte einen wichtigen Beitrag zu leisten hat.

In den Vereinigten Staaten entspringt jedoch aus seiner Beteiligung an dieser Aufgabe eine Verschärfung seiner beruflichen Situation. Das ergibt sich aus der Eigenart der politischen Gruppierung. Wenn es eine jeweilige Mehrheitspartei gäbe, die volle Verantwortung für das Regierungsprogramm übernehmen könnte, dann wäre es für die Verwaltung möglich, sich gegenüber dem Programmatischen stärker zu neutralisieren, als das heute der Fall ist. Die Verwaltung sieht sich in die Front gezogen, weil in den Beziehungen zwischen den gleichgeordneten Gewalten der Kongreß der Exekutive gegenüber oftmals von wettbewerblichen Instinkten geleitet ist. Wenn der Sprecher für die Verwaltung vor dem Kongreßausschuß die einzelnen Gründe für den zur Sprache stehenden Entwurf darlegt, wird er sich darüber klar sein, daß er für die Exekutive und daher für den Präsidenten spricht. Die glühenden Zangen, die im Ausschuß für ihn bereitgehalten werden, gelten ihm nicht persönlich, sondern als dem Vertreter der anderen Gewalt und einer programmatischen Position, die für das ungezähmte Selbstinteresse eine Bindung darstellt.

Jedes Programm wirkt sich als eine ordnende Disziplin aus. Das gerade ist der Sinn eines jeden Programms. Dieser Disziplin sucht sich vor allem das organisierte Sonderinteresse zu entziehen. Als Spiegel der differenzierenden Interessengruppierung in der Gesellschaft ist der Kongreß zu einem Veto programmatischer Bindungen viel eher bereit, als das auf die allgemeine Öffentlichkeit und selbst auf die Presse zutreffen würde. Der Kongreß fürchtet in der Exekutive den Rivalen, den er niederzuhalten Anlaß hat. So kommt es hier zwangsläufig zu einem Kampf um die Autorität zur Programmformulierung generell ebenso wie über die Tragweite der einzelnen Vorschläge der Exekutive, die der Annahme durch die Legislative bedürfen.

Produktivität der Auseinandersetzung

Es gibt nicht wenige Amerikaner, die es betrübt, daß die beiden großen Gewalten, die Legislative und die Exekutive, ständig im Zank zu leben scheinen. Diese Klagesteller halten die Einheit für ein erfreuliches Ideal, ohne sich darüber klar zu sein, daß die Produktivität des Systems der beiden gleichgestellten Gewalten, so wie es sich historisch entwickelt hat, die Auseinandersetzung erfordert, um aus der Auseinandersetzung eine oftmals von einem Funkenregen begleitete Klärung und Lösung zu erzielen. Es darf nicht verkannt werden, daß die beiden Organe im Aufeinanderprallen, trotz aller übrigbleibenden Halbheiten und durch manches rückgratlose Kompromiß, zu einer konkreten Lösung kommen, auch wenn sie nur vorläufiger Natur ist. In den Schlachten, die zwischen ihnen ausgefochten werden, liegt ein produktiver Sinn, obwohl natürlich das Getöse in gewissen Fällen vor allem für die öffentliche Bühne bestimmt ist.

Der Präsident muß den Versuch machen, die allgemeine Öffentlichkeit zur aktiven Beteiligung aufzurufen, so daß der engagierte und der unengagierte Wähler durch Bekundung seines Standpunktes als Mitglied der Öffentlichkeit den Interessentendruck in Washington und aus dem Einzelwahlkreis korrigieren helfen kann. Die normalen Bindungen örtlicher Art halten den Abgeordneten in gewissem Umfang dem nationalen Interesse fern. Für sein freies Manövrieren bedeutet das Programm des Präsidenten eine unerwünschte Einengung. Nur unter dem Druck der allgemeinen Wählerschaft wird er bei der Beschlußfassung im Kongreß anders stimmen, als er stimmen würde, falls der Präsident solchen Druck nicht mobilisiert hätte. Die Macht der Exekutive als des Oberkommandos der Verwaltung wird multipliziert durch die allgemeine Führerrolle des Präsidenten. Als politischer Führer ist der Präsident imstande, die Öffentlichkeit dem Kongreß überzuordnen.

Der Kongreß seinerseits fürchtet die Resonanz, die der Präsident gewinnt, wenn er als Volkstribun seine Stimme erhebt. Die Volksvertretung betrachtet die Verwaltung dann als die Waffe des Gegenstoßes, als die Gegenkraft. Das hat für die Verwaltung offensichtliche Konsequenzen, vor allem bei der Überwachung der Behörden durch den Kongreß. Die Bundesverwaltung, so könnte man beinahe glauben, genießt mehr Achtung in der Öffentlichkeit und in der Presse, als sie im Kongreß geachtet wird. Sie bleibt zwar nicht ohne Ehrung, aber wenn der Verwaltungsmann mit den Kongreßausschüssen in unmittelbare Berührung kommt, wird er nicht selten an eine Folterkammer erinnert.

Andererseits bedeutet das eine Einladung zur Leistung. Die Verwaltung ist nie in der Lage, hinter dem aufgetürmten Wall der Exekutivmacht in den Schlummer zu sinken. Der Präsident kann der einzelnen Behörde nur fragwürdige Deckung geben. Er kann nicht verhüten, daß ihre Gesetzentwürfe im Kongreß zerpflückt und ihre Budgetanforderungen gekürzt werden. So muß die Verwaltung dem Kongreß in vielem durch ihre eigene Überzeugungskraft begegnen und dem Machtspiel im Kongreß mit ihrer eigenen Diplomatie Rechnung tragen. Die Verwaltung muß alle die auf sie gerichteten Augen vor sich sehen. Sie entwickelt einen Öffentlichkeitssinn, der verführerisch wirken kann; denn das Interesse am friedlichen Leben mag die Behörde veranlassen, das Programm der Exekutive aus ihrem Bewußtsein zu verdrängen und gelegentlich für sich selbst irreführende Reklame zu betreiben.

All dies macht es komplizierter, Fragen der Verwaltungsethik in konsequenter Weise zu beantworten. Welche Informationsmethoden sind gegenüber der Öffentlichkeit am angebrachtesten? Wieweit darf man in der Absorbierung von Unsicherheitselementen bei der Entscheidungsbildung gehen, um sich nicht zu exponieren? Innerhalb welcher Grenzen ist es vertretbar, die Wahrheit aus Zweckmäßigkeitsgesichtspunkten zu unterdrücken, wenn das sich überhaupt rechtfertigen läßt? Eine Verwaltung, die sich von den Unsicherheiten in den Beziehungen zwischen Legislative und Exekutive umdrängt sieht, ruht nicht auf Rosen, sondern in Disteln. Aber sie verspürt gleichzeitig den Stachel zur Leistung.

Divergierende Perspektiven

Es ist die Praxis der ständigen Ausschüsse, den Sprechern der Verwaltung gebührendes Gehör zu geben. Oftmals ist das Schicksal eines Gesetzentwurfs davon abhängig, mit welcher Schlagfertigkeit und mit welcher Beherrschung der Materialien der beteiligte Behördenchef und die ihn begleitenden Oberbeamten dem Ausschuß Antwort stehen können. Wenn ein Beamter dabei eine leichte Hand zeigt, so bedeutet das für ihn einen großen Einflußgewinn, der vielleicht sogar eine spätere politische Karriere anzeigt. Obwohl das Frage- und Antwortspiel im Ausschuß viel Zeit in Anspruch nimmt, hat die Behörde allen Anlaß, diese Verbindung nachdrücklich zu pflegen. Das versteht sich von selbst, auch wenn es sich dabei weniger um Informationsübermittlung als um Beichte, Reuebekenntnis oder freihändige Erforschung der Einverständnismöglichkeiten im Hinblick auf noch unangekündigte Pläne der Behörde handeln mag.

Information spielt schon deshalb oft eine geringere Rolle als das Festnageln der Behörde, weil es den maßgebenden Persönlichkeiten im Ausschuß meistens an Vertrautheit mit den behördlichen Tätigkeitsgebieten keineswegs fehlt. Wer im Ausschuß Rang genießt, hat sich den Rang nach dem Senioritätsgrundsatz durch Lebensdauer und gewohnheitsmäßige Wiederwahl erworben. Seniorität kündet in der Regel an, daß er schon seit mehr als einem Dutzend von Jahren auf dem gleichen Abgeordnetensitz sitzt, weil er aus einem sicheren Einparteiwahlkreis kommt und innerhalb der örtlichen Parteiorganisation sich Widersacher vom Hals halten kann. Der „geschlossene Süden" hat zum Beispiel eine besonders große Anzahl von Wahlkreisen, die für Demokraten sicher sind. In ihnen kommt es selten zu einem wirklichen Wettbewerb zwischen Kandidaten und noch seltener zu einem Wettbewerb zwischen den Parteien. Die führenden Männer im Kongreß sind deshalb im allgemeinen Männer von großer Langlebigkeit, die fast automatisch in den Ausschußvorsitz aufrücken. Sie sind überwiegend Erzeugnisse der örtlichen Parteiorganisation, huldigen vielfach unumstößlichen Überzeugungen und geben sich am ehesten Status durch Übernahme der konservativen Gesinnungen der „guten Bürger". So sind sie geneigt, diese Gesinnungen mit Ernst und Nachdruck zu bekunden und dabei wachsam zwischen ihren Freunden und Feinden zu unterscheiden.

Für sie ist der neue Berufsbeamte eine Erscheinung, die Mißtrauen hervorruft. Tüchtigkeit ist natürlich schön. Berufliche Vorbildung ist vielleicht nützlich, aber nicht, wenn sie zum Brüten von Bücherwürmern führt. Daß der Beamte sich parteipolitischen Dingen zu entziehen hat und daher kein offener Bundesgenosse sein kann, läßt sich nicht als Aktivum verbuchen. Er ist vermutlich ein „Intellektueller", der niemals gezwungen war, sich darüber Sorgen zu machen, ob sein Ladengeschäft sich als rentabel erweisen werde. Am ärgsten aber ist die offensichtliche Indifferenz des Berufsbeamten gegenüber den verschwörerischen Tendenzen des Wohlfahrtsstaates. Er ist nicht auf der richtigen Seite.

Die divergierenden Perspektiven veranlassen Volksvertreter manchmal, persönlich Sturm auf einen ganzen Verwaltungszweig zu laufen, weil dieser ihren Interessenbindungen in den Weg gerät. Natürlich ist das nicht eine Frage des öffentlichen Wohls. Der Beamte wird dabei aber unvermeidlicherweise zur Gegenpartei. Er darf dem Kongreßausschuß auf unmittelbare Fragen nichts verhehlen. Aber er kann sich auch den Interessen seines eigenen Lagers, der Exekutive, nicht entziehen. Nur im Ausnahmefall kann der Präsident die Erfüllung der Informationspflicht an sich ziehen. Die Unabhängigkeit des Präsidenten unter der Bundesverfassung zeigt sich zum Beispiel in seiner undurchbrochenen Freiheit, die Vorlage von Amtspapieren zu verweigern, falls besondere staatspolitische Interessen in Frage stehen, als deren Wächter er sich fühlt. Wenn die Vorlage verweigert wird, hat der Kongreß keine Sanktion. Das ist zwar aus offensichtlichen Gründen ein umstrittenes Recht; aber der Kongreß kann die Vorlage nicht erzwingen. So hat der Präsident dem Kongreß Angaben darüber verweigert, welche einzelnen Beamten an einem bestimmten Verwaltungsvorgang beteiligt waren. Das geschah ebenfalls aus offensichtlichen Gründen; denn es wäre unratsam, den Kongreß als Strafgericht in die internen Dinge der Verwaltung eindringen zu lassen. Aber hier kommt es immer wieder zu großen Schärfen, die sich auch auf den einzelnen Beamten konzentrieren können. Der amerikanische Berufsbeamte genießt nicht nach außen den der englischen Regel entsprechenden Schutz der Deckung durch seinen politischen Chef.

Volksvertretung und Verwaltung werden, wie sich erkennen läßt, notwendigerweise von anderen Blickweisen geleitet. Das erschwert zweifellos eine sachgemäße Überwachung der Verwaltung durch die Volksvertretung, gibt aber andererseits Anlaß zu einer Bereicherung und Ausweitung der nationalen Tagesordnung. Auf der Seite der unabhängigen Exekutive hilft die Verwaltung dem Präsidenten, in Ausübung seiner Programminitiative seine Köcher zu füllen. In der Wahrnehmung der städtisch-industriellen, der sozialstaatlichen und der internationalen Belange der Vereinigten Staaten durch die Exekutive ist es deshalb unmöglich, wichtige Probleme von der Tagesordnung schlechthin abzusetzen. Auf Anregung der Verwaltung kann die Initiative des Präsidenten das ignorierte Problem immer wieder in das Licht der Öffentlichkeit schieben. Der Kongreß mag sich lange durch Inaktivität retten; aber schließlich wird die Öffentlichkeit auf eine Antwort dringen.

In einem solchen System wird die Verwaltung dazu erzogen, ihre Aufgaben in langer Sicht zu erfassen. Sie wird nicht davon ausgehen, daß eine volle Anerkennung des öffentlichen Interesses in jeder Runde des Ringkampfes zu erwarten ist. Andererseits ergibt sich daraus die Verführung zu einem Übermaß von „realistischer Denkweise". Der nächste Schritt könnte das Paktieren mit dem Gruppenegoismus sein. Das würde natürlich eine Verschleißung des öffentlichen Wohls mit sich bringen. Vielen mag die amerikanische Verwaltung zu sehr mit „realistischem" Geist durchtränkt sein. Aber die ethischen Grundlagen des Verwaltungshandelns finden zunehmende Beachtung. Ein System, dessen Hauptzug auch heute noch sein Wachstum ist, mag sich unschwer auf seine wahre Rolle besinnen können.

Neuntes Kapitel

Die Stellung des Einzelnen

Rule of Law

Ein Überblick über die amerikanische Verwaltung kann nicht an einem letzten Thema vorbeigehen: der Stellung der Einzelperson gegenüber der öffentlichen Gewalt. Wie schon früher erwähnt, ist die Entwicklung in den Vereinigten Staaten ebenso wie in England, dem ursprünglichen Vorbild, durch die *rule of law* beherrscht. Im materiellen Sinne läßt sich die *rule of law* mit dem deutschen Rechtsstaatsbegriff vergleichen, obwohl sie im Zeichen des Justizstaats steht. In allgemeinster Formulierung legt die *rule of law* die Regel nieder, daß die öffentliche Gewalt sich unter den Gesetzen zu entfalten hat und durch die Gesetze ihren Antrieb gewinnt. Wenn man sagt, daß der Grundgedanke der *rule of law* im Ausgangspunkt mit dem Gedanken des Rechtsstaats eng verwandt ist, so wird damit die gemeinsame Idee einer Bindung an das Recht betont. Das Recht hat den Zweck, der Willkür entgegenzutreten.

Die englisch-amerikanische Entwicklung der *rule of law* hat dem Richter eine dominierende Stellung gegeben. Das entspricht seiner Rolle in der historischen Gestaltung des allgemeinen Rechts, des *common law*, das durch die geologische Schichtung von zahllosen Einzelentscheidungen geschaffen worden war. Das *common law* gewann verfassungspolitischen Rang, indem es nicht nur Regeln für das menschliche Verhalten im Tagesverkehr aufstellte, sondern gleichzeitig eine ideologische Grundlage für die Verteidigung des Rechts gegenüber der öffentlichen Gewalt lieferte. Das *common law* übernahm die geschichtliche Aufgabe, die öffentliche Gewalt in seinen Bann zu ziehen. Einer der ersten Künder der Ideologie des alles durchdringenden *common law*, Sir Edward Coke, schien nicht nur der Prärogative der Krone, sondern auch dem Parlament selbst Grenzen ziehen zu wollen.

Das *common law* wird so zum Naturrecht, zum ius naturale, zum höheren Recht. Die Präzisierung des Gedankens, daß das *common law* kraft seines Wesens als eine umfassende Ordnung angesehen werden muß, macht den Richter zur höchsten Gewalt in der Wahrung und Vollstreckung dieser Ordnung. Aus der praktischen Erwägung, daß das Recht bei seiner Durchführung auf den Richter angewiesen ist, erwächst dem Richter im Wege der beschwingten Logik ein volles Imperium, in dessen Ausübung er ordnend in die Angelegenheiten der Gesellschaft einschließlich der politischen Machtsituation eingreift. Wenn er das tut, glaubt er im Grunde nur dem vereinten Gebot seines richterlichen Wissens und seines beruflichen Gewissens zu folgen. So nahm Sir Edward Coke für sich eine Vertrautheit mit den Prinzipien des *common law* in Anspruch, die dem gewöhnlichen Sterblichen und sogar dem Monarchen selbst versagt bleiben müsse. In der Hand des Richters ordnet sich das *common law* als das allgemeine Recht der öffentlichen Gewalt vor, die sich der allgemeinen Rechtsordnung fügen muß.

In der Entwicklung des amerikanischen Verfassungslebens wurde der Gedanke der Herrschaft des Rechts über die Macht von den gründenden Vätern der Republik in weniger autoritärer Form aufgegriffen. Er machte das Institut der richterlichen Prüfungszuständigkeit plausibel; denn im Dienste der Verfassung muß der Richter selbst die Legislative auf dem Pfade des Rechts halten. Der Gedanke des Vorrangs des Rechts hat auch zum Gegensatz zwischen einem *government of men*, dem Regieren nach menschlicher Willkür, und dem *government of laws*, dem Regieren unter dem Gesetz, Anlaß gegeben. Zwar war das ein Unterschied, der auf das gesetzte Recht und somit auf die Überordnung der gewählten Volksvertretung über die Exekutive abstellte. Ihm gegenüber verflüchtigten sich die Bedenken, die demokratisch gesinnte Männer wie Thomas Jefferson der richterlichen Prüfungszuständigkeit als Durchbrechung der Gewaltengleichstellung entgegenbrachten. Aber wenn der Gegensatz praktische Bedeutung haben sollte, bedurfte es eines berufenen Mahners.

Die Ideologie, auf der die Bundesverfassung fußte, machte es zur Notwendigkeit, die konstituierte Gewalt der „vollkommeneren Union" als *government of laws* zu kennzeichnen. Wer konnte sein Wahrer sein? Die Exekutive war in den meisten vorstellbaren Situationen Partei. Formelle Unparteilichkeit gab es nur im Richteramt. Das Bestehen auf *government of laws* bedeutete zur Hauptsache, daß auf diese Weise ein Ausbrechen der öffentlichen Gewalt aus den Schranken der Ermächtigung vermieden werden konnte.

Verwalten ist Handeln. Doch ist es kein Handeln nach eigenem Impuls, nach eigenem Ermessen. Es ist zweckdienliches Handeln nach festgelegten Richtlinien. Nur so kann sich die Verwaltung in das System der öffentlichen Verantwortung eingliedern. Das vom Zweck gelenkte Suchen nach Mitteln zur Befriedigung öffentlicher Erfordernisse, das der Verwaltung ihren Lebensgehalt gibt, wird unter das Gesetz gestellt, unter die Entscheidungen der gewählten Volksvertretung. Die Verwaltung hat keine ihrer Natur entsprechenden Machtvollkommenheiten. Sie hat keine angeborenen Funktionen. Sie handelt auf der Grundlage der Ermächtigung.

Als gemeines Recht dient das *common law* jedermann. In ihm ist insofern die Idee der Aequitas verankert, der Angemessenheit in der Verteilung von Rechten und Pflichten und in der Auferlegung von Einbußen durch die öffentliche Gewalt. Andererseits ist das *common law* nicht dazu angetan, die Leistungsfähigkeit der Verwaltung zu gewährleisten oder gar zu heben. Nur eins steht fest: Leistungsfähigkeit ist kein Ziel, dem sich die Verwaltung ohne Rücksicht auf das Recht verschreiben darf. *Efficiency,* wie man es in den Vereinigten Staaten ausdrückt, ist der Qualitätsmaßstab der öffentlichen Verwaltung; aber er ist es nur insoweit, als sich das Streben nach *efficiency* in Einklang mit den Rechtsgrundsätzen bringen läßt, die der Verwaltung die Richtung weisen oder ihr Grenzen setzen. Die Verwaltung darf sich nicht im Namen ihrer Leistungsfähigkeit vom Recht lösen. Das Recht darf die Verwaltung nicht durch Übersteigerung seiner Gebote zum Anhalten bringen. Das richtige Verhältnis ist zweifellos nicht leicht zu konkretisieren.

In unserer Zeit hat die erhöhte Bedeutung der öffentlichen Verwaltung sowohl als Normenquelle wie auch als Forum für die Erledigung zahlreicher Arten von Ansprüchen die *rule of law* wiederum in den Mittelpunkt der öffentlichen Debatten gebracht. In England nicht minder als in den Vereinigten Staaten haben sich dabei die Berufsinteressen der Anwaltschaft in den Vordergrund gedrängt. Aus der Beteiligung der Anwaltschaft an diesen Debatten erklärt sich der Drang nach einer Justizialisierung der Arbeitsmethoden der öffentlichen Verwaltung, die zu einer erheblichen Verminderung ihrer Leistungsfähigkeit führen kann. Was man heute gelegentlich zum Thema der *rule of law* vernimmt, läuft auf mancherlei Mißverständnisse hinaus. Die Verwaltungstheorie muß sich hier im ernsten Bemühen einen Weg bahnen, um die beiden kontrollierenden Gesichtspunkte der Rechtsgebundenheit der Verwaltung und ihrer höchsten Leistungsfähigkeit miteinander zu vereinen.

Verfahren und Prozeß

In den Vereinigten Staaten offenbart sich in den heutigen Debatten über die *rule of law* oftmals eine Verkennung des Gegensatzes zwischen dem, was man internes Verwaltungsverfahren nennen könnte, und dem, was als Prozeß im juristischen Sinne aufgefaßt werden muß. Prozeß ist ein geordnetes Verfahren, das in erster Linie zur Erledigung von rechtlichen Streitigkeiten bestimmt ist. Verwaltungsverfahren hat demgegenüber einen weiter reichenden Sinn; es ist ein Verfahren, das für die Arbeitserledigung der Verwaltung eine ordnende Grundlage bietet, ohne die ein systematisches Verwalten nicht denkbar wäre. Aus der Verwischung dieser differenzierenden Gesichtspunkte hat sich vor allem in der Anwaltschaft die Auffassung verbreitet, daß die anerkannte Notwendigkeit eines geordneten Verwaltungsverfahrens das Erfordernis eines Justizprozesses im eigentlichen Sinne belege. Bei der praktischen Anwendung dieser Idee haben sich in den Vereinigten Staaten große Schwierigkeiten ergeben, die noch der Lösung harren.

Auf der einen Seite ist es für die Verwaltung unerläßlich, sich selbst eine praktische Arbeitsordnung zu schaffen, um so die Flut der Einzelvorgänge in die Kanäle des Verfahrens zu lenken. Das Verfahren gewährleistet die Regelmäßigkeit der Bearbeitung, die wiederum Basis der Verantwortung ist. Darin liegt auch eine Gewährleistung der gerechten Behandlung jedes Gesuchstellers. Aber dies ist keine Justiz. Das Arbeitsverfahren läßt sich am besten mit einem Herstellungsprozeß vergleichen. Es bedarf der Gruppierung und der Zusammenarbeit von Menschen, um gewünschte Leistungen hervorzubringen.

Die Bedeutung des Arbeitsverfahrens als Ordnungsgrundlage und als Produktionsprozeß wird in der Praxis der amerikanischen Verwaltung noch verkannt. Es ist eine ganz andere Frage, wie weit angesichts der justizstaatlichen Unsicherheit das interne Verfahren der Behörden durch justizielle Begriffskategorien überlagert werden muß. Ein Ausdruck dieser Unsicherheiten ist, wie schon früher erwähnt, das Bundesverwaltungsverfahrensgesetz von 1946. Aus den Zwangsläufigkeiten der Verwaltung selbst wäre dieses Gesetz nicht zu erklären. Vielleicht läßt es sich am besten als das Ergebnis eines Interessenkonflikts würdigen, als ein Waffenstillstand zwischen wichtigen Einflüssen, die in der Öffentlichkeit um Anerkennung rangen. Auf der einen Seite schien es für die Verwaltung notwendig, freie Hand zu behalten, um ihre Leistungen prompt zu verrichten — ohne zusätzlichen Zeitaufwand, unerwünschten Formalismus und vergrößerte Kosten. Auf der anderen Seite sah die Anwaltschaft ein Bedürfnis nach Präzisierung der Grundregeln, unter denen die Verwaltung Verordnungen erläßt oder Einzelentscheidungen trifft, und nach genauerer Unterrichtung über die internen Regelungen.

Das Bundesverwaltungsverfahrensgesetz ist ein Beispiel übermäßiger Kategorisierung und Justizialisierung des Verwaltungsganges. Was man positiv darüber sagen kann, klingt bescheiden: Das Gesetz hat sich infolge seiner eigenen inneren Unklarheiten nicht als eine so große Hemmung erwiesen, wie das zunächst von manchen Kennern des Sachverhalts angenommen worden war. In gewisser Weise war das Gesetz ein Schlag ins Wasser. Es hat den Rechtszustand weder wesentlich bereichert noch grundlegend geändert. In den neueren Gerichtsentscheidungen hat das Gesetz keinen Triumphzug angetreten. Die lange und laute Diskussion über die angebliche Verfahrenssouveränität der Verwaltungsbehörden kam im Gesetz zu einem vorläufigen Ende, in einer Schlacht ohne Sieger, wie ich es im *Livre Jubilaire* des französischen *Conseil d'Etat* charakterisiert habe.

Ein interessantes Ergebnis der gesetzlichen Regelung ist der Einsatz einer besonderen Gruppe von halbrichterlichen Verfahrensbeamten. In Fällen von Rechtsstreitigkeiten, die sich aus der Ausübung der behördlichen Zuständigkeiten ergeben, wird die Sache diesem Spezialtyp von Ermittlungsbeamten zugewiesen, der vielleicht als Streitigkeitsprüfer bezeichnet werden kann; im Bundesverwaltungsverfahrensgesetz wird er *trial examiner* genannt. Er soll der Behördenleitung gegenüber eine unabhängige Stellung einnehmen. Seine Aufgabe ist die Wahrung und einwandfreie Anwendung der Verfahrensmodalitäten. Davon darf er sich durch nichts ablenken lassen, weder durch die Interessen der Behörde, in deren Dienst er steht, noch durch die Interessen der beteiligten Privatpartei, zu deren Wohl das Verfahren vorgesehen ist. Er amtiert innerhalb der Behörde, wird aber in seiner Tätigkeit aus justizstaatlichen Erwägungen weitgehend verselbständigt. Ihm können also keine Anweisungen gegeben werden. Er kann sich andererseits in die Verantwortung der Behördenleitung einschieben und in dieser Hinsicht das System der öffentlichen Verantwortung selbst verdunkeln. Die Idee des Streitigkeitsprüfers als eines unabhängigen Beamten innerhalb des Behördenwesens ist eine Blüte der Prozessualisierung, die darin über das Ziel der Wahrung der Gesetzmäßigkeit und der Billigkeit erheblich hinausschießt.

Menschliche Beziehungen als Methode

Die Formalisierung des Verwaltungsverfahrens steht im Gegensatz zu der Tatsache, daß gerade auf dem Gebiet der Wirtschaftsregelung der Rechtsstreit nicht die Regel ist. Die große Fülle der Einzelsituationen, in denen Reibungen aus der Anwendung öffentlicher Anforderungen auf Privatinteressen entstehen, findet eine bevorzugte Lösung in unmittelbarer Fühlungnahme der Beteiligten. Überdies sind die Umständlichkeit der Beweisaufnahme vor dem *trial examiner* und die Kosten der Anträge wie der Anwaltsvertretung nicht dazu angetan, dem minderbemittelten einzelnen den Weg ins Verfahren zu erleichtern. Das ist für die wirtschaftlichen Interessen ganz anders. Hat der einzelne noch weitere Verbindungen mit der Verwaltung?

Die Stellung des einzelnen gegenüber der Verwaltung ist in den Vereinigten Staaten auch durch andere als verfahrensrechtliche Gesichtspunkte bestimmt. Die Verwaltung ist für das Publikum da, auch wenn sie Zwang anwendet. Daraus erklärt sich das allmähliche Umsichgreifen der Vorstellung, daß die wichtigste Aufgabe der Verwaltung darin bestehe, das Verhalten des Publikums zu beeinflussen und die Beziehungen zu ihm und seinen einzelnen Mitgliedern zu pflegen. Das Thema der *human relations,* der menschlichen Beziehungen, ist ein neues Interessengebiet in der amerikanischen Verwaltung, obwohl es seinem Wesen nach uralt ist.

Heute wird in der Behördenwelt von *human relations* nicht so sehr im Sinne der Anerkennung der menschlichen Würde des einzelnen gesprochen wie vielmehr im Sinne bewußter Beziehungsgestaltung. So redet man auch von den Methoden, die der Verwaltung offenstehen, um sich mit der Öffentlichkeit in ständiger Berührung zu halten. Obwohl Publikumspflege für die öffentliche Verwaltung nicht minder wichtig ist als Marktpflege für die Industrie, fallen gewisse Unterschiede ins Auge. Das Einzelunternehmen ist freier in der Wahl seiner Mittel. Die Behörde bewegt sich in den Vereinigten Staaten auch hierin in der sprichwörtlichen Goldfischschale. Bei der Würdigung der *human relations* in der öffentlichen Verwaltung muß man deshalb davon ausgehen, daß kostspielige Ideen, auch wenn sie in der Wirtschaft nicht ungewöhnlich wären, den kritischen Augen der Ausgabenbewilligungsausschüsse nicht entgehen würden. Es handelt sich daher in erster Linie um den Geist der Verwaltung in allgemeiner Hinsicht, wie er sich im gesamten Zuständigkeitsbereich bekundet.

Die Aufmerksamkeit, die man den menschlichen Beziehungen entgegenbringt, entspringt zum Teil sicherlich einer praktischen Erkenntnis. Natürlich ist das Verwalten sowohl in seiner inneren Substanz wie in seinen Wirkungen nach außen ein Netzwerk von Beziehungen zwischen Menschenwesen. Daneben darf man jedoch die besonderen Umstände in der amerikanischen Gesamtentwicklung nicht übersehen. Es wurde schon früher betont, daß die öffentliche Gewalt in den Vereinigten Staaten von der Gesellschaft als ihr Selbstverteidigungsmittel hervorgebracht wurde und gewissermaßen in ihrem Solde lebt. Deshalb gibt es insofern einen Staatsgedanken im Sinne der kontinentaleuropäischen Überlieferung nicht.

Der Nachdruck, der in den Vereinigten Staaten auf menschliche Beziehungen gelegt wird und der der gegenwärtigen Betonung der *human relations* zeitlich weit vorangeht, erinnert daher an die Ursprünge des Naturrechts aus der Zeit nach dem Verfall des griechischen Stadtstaats, einer vertrauten Lebensform, deren Verschwinden einer allgemeinen Auflösung gleichkam. Die *polis* war tot, und der Mensch stand allein. Es war das Verdienst der stoischen Philosophie, eine wirksame Gemeinschaft versuchsweise neu konstruiert zu haben, aus dem Aufeinandereingehen der nebeneinanderstehenden Individuen, die in dem

Ozean des neuen territorialen Machtstaates unterzugehen drohten. Der politische Verband erwuchs aus dem Verhältnis des einzelnen zum einzelnen auf naturrechtlicher Grundlage. Das Anarchische wurde in das Republikanische umgeprägt. So kam es, daß ein überzeugter Republikaner, Cicero, in der römischen Welt zum beredten Mittler des Naturrechts wurde, insbesondere der Vorstellung, daß alle Gewalt einer höheren Ordnung unterworfen und daß diese Ordnung allen einzelnen unmittelbar zugänglich ist.

In dieser Perspektive erscheinen die menschlichen Beziehungen nicht bloß als etwas empirisch Gegebenes. Sie werden theoretisch in das Reich der Werte erhoben. Sie schaffen Verpflichtungen zwischen einzelnen, die aus sich heraus eine Ordnungsgrundlage errichten. Insofern kann man von dem politischen Leben in den Vereinigten Staaten vielleicht sagen, daß die Ordnung sich als Zellenbildung entwickelt, als Zellenbildung aus den Beziehungen der einzelnen zu einzelnen, aus der Zellenbildung des Verbandswesens. Im Verhältnis der Verwaltung zum einzelnen setzt sich die verfassungspolitische Bedeutung der Gruppe durch, deren Manifestation er zu sein scheint. Er steht zwar in der Sonne des Gleichheitsprinzips, als Repräsentant der souveränen Gesellschaft. Aber er gewinnt erhöhte Beachtung als Gruppenmitglied.

Ebenso findet man innerhalb der Verwaltung selbst, im täglichen Arbeitsgang des Amtes, eine solche Zellenbildung. Solange das System der öffentlichen Verantwortung im Bewußtsein der Allgemeinheit verschwommen bleibt, wird es immer wieder notwendig, daß die zum Handeln Verpflichteten aufeinander zurückgreifen und durch Gruppierung ihrer Beziehungen aus sich heraus ein allgemeines Einverständnis kristallisieren, das ihnen eine verläßliche Grundlage zum Handeln bietet. Die Zellenbildung in der Verwaltung hat in den Vereinigten Staaten die Aufmerksamkeit auf die menschlichen Beziehungen in der kleinen Arbeitsgruppe gelenkt. Es ist zweifellos richtig, daß die Pumpwerke des Verwaltungshandelns in der kleinen Personengruppe liegen und nicht in der für den einzelnen unübersichtlichen Struktur der Großbehörde. Für die Beteiligten ist die kleine Personengruppe ein Realgehalt, eine Bewertungsinstanz, ein zweites Leben. Sie ist der Rahmen für die Initiative des einzelnen und das Leistungsmaß aller Gruppenmitglieder.

Wie man dies Gruppenbewußtsein mit der Idee der umfassenderen Verwaltungsaufgaben füllen kann, ist eine Frage, die bislang in Amerika ohne eine praktisch wirklich nutzbare Antwort geblieben ist. Der industrielle Stoßtrupp im Sinne des sowjetrussischen Modells gibt einen Hinweis. Aber Schreibtischarbeit läßt sich nicht ohne weiteres in vergleichbarer Form organisieren. Wichtiger ist natürlich der *élan vital* des Verwaltungssystems in seiner Gesamtheit. Er allein kann aus der Enge in die Weite führen. *Elan vital* ist das Erzeugnis verschiedener

Faktoren. Einer dieser Faktoren ist die Einstellung der Umwelt gegenüber der öffentlichen Verwaltung. Ein anderer ist das bewußte Einsatzvermögen des Berufsbeamten. Aber schon in Ermangelung einer zusammenfassenden Blickweise auf der tragfähigen Grundlage einer voll entwickelten höheren Verwaltungslaufbahn ist es unwahrscheinlich, daß die Vitalität des öffentlichen Dienstes über die separatistischen Tendenzen Herr werden kann.

Wenn es an einer solchen gewollten Selbstdisziplin fehlt, gibt die Zellenbildung in der Verwaltung zu einer Zerbröckelung der Gesamtverantwortung der Behörde Anlaß. Man kommt zu einem Cliquenwesen, zu einem wechselseitigen Reservat. Der Kollege deckt den Kollegen. Solidaritätsansprüche werden erhoben, die der formellen Autorität zu entgehen suchen. Die Formalbeziehung des Vorgesetzten zum Untergebenen wird von Seitenbeziehungen durchkreuzt, die persönliche Stützung mit sich bringen und zu einer entsprechenden Stützung verpflichten. In dieser Verklettung des Verwaltungsganges, im Gestrüpp der persönlichen Allianzen, die im Moment der Entscheidung sichtbar werden, erhebt sich die Frage: Wer gibt die Richtung? Was ist die Grundlage der Verantwortung?

Menschliche Beziehungen offenbaren sich als die Anatomie des Gruppenhandelns sowohl nach außen wie nach innen. Es gibt sie zwangsläufig, auch wenn sie ohne persönliche Wärme bleiben und nur funktionsbedingt sind. Aber einerseits paart sich das Persönliche und das Sachliche aus der Einheit des Menschen, und andererseits ist Gruppenleistung durch die Art der Beziehungsgestaltung entscheidend beeinflußt. Pflege solcher Beziehungen ist deshalb eine Leitungsaufgabe. Sie wird in der amerikanischen Verwaltung nicht als entbehrlicher Luxus angesehen, weder gegenüber dem Kunden der Verwaltung noch gegenüber ihrem unmittelbaren Dienstpflichtigen. Die Aufgabe besteht im gesamten Bereich des Verwaltungshandelns. Wenn sie im allgemeinen Bereich, im ganzen Werktag, ungelöst bleibt, kann man ihr nach amerikanischen Erfahrungen nicht mit einzelnen Kunstgriffen, mit stipulierten Routinen des gewinnenden Verhaltens, gerecht zu werden suchen.

Zu starke Betonung der menschlichen Beziehungen als Verwaltungsstil sagt den Beamtengewerkschaften nicht zu, vor allem denen, die der allgemeinen Gewerkschaftsbewegung angeschlossen sind; denn das ist ihren Organisationsinteressen nicht zuträglich. Diese angeschlossenen Gewerkschaften bilden in vielen Einzelstaaten und den größeren Städten mit der neutralisierenden, aber selbst isolierten zuständigen *civil service commission* und den Parteiinstanzen den auseinanderstrebenden Kontrollpunkt für das Personalwesen. Für den Bund mag Präsident Kennedys Politik der engeren Verbindung von Dienststellen und Gewerkschaften in der Personalverwaltung erhebliche Folgen haben.

Die Last der Massenverwaltung

Die amerikanische Verwaltung sieht sich als Diener der Öffentlichkeit. Die Öffentlichkeit ist hier andererseits ein Begriff, der der „offenen Gesellschaft" entstammt. So löst sich die Öffentlichkeit in Interessen auf. Der einzelne geht in der Klientel, in den Interessenverbänden unter. Das Ideal der volksnahen Verwaltung steht im Vordergrund, aber der physische Druck der Verhältnisse bringt ungewollte Wirkungen hervor. Je mehr die Verwaltung durch innere Zellenbildung geschwächt wird, je mehr sie dadurch der Fähigkeit beraubt wird, sich in großen Einheiten zu erkennen, desto eher kommt es dazu, daß die Gruppensolidarität auch nach außen wirkt. Eine solche Verwaltungsstruktur kann den sie umlagernden Interessengruppierungen nur wenig Widerstand entgegensetzen. Im Gegenteil, die Interessenschichtung in der Außenwelt wird oftmals als innere Machtgrundlage verwendet. Das hat zur Folge, daß das Interessentenwesen den unorganisierten einzelnen aus der Vorhalle drängt.

Im heutigen Zeitalter der Massenverwaltung ist es nicht leicht, diesen Schwierigkeiten zu begegnen. Das zeigt sich auch in dem Unterschied zwischen der Theorie und der Praxis des Bundesverwaltungsverfahrensgesetzes. Keine Behörde darf sich berechtigt fühlen, ihre Entschlüsse den Beteiligten ohne Warnung entgegenzuschleudern. Die Zubilligung des öffentlichen Gehörs und das Abhalten von Vorbesprechungen über bestimmte Entwürfe sind verständige Mittel wechselseitiger Unterrichtung. Aber der einzelne profitiert nicht zwangsläufigerweise, wenn die Behörde Interessenvertretern Gehör gibt oder sich mit Interessentengruppen ins Beratungszimmer zurückzieht. Daß Interessenverbände im Zeitalter der Großorganisation mit der Verwaltung leben können, besagt wenig für das Interesse des einzelnen, der auf seinen eigenen Füßen steht. Er kann sich mit seinen beschränkten Mitteln nicht den Großverbänden nebenordnen.

Die Massenbedürfnisse von heute haben der öffentlichen Verwaltung auch andere Probleme in den Schoß gelegt. Gelegentlich hört man diese Probleme unter dem Gesichtspunkt des Widerspruchs zwischen dem Sozialstaat und dem Rechtsstaat erörtert. Ist es richtig, daß das Vordringen des Sozialstaats den Rechtsstaat umbiegt und vielleicht am Ende sogar beseitigt? Tatsächlich hat der Sozialstaat sich in seinem Wesen und seinen Formen weitgehend rechtsstaatlich orientiert. Die Sozialversicherung in den Vereinigten Staaten ist ein gutes Beispiel dafür, daß in der wohlfahrtsstaatlichen Gestaltung den Zwecken der *rule of law* angemessener Raum zugewiesen worden ist. In seiner ursprünglichen Reichweite war der Rechtsstaat praktisch vor allem ein Bollwerk für die oberen Schichten. Das ergab sich aus dem damaligen Profil der Gesellschaft. Wenn man bedenkt, in welchem Umfang heutzutage in den verschiedenen Zweigen der Sozialverwaltung die große Masse der Leistungsempfänger mit einem unkomplizierten Rechtsschutz umgeben ist, könnte man eher von einer Ausweitung als von einer Durchlöcherung des Rechtsstaats sprechen. So liegt es auch in den Vereinigten Staaten mit der Ausdehnung des Rechtsschutzes in quantitativer Hinsicht.

Andererseits ist es natürlich richtig, daß der quantitative Massendruck es der Verwaltung nicht möglich macht, auf das Interesse des einzelnen in jedem Einzelfall qualitativ einzugehen. Zur Bewältigung des Massenbetriebs bedarf es eines einfachen Verfahrens, in dessen Rillen die Fälle in langen Ketten dahinkriechen. Trotz weitgehender Ausschaltung des zeitraubenden Ermessens läßt sich wenig daran ändern, daß der Massenbetrieb die Verwaltung überlastet. Infolge budgetmäßiger Beschränkungen wandert die Personalzunahme zu oft der Arbeitslast nach. Mit der Zeit kommt es zu einer psychologischen wie auch physischen Erlahmung, bis ein halbblindes Formalverfahren den Arbeitstag beherrscht. Der einzelne wird zur Fallnummer reduziert.

Diese Distanzierung in der Fallbearbeitung macht es für den einzelnen zweifelhaft, ob sein Ansuchen wirklich von der Behörde in allen Besonderheiten verstanden wird, zumal wenn die Erledigung so lange dauert. Er hält es für notwendig, sein Interesse dadurch wahrzunehmen, daß er sich wiederholt um persönliche Fühlungnahme mit der Dienststelle bemüht, die seine Sache bearbeitet. In den Vereinigten Staaten wie in anderen Ländern macht sich eine gefährliche Tendenz zur Einschaltung solcher persönlichen Rücksprache in den Geschäftsgang bemerkbar. Hier wiederum findet das Wirtschaftsunternehmen die richtige Amtstür leichter als der sogenannte Durchschnittsbürger.

Das Großinteresse glaubt, stärkeren Grund zu haben, von außen in die Verwaltung hineinzureichen und durch Konferenzen unter teilweiser Umgehung des normalen Verfahrens oder durch Vorschieben seines Anliegens zum Ziel zu kommen. Das führt zu einem Verwalten kraft spezieller Dispensation. Die allgemeine Regel verliert im Massenbetrieb ihren Fußhalt. Das Gerechtigkeitsprinzip und der Gleichheitsgedanke weichen der besonderen Konzession. Dadurch wird oftmals der Sinn des Verfahrens selbst in Frage gestellt. Das Ergebnis ist eine unbeabsichtigte Verschwörung gegen die Interessen der auf sich selbst gestellten Einzelperson.

Das Suchen nach Lösungen

Sind dies Gegebenheiten, die man wie die bürokratischen Ausartungen resigniert hinnehmen muß? Es mag nicht einfach sein, eine durchgreifende Abhilfe zu finden. Aber es kennzeichnet den amerikanischen

Verwaltungsmann, daß er sich mit Unzulänglichkeiten nicht gähnend abfindet, sondern sich optimistisch auf die Suche nach Lösungen macht. Teilweise Lösungen lassen sich in verschiedenen Richtungen finden, und möglicherweise kommt eine Verbindung von Teillösungen einer wahren Lösung nahe.

Auf der einen Seite liefert das Suchen nach Lösungen einen Antrieb zur Reform, nicht so sehr des Verfahrens, wie vielmehr der Arbeitsmethoden. Man geht der Vorstellung nach, daß durch die Modernisierung des Verwaltungsbetriebs, vielleicht in voller Ausweitung der Automatisierung, der physische Massendruck wesentlich vermindert werden kann. Zu einer abschließenden Antwort ist es noch nicht gekommen. Doch sieht der Verwaltungsmann hier eine Straße vor sich. Da er mit dem, was er in der täglichen Arbeit erlebt, nicht zufrieden ist, steht er der Durchführung von geeigneten Untersuchungen aufgeschlossen gegenüber. Daran mögen sich bestimmte Dezernate führend beteiligen, oder es kommt vielleicht zum Kontrahieren mit einer privaten Sachverständigenfirma, einer Forschungsstelle oder einer Universität. Derartige Rekognoszierungen sind nicht in erster Linie für die Öffentlichkeit bestimmt, aber werden interessierten Ausschüssen der Legislative gewöhnlich nicht vorenthalten. Solche Ausschüsse mögen sogar selbst die Anregung zu dem Studienprojekt gegeben haben. Es kommt auch keineswegs selten vor, daß der Arbeitsstab des Ausschusses das Projekt auf eigene Initiative unternimmt.

Eine andere Möglichkeit zur Kräftigung des Bandes zwischen der Verwaltung und der Öffentlichkeit im individuellen wie auch im kollektiven Sinne wäre wahrscheinlich eine positivere und einsichtsvollere Ausübung der Überwachung der Verwaltung, einerseits durch die Volksvertretung, andererseits durch die Justiz. Das ist aber eine harte Nuß. Es wurde schon früher dargelegt, daß das schwache Parteiwesen in den Vereinigten Staaten und die relativ lose Organisation der Volksvertretung zu einer Zerfaserung und Subjektivierung der Verwaltungsüberwachung führen, die daher zwangsläufig der generellen Richtlinien entbehrt. Da die Bundesrechnungsbehörde sich dem Kongreß zuordnet, kann sie die Kluft zwischen Legislative und Exekutive nicht ignorieren. Sie versucht nicht, den Aktionsinteressen der Exekutive volle Würdigung zu verschaffen.

In der Justiz findet sich aus anderen aber ähnlichen Gründen das gleiche unsichere Zugreifen. Übertreibungen der richterlichen Kontrolle führen nicht selten zu einer Verhärtung von Verfahrensformen, die für den einzelnen wenig Gutes verheißt. Das gegenteilige Extrem, das dem verständlichen Wunsch entspringt, sich nicht im Wald der Verwaltung zu verlaufen, mag demgegenüber eine solche Abschwächung der richterlichen Prüfung mit sich bringen, daß der einzelne kein Recht findet. Aber das ist vornehmlich im Wesen des amerikanischen Justizstaats begründet. Ein Wandel darin ist in der unmittelbaren Zukunft kaum zu erwarten, zumal die markantesten Ausdrucksformen dieses Widerstreits der Tendenzen im Bereich der einzelstaatlichen Rechtspflege liegen.

Ein weiterer Weg zur Lösung der den einzelnen berührenden Probleme könnte sich aus einer umfassenden Prüfung der bestehenden Organisationsformen ergeben. Die Stellung der sogenannten unabhängigen regulatorischen Kommissionen muß hier Beachtung finden, denn ihre Struktur hat den Verfahrensfragen besondere Hitze zugeführt. Kann das Verwaltungsverfahren wirklich zweckmäßigerweise in den Behörden organisatorisch als eine Prozeßform abgesondert werden? Verspricht es Vorteile, die fachliche Aufsicht über diese Funktionen einer Spezialbehörde zu überlassen? Solche und ähnliche Fragen bleiben nicht dem akademischen Interesse vorbehalten. In den Vereinigten Staaten beschäftigen Strukturfragen vor allem die Spezialstäbe, die sich mit Organisationsproblemen befassen.

Ein viertes denkbares Mittel zur Belebung des Verhältnisses der Verwaltung zum Publikum ist vielleicht die Errichtung eines bewertenden Inspektorats innerhalb der Exekutive. Die moderne Stabsgestaltung ist ein gewisser Ausgangspunkt; denn zentrale Stabsstellen wie das Budgetbüro im Exekutivamt des Präsidenten benutzen ihre Augen und berichten über das, was sie sehen. Ein Inspektorat braucht natürlich nicht als solches benannt zu sein. Auf der anderen Seite tritt in der eigentlichen Stabsarbeit das allseitige Inspizieren in den Hintergrund. Auch dies sind Fragen, die gerade die Stabsstellen, die dem Exekutivchef zugewiesen sind, bei der Suche nach Lösungen zu beschäftigen haben.

Verwaltungsethik

Am wichtigsten ist jedoch wohl etwas anderes. Das ist die bewußte Herausbildung einer Verwaltungsethik. Die ethische Normenwelt erlaubt dem Verwaltungsmann, den Kompaß für sein Handeln in größerer Klarheit vor sich zu sehen. Vielleicht trifft es zu, daß in dem Suchen nach einem unfehlbaren Mittel zur Kontrolle der Verwaltung die rechtlichen Kategorien überschätzt worden sind. Sie besagen nicht so viel für die Motivierung der Verwaltung, als das manchmal angenommen wird. Die motivierenden Impulse, die sich in ein Handeln umsetzen, entspringen zum großen Teile den Vorstellungen über die eigene Rolle und über die Rollen anderer. Aus der Erfassung dieser

Rollen entsteht das Bewußtsein der wechselseitigen Verpflichtungen der am Gruppenhandeln Beteiligten.

Verwaltungsethik ist ein Gebiet, das in der neueren Zeit vernachlässigt worden ist. Am Anfang des modernen Verwaltungsstaats in Europa war das anders. Wenn man nur zwei Jahrhunderte zurückgeht, findet man sowohl in der Memoirenliteratur der Zeit wie in der systematischen Behandlung der Verwaltungskunde zahlreiche Hinweise auf die Kriterien der guten Verwaltung und der guten Verwaltungsentscheidung, oftmals in philosophischer Verbrämung. Der Praktiker war sich der Notwendigkeit bewußt, die Verwaltung aus den Ketten der nackten Zweckmäßigkeitserwägung zu befreien. Er ging davon aus, daß die Verwaltung nicht nur durch institutionelle oder rechtliche Bindungen auf der ihr zugewiesenen Straße gehalten werden könne, sondern auch aus sich heraus im Rückgriff auf moralische Leitsätze und Gesichtspunkte für das amtliche Handeln einen verläßlichen Halt finden müsse. Die Verwaltungsentwicklung in den Vereinigten Staaten stand lange unter dem Stern der technologischen Vervollkommnung, der Verfeinerung der Mechanik. Dem paarte sich der Drang, die neu gewonnene Kompetenz voll in der *rule of law* aufzufangen. In dieser Perspektive könnte man zu dem Schluß kommen, daß das intensivere Studium und die praktische Ausprägung der Verwaltungsethik in den kommenden Jahrzehnten eines der fruchtbarsten Gebiete der Sozialwissenschaften werden wird.

Man wird sich in den Vereinigten Staaten zunehmend darüber klar, daß der einzelne als Konsument des Verwaltungsguts nicht diejenige Stellung innehat, die ihm in einer demokratischen Grundordnung zukommt. Dafür gibt es kein Allgemeinrezept. Das Erfrischende und Befeuernde liegt darin, daß dies Thema nicht nur von der Öffentlichkeit und in der Presse aufgegriffen wird, sondern auch die Verwaltung selbst bewegt. In der Überprüfung der Verwaltungsmethodik beginnt man sich um eine rational erfaßbare Berufsethik zu bemühen, die dem öffentlichen Dienst einen tieferen Inhalt und dem einzelnen eine festere Stellung gegenüber der Verwaltung geben könnte.

Vielleicht mag das auf den ersten Blick utopisch erscheinen. Aber gerade in Deutschland darf man sich dessen erinnern, daß beispielsweise in der historischen Entwicklung der Verwaltungsgerichtsbarkeit die Bürokratie eine wichtige und oftmals formgebende Rolle gespielt hat. Aus dem Berufsethos der Verwaltung, das darauf hinzielt, die Interessen aller Beteiligten angemessen wahrzunehmen, dringen so Antriebe empor, die wir nicht unterschätzen dürfen. Das Entscheidende ist, daß man für diese Antriebe im öffentlichen Leben und vor allem in den Hallen der Verwaltung empfänglich bleibt, daß man in der Öffentlichkeit auf diese Themen genügend häufig zurückkommt.

Es ist ein Zeichen der Reife eines Verwaltungssystems, wenn es sich kritisch mit seinen eigenen Ergebnissen auseinandersetzt, sowohl im unmittelbaren Sinne wie auch auf lange Sicht. Das führt zu einer besseren Erkenntnis der eigenen Situation und so auch zu weiteren Möglichkeiten der Leistungshebung. Es kommt nicht so sehr darauf an, ob abschließende Lösungen ohne Verzug erreicht werden; denn das mag praktisch unmöglich sein. Es kommt mehr darauf an, daß eine ständige Anstrengung gemacht wird. In solchem Bemühen gelangt man zu konkreten Alternativen, in deren Erprobung nützliche Erfahrungen gesammelt werden können, die weitere Wege eröffnen. In den Vereinigten Staaten hat die Reformbewegung mit ihrem Nachdruck auf Verbesserung und auf die darauf gerichtete Methodik einer derartigen Haltung den Boden bereitet.

Zehntes Kapitel

Schlußbetrachtungen

Vorbild oder Anregung?

Am Ende dieses schnellen Besichtigungsganges ist es vielleicht nützlich, auf einen Gesichtspunkt zurückzukommen, der schon am Anfang berührt worden war. Wenn man heute in Deutschland der amerikanischen Verwaltung Aufmerksamkeit entgegenbringt, so geschieht das zweifellos nicht unter dem Ansporn des Wunsches zur Imitation. Es handelt sich hier nicht um ein offensichtliches Vorbild, das die Augen des Beschauers blendet. Bei der Beurteilung fremder Verhältnisse kommt es jedoch nicht entscheidend darauf an, ob man einen sinnvollen Typ ermitteln kann, der sich möglicherweise auch im eigenen Bereich verwerten läßt. Wichtiger ist es, das Bild, das sich entfaltet, als Führer durch die Problematik der vertrauten Umstände zu benutzen. Unsere Skizze der amerikanischen Verwaltung preist kein bewunderungswürdiges Vorbild an. Sie umreißt eher einen Prototyp der Vorwärtsbewegung, des nie erlahmenden Versuchs, der Bemühung um Lösungen, die eine Überwindung von anerkannten Unzulänglichkeiten verheißen.

Andererseits liefert das Studium des amerikanischen Verwaltungssystems eine Fülle von Anschauungsmaterial, aus dem sich frische Gesichtspunkte gewinnen lassen. Das gilt für Irrwege nicht minder als für Erfolge. Vor allem ist heute die öffentliche Verwaltung in den Vereinigten Staaten eng mit der sozialstaatlichen Gestaltung der Massengesellschaft verwachsen. Dies wiederum verweist auf eines der allgemeinen Probleme unseres Zeitalters. Die Ordnung des Sozialstaats ist eine Aufgabe der unmittelbaren Zukunft. Kein Land hat dafür bislang eine feste Grundlage zu bauen vermocht. Viele der Schwierigkeiten, die im Bereich der Verwaltung fühlbar sind, ergeben sich in erster Linie aus dem erschöpfenden Ringen um eine angebrachte Ordnung der modernen Massengesellschaft.

Ein Anpacken dieser Aufgabe führt natürlich über den Bezirk der öffentlichen Verwaltung weit hinaus. Womit soll man beginnen? Was ist der beste Ausgangspunkt? Aus der Erkenntnis, daß die Verwaltung nicht um ihrer selbst willen da ist, kommt man logisch zu der schon früher aufgeworfenen Frage, welche Rollenverteilung zwischen den

Organen der politischen Willensbildung und den Organen des Verwaltens der Ordnung des Sozialstaats am besten gerecht wird. Das ist eine Frage, die uns in das Gebiet der Staatslehre, das Gebiet der politischen Theorie führt. Verwaltungsreform im Sinne einer Serie „kleinerer Lösungen“ mag auf rein pragmatischer Grundlage möglich sein. Aber sobald die Dinge größeres Format annehmen, bedarf es einer weiten Sicht. Eines der vordringlichsten Gebote, die der Verwaltungsmann heutzutage an sich gerichtet sieht, ist das Gebot der weitschweifenden Übersicht. Er muß mit den großen Zusammenhängen beginnen und auf dieser Basis die ihnen unterworfenen Dinge zu ordnen trachten. Er kann den entgegengesetzten Weg nicht mit Hoffnung auf Erfolg betreten.

Wer sich über den Stand und die Aufgaben der öffentlichen Verwaltung in unserer Zeit Gedanken macht, kann den umfassenden Rahmen nicht entbehren. Er sucht nach einer Theorie des modernen Staates, die von den Schlacken der Vergangenheit befreit ist und aufs neue die Bedürfnisse des einzelnen ordnend mit den Bedürfnissen der Gesellschaft in Einklang bringt. Das ist eine Aufgabe, an der weder der akademische Beruf noch die politische Führung vorübergehen kann. Aber es ist auch eine Aufgabe, deren Erfüllung auf Erfahrung aufzubauen hat.

Für eine Erfassung der Realitäten des Sozialstaats ist der Mann der Verwaltung an einem strategischen Platz. Er sieht sowohl die Gefahren wie auch die Gaben des Sozialstaats, was dieser zum Erfolg der industriellen Gesellschaft beisteuert und was er ihr abzufordern hat. Wer verwaltet, hat allen Anlaß, sich an der Ermittlung der Daseinsbedingungen der kommenden Jahrzehnte zu beteiligen. Das wahre Verwaltungsdenken beginnt mit der Befreiung aus der Engspurigkeit des Spartenbewußtseins. Verwaltung ist ein Ausfluß der Gesamtordnung. Der Sinn und die Form der Gesamtordnung sind heute das brennendste Thema.

Die gesellschaftsbedingte Ordnung

In angebrachten Zwischenräumen hören wir aus der Sowjetunion, daß das Vertrocknen des Staats als Vorbedingung der „klassenlosen Gesellschaft“ in voraussehbarer Zeit zu erwarten steht. Amerika hat sich schon lange in einem vergleichbaren Zustand gewähnt. Natürlich darf man das nicht wörtlich nehmen. Aber im Vergleich zu Europa ist der Staat in den Vereinigten Staaten in eine nebengeordnete Rolle gedrängt worden. Welche Ergebnisse lassen sich für die Verwaltung erwarten, wenn die Gesellschaftsbedingtheit soweit vorherrscht?

Auf der einen Seite entspringt aus der Gesellschaftsbedingtheit der Verwaltung in den Vereinigten Staaten das Ideal des Volksbeamtentums. Doch hat die politische Entwicklung im vergangenen Jahrhundert gezeigt, wie schnell das Volksbeamtentum in den Bann des Patronagewesens gerät. Die amerikanische Patronagebürokratie veranlaßte eine Hemmung in der demokratischen Entwicklung und führte sogar zur organisierten Ausbeutung der Gesamtheit. Wenn das Volksbeamtentum sich parteipolitisch verpflichtet und das Amateurideal erwerbsgeschäftlich umbiegt, ohne durch Sachkenntnis jedenfalls teilweise zu entschädigen, fällt die Popularbürokratie für die Lösung der Aufgaben unserer Zeit aus.

Der entscheidende Umschwung von der Patronagebürokratie zur Leistungsbürokratie in den Vereinigten Staaten ist im Grunde aus dem um sich greifenden Bewußtsein zu erklären, daß der moderne Verwaltungsapparat leistungsfähig sein muß, um einer Gesellschaft dienen zu können, die ihr Gepräge vornehmlich durch die Wirtschaftsentwicklung erhielt. Der Verwaltungsapparat ist kein rentables Instrument einer solchen Gesellschaft, wenn er leistungsunfähig bleibt. Diese Erkenntnis brachte die Patronagebürokratie zur Strecke. Es waren die führenden Männer der Wirtschaft und des öffentlichen Lebens, die zu der Einsicht kamen, daß eine leistungsfähige Verwaltung sich nur auf beruflicher Grundlage aufbauen ließ. Das war der Anstoß zu der grundlegenden Verwaltungsreform des zwanzigsten Jahrhunderts.

Was der neue Berufsbeamte vorfand, war nicht eine die Gesellschaft formende staatliche Ordnung, sondern die schöpferische Freiheit des Staatsbürgers. Dies war für ihn unter den gegebenen Umständen der beste Anker. Deshalb betont das amerikanische Verwaltungsleben seine Einordnung in die staatsbürgerliche Welt. So kann man hier vielleicht von einem bewußten Hinrücken zum „Mann auf der Straße" sprechen, vom Verwalten in Hemdsärmeln. Der Amtsinhaber betrachtet sich nicht als Amtsperson, sondern in erster Linie als Staatsbürger, dem öffentliche Funktionen anvertraut sind. Er sieht dem allgemeinen Staatsbürger eine aus den geschichtlichen Umständen erklärliche Autoritätsscheu ab. Er fühlt sich aus defensiver Regung mit dem einzelnen auf der gleichen Ebene. Das wirklich zu demonstrieren, ist für ihn jedoch heute mit Schwierigkeiten verbunden. Wie vorher erwähnt, bringen der Massenbetrieb und die Arbeitsformen der Großbehörde unvermeidlich eine Anonymisierung mit sich. Der Mann im Amt mag sich mit dem einzelnen auf der gleichen Ebene wähnen; er kann aber den einzelnen nicht mehr persönlich vor sich sehen. Der einzelne ist in dem Ozean der Menge untergegangen. So wird die Verwaltung in Hemdsärmeln oftmals zum inhaltslosen Ritual. Man beugt sich der Öffentlichkeit entgegen. Man vermeidet den äußeren Anschein autoritärer Formen. Die erfolgreichen Bemühungen finden Anerkennung, aber es kommt dabei auch zu einem Formalismus der Unmittelbarkeit, der in Leerlauf und in eine beträchtliche Belastung der Verwaltung ausarten mag.

Außerdem fördert die Gesellschaftsbedingtheit der öffentlichen Verwaltung auf seiten der Behörden den bequemen Irrtum, daß das organisierte Interesse innerhalb der Wirtschafts- und Sozialordnung gewissermaßen eine Gesellschaftsvertretung darstellt und so behandelt werden muß. Die Verwaltung hält sich für verpflichtet, Interessengruppen ernster zu nehmen als den einzelnen. Das beläßt ihr vielfach nicht hinreichende Handelnsfreiheit, um ihre Aufgaben in Ausrichtung auf das öffentliche Wohl durchzuführen. Zweifellos bedürfen alle Interessen angemessener Beachtung, einerlei ob sie der Gesellschaft Lebenskraft zuführen oder im Gegenteil von der Lebenskraft der Gesellschaft zehren. Aber das Sonderinteresse ist kein Mikrokosmos des Gesamtinteresses.

Wenn die Behörde sich zu weit ihrer Klientel überläßt, verstärkt sie die Verzettelung des allgemeinen Interesses. Das hat auch eine Verwässerung der *rule of law* zur Folge. Im modernen Staat ist es gerade die Verwaltung, die durch Unparteilichkeit und Sachlichkeit den Organen der politischen Willensbildung die Grundlage dafür liefern soll, das öffentliche Interesse zu erkennen und im öffentlichen Interesse zu handeln. In der kontinentaleuropäischen Entwicklung des öffentlichen Dienstes ist es früh erkannt worden, daß eine leistungsfähige Verwaltung ein gewisses Maß von Selbständigkeit besitzen muß. Die amerikanische Entwicklung bestätigt diese Notwendigkeit. Ohne einen gewissen Abstand von dem privaten Aktionsbereich, ohne eine gewisse Freiheit gegenüber den von der Regelung betroffenen Interessen, läßt sich kein Fundament für verantwortliche Verwaltung schaffen. In dieser Hinsicht kann der Staat das erwünschte Maß der Distanzierung aus seiner Regelungskompetenz beisteuern, um dem öffentlichen Dienst durch Verleihung eines Eigenwerts das Rückgrat zu stärken. Eine unmittelbar der Gesellschaft verpflichtete Verwaltung begegnet darin erheblichen Schwierigkeiten.

Der Durchbruch des Berufsgedankens

In Europa begegnet man noch häufig Vorstellungen von dem Charakter der amerikanischen Verwaltung, die geschichtlich überholt sind. In Deutschland liegt es nahe, daß Berufsbeamtentum historisch mit der Bildung des modernen Verwaltungsstaats in Verbindung gebracht wird. Tradition hielt ihren Schild über die klassischen Beamtentugenden. Deshalb ist es besonders beachtlich, daß in den Vereinigten Staaten der Durchbruch des Berufsgedankens in der öffentlichen Verwaltung in einem Abwenden von der Tradition seinen Ursprung hatte. Die Tradition war hier die parteipolitische Hörigkeit der Patronagebürokratie. Der immanente Lebensdrang der Verwaltung und die Erkenntnis ihrer institutionellen Notwendigkeiten verbanden sich in der Zielsetzung der oben näher erörterten Reformbewegung. Ihre Durchschlagskraft erklärt es, daß in der amerikanischen Entwicklung der Berufsgedanke sich triumphierend über die tief eingesunkenen Traditionen des Patronagewesens erhob.

Die Tradition stand der Entwicklung entgegen. Sie überließ der Reformbewegung einen erheblichen Teil des Feldes, aber erwies sich zu einem geordneten Rückzug fähig. Deshalb blieb die Grenzziehung zwischen den Bedürfnissen des Parteiwesens und den Grundlagen einer leistungsfähigen Verwaltung verschwommen. Bis in die neueste Zeit ist die schrittweise Ausgestaltung der beruflich orientierten Beamtenauslese sozusagen hinter zugezogenen Vorhängen vor sich gegangen. Die Initiative lag zunehmend innerhalb der Verwaltung, obwohl sie weiterhin aus der Gesellschaft Kraft schöpfte.

Was man anstrebte, ist gewöhnlich nur zögernd der Öffentlichkeit gegenüber gerechtfertigt worden. Es schien am besten, zunächst auf Ergebnisse hinzuarbeiten, die selbst eine überzeugende Sprache reden würden. Das erwies sich im allgemeinen als richtig. So sind beispielsweise die ersten Kritiker des Hinüberschwenkens zu einer Art von höherem Verwaltungsdienst, die eine zu tiefe Verbeugung vor elitären Konstruktionen befürchteten, zum Schweigen gebracht worden. Die Leistungsbürokratie als der erfolgreiche Rivale der Patronagebürokratie genießt beträchtliche Anerkennung, obwohl die Probleme, die sich in den Vereinigten Staaten um sie herumgruppieren, der Öffentlichkeit nicht entgangen sind.

In der Betonung der gesellschaftlichen Bedürfnisse, die den Aufstieg des Berufsgedankens in der öffentlichen Verwaltung verursacht haben, darf man in den Vereinigten Staaten die Beteiligung der Hochschulen nicht übersehen. Führende Männer der akademischen Lehre und Forschung sind dabei nicht nur als Theoretiker, sondern auch in praktischer organisatorischer Arbeit hervorgetreten. Ihr Einfluß auf die Öffentlichkeit hat zweifellos eine große Rolle gespielt. Sie haben sich vielfach persönlich für amtliche Dienstleistungen zur Verfügung gestellt. Nicht wenige haben in ihrer Tätigkeit in öffentlichen Ämtern vor allem bei der Umgestaltung des Personalwesens Zähigkeit, Geschick und Überzeugungskraft gegenüber einer abwartenden Öffentlichkeit bewiesen. Ich darf hier an erster Stelle an einen verstorbenen Freund erinnern, Leonard D. White, Bahnbrecher der Verwaltungswissenschaft in den Vereinigten Staaten. Unter Beurlaubung von seinem Ordinariat an der Universität Chicago ließ er sich zunächst zum Mitglied der Personalbehörde der Großstadt Chicago bestellen, in einem parteipolitisch kompromittierten Milieu. Später wurde er von Präsident Franklin D. Roosevelt zum republikanischen Mitglied des Bundespersonalamts (*Civil Service Commission*) ernannt, wo er die Neuordnung der beruflichen Auslese für den Bundesdienst in die Wege leitete und so die Grundlage zu schaffen half, auf der das heutige Gebäude steht.

Die Beteiligung der Hochschulen an der Gestaltung des Vorbildungsprogramms für den Eintritt in den öffentlichen Dienst und an der Deckung des Anwärterbedarfs ist ein Hauptfaktor in der Entfaltung der modernen amerikanischen Verwaltung. Der Zufluß aus den Universitäten und Colleges vor allem in den Bundesdienst hat seit den dreißiger Jahren in erstaunlichem Maße zugenommen. Die jungen Männer und Frauen werden nach Abschluß ihres Studiums, sei es mit dem *bachelor*-Grad, sei es mit dem *master*-Grad oder dem Doktorat unmittelbar in entsprechende Rangstufen des Verwaltungsdienstes hineingebracht. Sie arbeiten meistens als Hilfskräfte unter den Augen erfahrener Beamte und werden für den Aufstieg in höhere Stellungen vorbereitet, teils durch Erprobung im Dienst, teils auch durch Zuweisung an amtliche Lehrkurse, die einerseits breit orientieren und andererseits fachlich unterrichten wollen.

Der fortdauernde Nachwuchs aus dem akademischen Leben bedeutet nicht nur eine qualitative Bereicherung der Verwaltung. Er bringt auch ein ständiges Einströmen frischer Ideen mit sich, die an den Universitäten zuerst zur Kultivierung kommen. Noch vor wenigen Jahrzehnten würde sich der akademisch gebildete Neuling in den Behörden oft weitgehend isoliert gefühlt haben. Heutzutage finden sich dort geistig wache junge Menschen aus dem gleichen Bildungsgang in solcher Zahl, daß eine Isolierung nicht mehr denkbar ist. Es ist sogar nicht selten, daß die eintretenden Kräfte in ihrer Dienststelle eine kleine Schar von früheren Studenten ihrer eigenen *graduate school of public administration* als Empfangskomitee vorfinden.

Diese Wirkungen geben der öffentlichen Verwaltung einen neuen Stil. Sie vertiefen sich ferner durch die Beurlaubung älterer Beamter an die Hochschulen zu Studienzwecken unter der neuen Bundesgesetzgebung über die Beamtenschulung. Hinzu kommt, daß seit dem zweiten Weltkrieg die akademischen Institutionen für die öffentlichen Behörden vielseitige Forschungsaufgaben übernommen haben, deren Bedeutung und Umfang notwendigerweise zu engen Beziehungen führen. Es ist keine Übertreibung, wenn man sagt, daß das Verhältnis der akademischen Welt zur Verwaltung wesentlich intimer ist als Hochschulbeziehungen zu den Instanzen der Parteipolitik. Daraus ergeben sich

Brücken aus der Öffentlichkeit, aus dem intellektuellen Bereich, die der öffentlichen Verwaltung bedeutsame Anregungen zugeführt haben.

Nicht minder wichtig für den Durchbruch des Berufsgedankens im öffentlichen Dienst war die Bildung von Berufsverbänden. Die *American Society for Public Administration*, die demnächst auf ein fünfundzwanzigjähriges Bestehen zurückblicken kann, hat sich zu einem eindrucksvollen Organ der öffentlichen Verwaltung in ihrer Gesamtheit entwickelt. Dies ist eine berufliche Vereinigung der Praktiker, vor allem des jüngeren Elements und der älteren Führer. Aber sie umfaßt auch Mitglieder der akademischen Lehrkörper, vornehmlich Fachvertreter der Wissenschaft von der Politik und der Verwaltung. Auf den Jahrestagungen, in den örtlichen Versammlungen und in den Arbeitsgruppen und Fachausschüssen der Vereinigung kommt es zu einem nützlichen Austausch zwischen Theorie und Praxis. Die weitbekannte Zeitschrift der Vereinigung, *Public Administration Review*, bietet in knappen Beiträgen einen Querschnitt durch das ganze Gebiet. Dabei steht das Praktische im Vordergrund, in bewußter Abstellung darauf, was sich unmittelbar im Betrieb der Behörden verwerten läßt. Andererseits wird das Theoretische nicht vernachlässigt. Der Praktiker wird dazu erzogen, den neueren Bemühungen im Bereich der Verwaltungswissenschaft Beachtung zu schenken und dazu aus seinen eigenen Erfahrungen Hinweise zu geben, auch wenn zunächst eine große semantische und methodologische Kluft das Verständnis zu hemmen droht.

Berufsverbände ergeben sich oftmals dem Spezialistentum. Sie werden dann von einer Sondersparte oder einer besonderen Funktion monopolisiert. Dem hat sich die *American Society for Public Administration* entschlossen widersetzt. Sie geht darauf aus, den verschiedenen Sondergebieten der Verwaltung einen gemeinsamen Kern abzugewinnen. Das Allgemeine wird bewußt in den Vordergrund geschoben, als Gegengewicht gegen die Selbstgenügsamkeit der Teilbereiche. Alles das geht ohne finanzielle Förderung durch die öffentlichen Instanzen vor sich, obwohl private Stiftungen während der Anlaufzeit Mittel zur Verfügung gestellt haben und obwohl das frühere *Public Administration Clearing House* anfänglich der Vereinigung auch in anderer Form kräftig unter die Arme zu greifen bereit war. Natürlich wird die Teilnahme der Beamten an den Tagungen aus dem Reisekostenfonds ihrer Behörde bestritten, insbesondere wenn sie zu Referaten oder zur anderweitigen Beteiligung an den Debatten eingeladen werden.

Initiative der Verwaltung

Als Großbetrieb, in dem beruflich geschulte Kräfte ihre Lebenslaufbahn finden, ist die öffentliche Verwaltung in den Vereinigten Staaten nicht mehr das Pflegekind der Reformbewegung. Sie ist nicht mehr stumm. Sie nimmt an ihrer eigenen Gestaltung zunehmenden Anteil. Sie muß ständig aus der ideologischen Unsicherheit ihrer Daseinsgarantien ihre Stellung gegen unüberlegte Eingriffe und überlegte Manipulationen vor allem seitens der Legislative verteidigen. Der amerikanische Verwaltungsmann ist in Statusfragen Taktiker, nicht Stratege. Sein Glaube wurzelt im Möglichen. So steht es auch mit der Beamtengewerkschaftsbewegung, wenn sie auch meistens für sich und seltener für die Verwaltung spricht. Man ist niemals bereit, Dinge als hoffnungslos aufzugeben. Es entspricht vielleicht dem amerikanischen Temperament, sich immer erneut der Verbesserung zu verschreiben.

Für die öffentliche Verwaltung ist das ein Segen. Das zeigt sich auch in der Haltung des Verwaltungspraktikers gegenüber den geweihten Schnörkeln des täglichen Geschäftsgangs. Er geht davon aus, daß periodische Neuordnung der Arbeitsmethoden ein guter Weg zur Überwindung ungelöster Probleme ist. Ihm liegt nicht daran, von einem Ausschuß der Legislative oder einer zentralen Stabsstelle der Exekutive unter Druck gesetzt zu werden. Er hält es daher für erwünscht, daß ein weitgehendes Maß der Initiative in der Verwaltung selbst liegt. Im Vergleich der verschiedenen Verwaltungssysteme der heutigen Zeit muß man die amerikanische Verwaltung als ein Beispiel der institutionellen Initiative einreihen.

Die Idee der institutionellen Initiative beruht auf der Anerkennung einer beruflichen Verpflichtung nicht nur zum verständigen Handeln, sondern auch zum festen Zupacken bei der Untersuchung und Lösung der Probleme der Verwaltung. Der Verwaltungsmann weiß, daß Fortschritt davon abhängt, daß er sich darum kümmert. Das ist ein Zeichen des zunehmenden Berufsbewußtseins, das jedoch im Gegensatz zur kontinentaleuropäischen Entwicklung von ständischen Gesichtspunkten frei ist. Das Ständische würde in der Struktur der amerikanischen Gesellschaft keine günstigen Lebensbedingungen finden.

Die berufliche Verantwortung des amerikanischen Verwaltungspraktikers erstreckt sich außerdem darauf, für seine Arbeit in der Öffentlichkeit um Verständnis zu werben. Gerade die Liebe für das Detail, die in der Überwachung der Verwaltung durch die Volksvertretung zur tropischen Blüte kommt, bietet wachsamen Behörden ungewöhnliche Möglichkeiten zu aufklärenden Stellungnahmen. Aus der Flut der Kongreßausschußberichte gelangt vieles in die Öffentlichkeit, obwohl die Überfülle der Drucksachen, wie der Witzbold versichert, der Nachrichtenunterschlagung dient. Worauf es ankommt, ist die Fähigkeit der Verwaltung, bei den sich bietenden Gelegenheiten den eigenen Standpunkt der Öffentlichkeit stets in gewinnender Weise nahezubringen.

Werbung um Verständnis und Unterrichtung des Publikums über die Pflichten des einzelnen bei der Gesetzesdurchführung werden in der amerikanischen Verwaltung oftmals als bevorzugte Alternativen zur Zwangsanwendung betrachtet. Wenn es dem einzelnen einfach gemacht wird, den Weg zur Erfüllung seiner Obliegenheiten unter den Gesetzen zu finden, ist es nicht nötig, ihm ständig über die Schulter zu schauen und ihn durch Vollzugsmaßnahmen auf die richtige Bahn zu stoßen. Die Werbung um das Verständnis des Staatsbürgers ist ein Grundzug der amerikanischen Verwaltungspraxis. Vielleicht hängt das damit zusammen, daß die politische Exponierung der öffentlichen Verwaltung den Verwaltungsmann dazu anhält, nach Möglichkeit keinen Anlaß zu berechtigten Klagen zu geben. Er lebt nicht hinter hohen Mauern; er sieht sich immer wieder im politischen Getümmel.

Selbst bei der Erfüllung seiner eigenen Aufgaben muß der amerikanische Verwaltungsmann die politischen Gegebenheiten vor Augen behalten. Gerade weil seine Tätigkeit einen objektivierenden Einfluß ausübt, darf sie sich nicht von dem politischen Bereich kategorisch absondern. Der Sachverstand der Verwaltung ist ein notwendiges Mittel zur Erreichung allgemeiner politischer Zwecke. Deshalb bemüht sich der amerikanische Verwaltungsbeamte, der politischen Situation Rechnung zu tragen. Er wehrt sich gegen eine Politisierung seines beruflichen Wirkens, indem er in seiner eigenen Planung ein hohes Maß von Sensitivität gegenüber den Tendenzen des öffentlichen Lebens und der politischen Entwicklung zeigt. Wo die Grenzen von zuviel Unbeugsamkeit und zuwenig Rückgrat liegen, ist eine subtile Frage der Verwaltungsethik. Wo es auf Rückgrat ankommt, ist der amerikanische Verwaltungsmann meist auf politische Deckung angewiesen.

Berufliche Haltung

Ist man Beamter der höheren Laufbahn, weil man so angestellt ist? Ist der höhere Verwaltungsdienst nur eine statistische Gruppierung, die eine gewisse Ebene der Verantwortlichkeit signalisiert? Genügt es, daß der leitende Beamte für seine Tagesarbeit objektiv befähigt ist? Der amerikanische Verwaltungsmann neigt heute zu einer Verneinung dieser Fragen.

Wenn man in Deutschland vom Beamtentum spricht, so ist damit nicht einfach gemeint, daß qualifizierte Kräfte für besondere Aufgaben eingesetzt sind. Die Vorstellung vom Beamtentum schließt mehr in sich. Dies Mehr läßt sich als berufliche Haltung bezeichnen. Vielleicht liegt eines der Hauptprobleme des deutschen öffentlichen Lebens in dem Erfordernis, der beruflichen Haltung des Verwaltungsbeamten neuen Wesensinhalt zu geben. Europa hat auch in dieser Hinsicht Erschütterungen erlebt, die den Vereinigten Staaten erspart geblieben sind.

Die Verwaltung ist nicht eine bloße Zange der öffentlichen Gewalt. Wenn dem Berufsbeamtentum eine wichtige Rolle in der sozialen Gestaltung zufällt, besteht Anlaß, den Geist der Institution ins Licht zu rücken. Haltung ist ein kausales Element in der Motivierung der Verwaltung. Was sich im Handeln der Verwaltung durchsetzt, ist die Motivierung der am Handeln Beteiligten. Wenn das Beamtentum sich in seiner Haltung völlig neutralisiert, so ist das ein Verlust für das öffentliche Interesse, nicht ein Gewinn. Andererseits ist es natürlich richtig, daß die vorherrschende Motivierung innerhalb der Verwaltung selbst eine Angelegenheit des öffentlichen Interesses ist. So lehnen wir in der demokratischen Ordnung aus guten Gründen die Idee einer bürokratischen Elite ab, die sich gleichermaßen über die Rechtsgebundenheiten ihrer eigenen Aufgaben und über die Bedürfnisse der Öffentlichkeit erhebt.

Wenn man von der beruflichen Haltung der Verwaltung spricht, muß von der Stellung des Beamten im Staat oder in der Gesellschaft ausgegangen werden. Es ist ihm eine öffentliche Aufgabe anvertraut. Die Aufgabe schwebt nicht im Raum, sondern ist durch ihren beruflichen Charakter ebenso wie durch ihre öffentliche Natur festgelegt. Der berufliche Charakter der Aufgabe schließt verschiedene Dinge in sich. Verwalten ist nicht nur Dienstverrichtung. Es schließt Ehrlichkeit gegenüber den maßgebenden Tatsachen ein, ein freies Eingehen auf den Sachverhalt. Insoweit trägt die öffentliche Verwaltung dazu bei, den politischen Prozeß zu objektivieren und dem Gedanken des Gemeinwohls den Zutritt zu erleichtern. Dabei handelt es sich nicht darum, unbestrittene Siege zu erzielen, sondern einen unermüdlichen Gegendruck auszuüben. Solche beständige Aktivierung hat bei der Ordnung öffentlicher Angelegenheiten große Bedeutung, sowohl im Bereich der Politik wie im Bereich des Verwaltens.

Es läßt sich leicht erkennen, daß die wahre Qualität eines Verwaltungssystems in der Haltung des öffentlichen Dienstes erkennbar wird. Diese Haltung bestimmt die Auffassung, die der Beamte von den Aufgaben der Verwaltung hat. Läßt sich die Haltung bewußt pflegen? Wenn dem so ist, wie kann man zu einer Haltungspflege kommen? Wer ist mit solcher Haltungspflege befaßt? Sobald man diese Fragen aufwirft, wird es klar, daß es auf sie keine offensichtlichen Antworten gibt. Niemandem ist die Aufgabe konkret zugeschoben, vielleicht weil sie jedermanns Aufgabe ist. Ein verfassungsrechtliches Universalprivileg, das darauf hinausläuft, bestimmten Gruppen eine Haltung vorzuschreiben, würde sich mit der Freiheit des einzelnen nicht vereinbaren lassen. Dennoch ist das private wie das öffentliche Verhalten des Beamten nicht völlig ungebunden. Im Gegenteil, die beruflichen Bindungen finden sich normalerweise sogar im Beamtenrecht ausdrücklich festgelegt. Schon daraus lassen sich Schlußfolgerungen ableiten, die gewisse Richtlinien für die Haltung des öffentlichen Bediensteten erkennbar machen. Beruflicher Geist, wenn er nicht im Engen nistet, sondern sich in der Weite auskennt, trägt zur Verfeinerung der Richtlinien bei.

Haltung ist sicherlich ein verhältnismäßig ungeeignetes Objekt für Formalregelungen. Aber sie folgt dem Verwaltungsmann in jede Unterschrift. Er darf nicht unterlassen, sich mit seiner eigenen Motivierung auseinanderzusetzen. Er muß sich in seine Rolle hineindenken. Er muß seine Rolle im Gesamtbild des modernen Verfassungsstaats gegenständlich machen können. Er muß sich den richtigen Platz zuweisen. Das sind Hauptthemen des Verwaltungsdenkens. Sie verweisen auf das Reich der Wertordnungen. Oder gibt es nur eine?

Natürlich ist es richtig, daß zu gewissen Zeiten in der Geschichte der Menschheit eine monistische Wertstabilität hervorgetreten ist. Aber sie war nicht das Ergebnis geläuterten Strebens, sondern einfach die Folge einer vorübergehenden Konsolidierung gegebener Verhältnisse vor allem politischer und kultureller Natur. Wir sehnen uns heute oftmals nach der Wertstabilität der Vergangenheit, ohne uns darüber klar zu sein, daß eine solche Stabilität gleichzeitig eine Verhärtung, eine Verkalkung bringt. Wenn säkulare Wertstabilität mit Ewigkeitsansprüchen auftritt, ist das ein Zeichen der elitären Ordnung. Es ist für die demokratische Ordnung typisch, daß sie sich ihren eigenen Wertproblemen widmet, ohne eine Grundlage zu finden, eine solche Wertstabilität zu stipulieren.

Man darf deshalb davon ausgehen, daß der Wettbewerb der Wertansprüche fortdauern wird. Gewisse Begrenzungen mögen sich aus der klareren Erfassung des Wesens der demokratischen Ordnung ergeben, insoweit ein Volk in diesen Dingen zum generellen Einvernehmen genügend politische Reife besitzt. Im Wettbewerb der Wertansprüche ist es unmöglich, der Verwaltung eine absolute Wertordnung aufzuerlegen. Andererseits ist es ein wichtiges Problem, wie man auf der Suche nach dem neuen Staat zu vorläufigen Wertverknüpfungen gelangen könnte, die der öffentlichen Verwaltung eine festere Grundlage bereiten würden.

Das ist wiederum eine Aufgabe der Staatslehre, die dem Wesen des Sozialstaats nicht in den Kategorien der Vergangenheit, sondern in den Kategorien der Zukunft gerecht werden muß. Inzwischen ist es für den Mann der Verwaltung unerläßlich, sich im Bereich der Wertvorstellungen selbst zurecht zu finden. Darin ist er natürlich nicht völlig autonom. Er muß sich in die ideologischen Grundlagen der politischen Ordnung einfügen und darin den Ausgangspunkt zu seiner eigenen Aufgabe finden. Er muß sich mit seiner eigenen staatsbürgerlichen Freiheit und mit seinen beruflichen Verpflichtungen auseinandersetzen. Eine Verwaltung, die in den Ketten einer leblosen Wertstabilität liegt, kann selbst zu einer toten Maschine werden.

Wertzusammenhänge

Es entspricht der amerikanischen Vorstellung von der Rolle des einzelnen in der Gesellschaft, daß er die Ausschau nach seinem Schicksalsweg als Individualaufgabe anerkennt. Daher erhitzt sich die Öffentlichkeit in den Vereinigten Staaten über die Gefahr des Zerfalls der Gemeinschaft in eine „einsame Menge", über die Versklavung des einzelnen als „Organisationsmenschen". Der Mann der Verwaltung hat Anlaß, sich von dem Irrtum freizuhalten, daß ihm die Wertgrundlage für sein Berufsleben aus der Gesellschaft serviert werden müsse. Tatsächlich ist er viel besser in der Lage, sich selbst seine Wertwelt zu gestalten und in dieser Welt in harmonischer Auswertung seiner Kräfte zu leben, nicht nur als Akt der Individualfreiheit, sondern auch als Erfüllung einer beruflichen Pflicht.

Berufliche Haltung beginnt mit dem kritischen Gedanken, mit einer Fragestellung. Sie muß die Gefahr einer moralischen Inaktivierung ebenso überwinden wie eine blinde Übernahme von undurchdachten Vorstellungen. Für das Beamtentum muß berufliche Haltung mit der öffentlichen Ordnung in logischer Verbindung stehen. Aber Haltung darf nicht bequemes Denken sein. Haltung sehnt sich nach Handeln. Der Verwaltungsmann muß es sich zur persönlichen Pflicht machen, daß er in seinem täglichen Handeln den Geboten der ihm eigenen Wertordnung entspricht. Dies ist ein Wissensgebiet, dem die moderne Verwaltungslehre zu wenig Aufmerksamkeit gewidmet hat, das aber zweifellos in Zukunft größeres Interesse auf sich lenken wird. Die Zweckmäßigkeitserwägung, auch wenn sie von der Kraft der wissenschaftlichen Methode in der Sichtung der Tatsachen in Schranken gehalten wird, kann zu viel decken, gerade weil sie ethisch neutral ist. Die Gesetzmäßigkeit legitimiert sich zum Teil aus dem moralischen Bereich, reicht aber nicht weit genug, ganz abgesehen davon, daß sie zu oft einem ethisch unvertretbaren Formalismus verfällt und nicht selten zum Büttel des politischen Zufalls wird. Der Einsatz des ethischen Urteils auf der Ebene der einzelnen Entscheidung bedeutet daher als Ausdruck generell erfaßbarer Wertzusammenhänge und als allgemein ordnender Einfluß eine sehr wichtige Ergänzung der Maßstäbe, die auf die Objektivierung des Verwaltens abzielen.

Die Aussichten für eine voll leistungsfähige Verwaltung im Zeitalter der Massengesellschaft beruhen auf der Möglichkeit einer Belebung der Gedankenwelt des öffentlichen Dienstes. Wir müssen uns um eine bessere Erhellung dieser Gedankenwelt bemühen. Das Ziel ist nicht eine allgemeinverbindliche Doktrin. Das Ziel ist die innere Belebung selbst. Das nicht erlahmende Ringen um Handelnsmaximen ist wichtiger als die Antwort, die der Handelnde aus seinem Verständnis der Kriterien und der Umstände selbst findet. Diese ist schon dann vertretbar, wenn sie aus dem ehrlichen Suchen Gestalt gewinnt. Man kann nicht genug unterstreichen, daß der Unterschied zwischen einer Abschaltung des Wertbewußtseins als anerkannte Berufsroutine und der ständigen Bemühung um ethisch vertretbare Entscheidungen von durchgreifender Bedeutung ist. Das erste fördert entschuldbare Willkür. Das zweite wirft Fragen auf, die für eine auf Dienst verpflichtete Verwaltung der Beantwortung bedürfen.

Das Fehlen eines Kodex approbierter Antworten macht diese Bemühung nicht überflüssig, sondern umso dringlicher, als das Privileg und ebenso die Pflicht jedes Menschen, der in Freiheit lebt. Die großen Fragen des öffentlichen Lebens sind allgemeine Fragen, auf die jede Epoche ihre eigenen Antworten finden muß. Der Verwaltungsmann darf nicht die Hoffnung hegen, daß er mit der einstmal akzeptablen Antwort immer weiterleben kann. Wenn er sich selbst denkend an der Suche nach zeitgemäßen Antworten beteiligt, so entsteht daraus der stärkste Kraftstrom im Bereich der Verwaltung.

In der amerikanischen Perspektive erscheint es selbstverständlich, daß die Gestaltung der Verwaltungsordnung nicht ausschließlich Sache der Verwaltung ist. Ebenso selbstverständlich erscheint es jedoch, daß die Verwaltung ihre gegenwärtigen Probleme selbst durchdenken muß, ohne sie in der kopflosen Jagd nach schnellen Lösungen drastisch abzuflachen. Wenn diese Aufgabe vor allem auch gerade der Verwaltung selbst zufällt, liegt besonderer Anlaß vor, daß wir uns auf eine alte Erkenntnis besinnen: Die ordnende Kraft der Verwaltung hängt von der beruflichen Haltung ebenso wie von dem beruflichen Können der Männer und Frauen ab, die sich in ihrem Handeln allgemeinen Zwecken unterordnen.

Hinweise auf das Schrifttum

Die Natur dieser Darstellung als eine Übersicht für den deutschen Leser macht es unratsam, ihm im einzelnen die Fülle der wissenschaftlichen Arbeiten vor Augen zu führen, die das einer Explosion vergleichbare heutige amerikanische Interesse an unserem Thema hervorgebracht hat. An schierer Masse, aber auch an Vielfältigkeit der konkreten Forschungsgegenstände und an Verfeinerung der Behandlungsweisen hat die Fachliteratur über Verwaltung in den Vereinigten Staaten gegenwärtig kein entsprechendes Gegenstück in anderen Ländern. Selbst eine vollständige Liste der Lehrbücher würde sich kaum auf ein Dutzend beschränken lassen. Eines dieser Lehrbücher, das insofern als repräsentativ gelten kann, als es das gemeinsame Erzeugnis von vierzehn bekannten Verfassern ist, darf hier vielleicht anstelle einer Auswahl erwähnt werden: Fritz Morstein Marx, Hrsg., *Elements of Public Administration*, 2. Aufl. Englewood Cliffs, N. J.: Prentice-Hall, 1959.

Obwohl sich die nachfolgenden Hinweise auf Veröffentlichungen in deutscher Sprache beschränken werden, müssen jedenfalls zwei der amerikanischen Fachzeitschriften genannt werden: *Public Administration Review*, die Zeitschrift der Amerikanischen Gesellschaft für öffentliche Verwaltung, jetzt im 23. Jahrgang, und *Administrative Science Quarterly*, veröffentlicht von der Graduate School of Business and Public Administration an der Cornell University, jetzt im 8. Jahrgang. Die erste Zeitschrift bietet, auf der Grundlage von im allgemeinen knapp gehaltenen Beiträgen, einen Querschnitt durch das gesamte Gebiet der öffentlichen Verwaltung. Die zweite dient in stärkerem Maße der Förderung theoretischer und methodologischer Interessen.

Gegenüberstellungen europäischer und amerikanischer Verwaltungseinrichtungen finden sich in: Fritz Morstein Marx, *Einführung in die Bürokratie: Eine vergleichende Untersuchung über das Beamtentum.* Neuwied: Luchterhand, 1959, und Poul Meyer, *Die Verwaltungsorganisation: Vergleichende Studien über die Organisation der öffentlichen Verwaltung.* Göttingen: Schwartz, 1962. Dazu darf auch auf Arnold Brecht, Art. „Bürokratie“, in: *Staatslexikon,* 6. Aufl. Freiburg i./B.: Herder, 1958, verwiesen werden.

Ausgezeichnete Erörterungen finden sich auch in den großen vergleichenden Darstellungen der modernen politischen Systeme, insbesondere: Carl J. Friedrich, *Der Verfassungsstaat der Neuzeit.* Enzyklopädie der Rechts- und Staatswissenschaft. Berlin-Göttingen-Heidelberg: Springer, 1953, und Herman Finer, *Der moderne Staat: Theorie und Praxis.* 3 Bde. Stuttgart-Düsseldorf: Ring-Verlag, 1957—58.

Das politische System der Vereinigten Staaten, vor allem der verfassungsrechtliche Rahmen, ist lehrreich erläutert von: Karl Loewenstein, *Verfassungsrecht und Verfassungspraxis der Vereinigten Staaten.* Enzyklopädie der Rechts- und Staatswissenschaft. Berlin-Göttingen-Heidelberg: Springer, 1959, und Ernst Fraenkel, *Das amerikanische Regierungssystem: Eine politische Analyse.* Köln und Opladen: Westdeutscher Verlag, 1960. Über die Problematik des Zweiparteiensystems siehe ferner: Fritz Morstein Marx, Betrachtungen zum amerikanischen Parteiwesen. *Archiv des Öffentlichen Rechts,* Bd. 79, 1954, S. 269 ff.

Die Rolle der Rechtspflege, vor allem im Bund, wird anschaulich gemacht von: Horst Ehmke, *Wirtschaft und Verfassung: Die Verfassungsrechtsprechung des Supreme Court zur Wirtschaftsregulierung.* Berkeley-Kölner Rechtsstudien, Kölner Reihe Bd. 2. Karlsruhe: Müller 1961; Karl Carstens, *Grundgedanken der amerikanischen Verfassung und ihre Verwirklichung.* Berlin: Duncker & Humblot, 1954; Rolf Deppeler, *„Due Process of Law": Ein Kapitel amerikanischer Verfassungsgeschichte.* Bern: Stämpfli, 1957; und Edmund H. Schwenk, Grundzüge des amerikanischen Verwaltungsrechts. *Deutsches Verwaltungsblatt,* Bd. 73, 1958, S. 333 ff.

Zur Aufhellung wichtiger Gebiete der amerikanischen Verwaltung mag die folgende Auswahl von Veröffentlichungen dienen: *Verwaltungsorganisation in USA: Bericht einer Studiengruppe deutscher Fachleute.* Rationalisierungs-Kuratorium der deutschen Wirtschaft, Auslandsdienst, Heft 83. München: Carl Hanser, 1959; Vorsitzender des Haushaltsausschusses des Deutschen Bundestags, *Reise in die USA zum Studium der amerikanischen Budget-Verhältnisse* (12. Oktober 1955); *Der öffentliche Dienst in den Vereinigten Staaten von Amerika: Ein Reisebericht.* Hrsg. von der Deutschen Gesellschaft für Personalwesen e. V. Frankfurt/M.: Verlag Kommentator, 1950; Theodor Scharmann, Das Nordamerikanische Beamtentum. *Kölner Zeitschrift für Soziologie,* 3. Jahrgang, 1950/51, S. 21 ff.; Ernst Fraenkel, *Freiheit und politisches Betätigungsrecht der Beamten in Deutschland und den USA.* In: Veritas, Justitia, Libertas, Festschrift zur 200-Jahrfeier der Columbia University New York, überreicht von der Freien Universität Berlin und der Deutschen Hochschule für Politik Berlin. Berlin: Colloquium-Verlag, 1954, S. 60 ff.; Ernst Kern, Die Verfassungsaufgabe des Berufsbeamtentums in internationaler Sicht. *Verwaltungsarchiv,* Bd. 52, 1961, S. 24 ff.; Fritz Morstein Marx, Sachverstand und Leitung in der amerikanischen Verwaltung und Wirtschaft. *Archiv des Öffentlichen Rechts,* Bd. 87, 1962, S. 129 ff.

Es sei ferner auf die folgenden Dissertationen hingewiesen: Elmar Breuckmann, *Grundzüge des Federal Administrative Procedure Act,* Mainz, 1962; Winfried Florian, *Die Independent Regulatory Commissions im amerikanischen Administrative Process.* Marburg, 1952; Hans Otto Friedrich, *Beamtenauslese in den Vereinigten Staaten von Amerika und in Großbritannien.* Marburg, 1953. Kazys Karvelis, *Die Staatshaushaltsprüfung in den Vereinigten Staaten von Amerika, Deutschland und Litauen zwischen dem ersten und zweiten Weltkrieg in rechtsvergleichender Darstellung.* Tübingen, 1948; Heinrich Kretzschmar, *Das amerikanische Steuerwesen und seine Erfahrungen für ein föderalistisches Steuersystem.* Erlangen, 1951; Heinrich Otto Plinke, *Die Entwicklung des Verhältnisses von Politik und öffentlichem Dienst in den USA, unter besonderer Berücksichtigung des Verbots der aktiven politischen Betätigung des Beamten.* Marburg, 1954; Walther Röder, *Entwicklungstendenzen der Gemeindevertretungen in den Vereinigten Staaten von Nordamerika.* Marburg, 1954; Robert Staerkle, *Stabsstellen in der industriellen Unternehmung.* St. Gallen, 1961; Joseph Stirnberg, *Die judiziellen Funktionen von Verwaltungsbehörden in den USA.* Marburg, 1957; und Helmut Weber, *Der Council Manager-Plan: Eine Form innerer Gemeindeverfassung in den Vereinigten Staaten von Nordamerika.* Marburg, 1950.

Aufschlußreiche Beispiele der gedanklichen Perspektiven zum Thema der Verwaltung und der Verwaltungswissenschaft in den Vereinigten Staaten sind: Herbert A. Simon, *Das Verwaltungshandeln.* Stuttgart: Kohlhammer, 1955, Kurt Glaser, *Verwaltungstechnik.* Frankfurt/M.: Metzner, 1950, und William H. Whyte, *Herr und Opfer der Organisation,* Düsseldorf: Econ-Verlag, 1958. Über den wissenschaftlichen Ertrag der amerikanischen Forschung siehe die folgenden Erörterungen: Fritz Markull, Probleme der Verwaltungslehre in USA. *Deutsches Verwaltungsblatt,* Bd. 71, 1956, S. 536 ff.; Fritz Morstein Marx, Amerikanisches Schrifttum zur öffentlichen Verwaltung. *Verwaltungsarchiv,* Bd. 49, 1958, S. 48 ff.; Otto Haussleiter, Verwaltungssoziologisches Denken in den Vereinigten Staaten und in Großbritannien. *Die Öffentliche Verwaltung,* 12. Jahrgang, 1959, S. 168 ff.; und Roman Schnur, Über vergleichende Verwaltungswissenschaft. *Verwaltungsarchiv,* Bd. 52, 1961, S. 1 ff.

Zur Beleuchtung der Verwaltungsfragen, die sich in den Vereinigten Staaten in privaten Wirtschaftsbetrieben hervordrängen, sei als Querschnitt auf die folgenden Veröffentlichungen hingewiesen: Elton Mayo, *Probleme industrieller Arbeitsbedingungen.* Frankfurt/M.: Verlag der

Frankfurter Hefte, 1949; Burleigh B. Gardner und David G. Moore, *Praktische Menschenführung im Betrieb*. Köln und Opladen: Westdeutscher Verlag, 1957; Peter F. Drucker, *Gesellschaft am Fließband: Eine Anatomie der industriellen Ordnung*. Frankfurt/M.: Verlag der Frankfurter Hefte, 1949/50; und Delbert C. Miller und William H. Form, *Unternehmung, Betrieb und Umwelt*. Köln und Opladen: Westdeutscher Verlag, 1957.

Personen- und Sachverzeichnis

FSC
www.fsc.org
MIX
Papier | Fördert gute Waldnutzung
FSC® C083411

Kolibri 360 GmbH
Ferdinand-Jühlke-Straße 7
99095 Erfurt, Deutschland
produktsicherheit@kolibri360.de

Druck:
CPI Druckdienstleistungen GmbH
im Auftrag der
Kolibri 360 GmbH
Ferdinand-Jühlke-Str. 7
99095 Erfurt